THE
PAIN
OF APPLE'S
IPAD

这是一场力量悬殊的对抗，这是一次意识观念的碰撞，是非曲折，无关情感、无关道义，只以法律评说。

苹果的iPad之痛

THE PAIN OF APPLE'S IPAD

——IPAD商标权纠纷案主办律师评析

李昊霖　马东晓　编著

图书在版编目(CIP)数据

苹果的 iPad 之痛:IPAD 商标权纠纷案主办律师评析/李昊霖,马东晓编著.—北京:北京大学出版社,2013.1

ISBN 978-7-301-21764-1

Ⅰ.①苹… Ⅱ.①李… ②马… Ⅲ.①商标权-案例-中国 Ⅳ.①D923.435

中国版本图书馆 CIP 数据核字(2012)第 300982 号

书　　名:苹果的 iPad 之痛——IPAD 商标权纠纷案主办律师评析
著作责任者:李昊霖　马东晓　编著
策 划 编 辑:陆建华
责 任 编 辑:苏燕英
标 准 书 号:ISBN 978-7-301-21764-1/D·3236
出 版 发 行:北京大学出版社
地　　址:北京市海淀区成府路 205 号　100871
网　　址:http://www.yandayuanzhao.com
新 浪 微 博:@北大出版社燕大元照法律图书
电 子 信 箱:yandayuanzhao@163.com
电　　话:邮购部 62752015　发行部 62750672　编辑部 62117788
出版部 62754962
印 刷 者:北京大学印刷厂
经 销 者:新华书店
730mm×1020mm　16 开本　20 印张　302 千字
2013 年 1 月第 1 版　2013 年 1 月第 1 次印刷
定　　价:39.00 元

序

苹果公司与深圳唯冠之争尘埃落定,以调解告终。从2011年11月深圳中院下达了一审判决书之后,该案便引起了社会的广泛关注。

引起关注固然是因为双方当事人地位的悬殊:一方乃名冠全球的商业帝国——苹果公司,另一方则是一个濒临破产的创始于台湾的企业——深圳唯冠。以苹果之实力和影响力,竟有人做蚍蜉撼树之争,本身就足以成为新闻热点。

而案件本身的复杂性也是备受关注之因。一方面,案件事实的复杂性:苹果公司为取得IPAD商标在中国完成的一系列布局,中途遇梗所采取的各种措施,唯冠方面的复杂架构和诉讼展开后双方施展的种种手段,等等,颇让关注此事的人觉得扑朔迷离,从而引发深入发掘个中缘由的兴趣。另一方面,事实的复杂性也把本来简单的法律关系变得更加错综,不仅有最初的商标确权民事法律关系,还有商标侵权民事法律关系以及一系列行政法律关系。

不同于其他案例介绍类书籍,本书本着中立、客观的原则,经过对当事人和部分办案律师的采访,并收集整理了网络及报刊媒体的相关报道,力求缕清脉络,将整个案件的发展原汁原味、不掺杂任何立场地展现给读者;同时,编者凭借其自身参与办案的经历,在本书的编写过程中注重细节,将一些通过新闻报道展现的、模糊的事实加以补充完善,使读者更容易了解整个案件的来龙去脉,因而具有较强的可读性。

除此以外,因为这一案件除了主要的商标权属案件外,还包括侵权诉讼以及工商行政投诉等其他措施,涉及许多法律问题。本书在叙述案件经过的同时,插入了对案件中涉及的每个法律争议点进行的分析。作为一大亮点,本书还收录了案件进行过程中的各种法律文书以及其他第一手资料。因此,本书也可以作为案例教材以及知识产权法律的普及读物。

案件虽然尚有一些未尽事宜，但对于案件局外人来说基本已经宣告结束。讨论它的结果已难有何裨益，作为知识产权领域如此知名的案件，探讨其能给社会公众、企业乃至知识产权及法律实务界带来什么样的借鉴，才是其价值的体现。

目录

THE
PAIN
OF APPLE'S
IPAD

第一部分

缘　起

一个由民族企业注册的IPAD商标，给苹果公司平板电脑产品在中国大陆的销售“添了堵”：苹果公司在由其提起的一场商标确权诉讼中被判败诉，这意味着，它的畅销平板电脑竟然有可能是侵权的！在这起看似简单的确权诉讼中，事情的源头被追溯到了2000年，这其中究竟隐藏着怎样的恩怨情仇？

第一章
一份引起轰动的判决

整个事情还是要从那份判决书说起。

2011年12月5日，广东省深圳市中级人民法院的一份判决书彻底吸引住了媒体和公众的眼球。就在教主乔布斯的逝世还没有淡出坊间的谈资时，他身后的苹果帝国就在中国遭遇了一场顽强的知识产权阻击。而且，苹果败了，败给了一个"无名小卒"。

在这份长达20多页的判决书里，共有3位当事人列于纸上：原告一正是美国苹果公司（Apple Inc）；原告二是一家在英国注册的IP申请发展有限公司（IP Application Development Ltd.，简称IP公司）；而被告则是一家名叫唯冠科技（深圳）有限公司（简称深圳唯冠）的中国本土公司。

双方讼争的对象，居然是当前畅销全球的iPad平板电脑在中国大陆对"IPAD"商标的注册商标专用权：两原告在诉状中请求法院确认IPAD商标归苹果公司所有。

而受理此案的深圳市中级人民法院经过审理，判决原告苹果公司和IP公司败诉，驳回了其所有诉讼请求。这意味着，IPAD商标仍归属深圳唯冠所有。这意味着，苹果公司之前在其平板电脑产品上使用"iPad"标识是商标侵权，其不得不面临商标更名、赔偿被告损失、甚至高额的行政处罚。

此判决一出，顿时在社会上引起轩然大波，人们不敢也不愿相信苹果帝国居然会输掉这样一场官司。一系列的疑问蜂拥而至：

> 这个击败了苹果帝国的深圳唯冠是何方神圣？
>
> 苹果公司的iPad平板电脑在市场上销售已久，产品已推出至第二代，其卓越的品质、设计和用户体验，为其在全世界赢得了大批的忠实"粉丝"，然而它在中国的商标竟然还不是自己的？

深圳唯冠为什么会有IPAD商标？这是否一起中国公司恶意的商标抢注行为？

……

带着同样的问题，各大报刊等平面媒体、网络媒体、电视媒体争相挖掘案件背景，试图解密苹果公司败诉的缘由。一时间，到处充斥着诸如“苹果、唯冠过招，胜算几何？”、“苹果败诉，iPad在中国大陆或将不能销售”、“苹果考虑将iPad更名，正评估成本”等这样的标题。作为在中国有着巨大影响力的中央电视台，也在新闻频道的《新闻1+1》和财经频道的《每周质量报告》等节目中多次对该案件进行了专题报道。逐渐的，随着对案件的追踪报道，“深圳唯冠面临破产，正在进行债务重组，拟向苹果索要巨额赔款以渡过难关”这样抓人眼球的内幕，也逐渐浮出水面。

然而，随着1月中下旬春节假期的临近，回家和团聚的主题很快冲淡了这一事件。但假期一过，一篇名为《iPad商标侵权案升级：苹果或遭各地工商逾百亿罚单》的报道，将事件再一次推向高潮，该报道称，“唯冠方面已于2011年初向北京西城工商分局进行了投诉，矛头直指西城辖区内的苹果直销点——西单大悦城苹果店。西城工商局已经立案受理，罚款金额或高达2.4亿元，只是目前暂未执行。而一旦西城工商‘开刀’，全国工商部门也都有了执行的一整套依据，苹果公司所面临的损失或破百亿。”与此同时，确有部分地方工商行政管理部门在接到深圳唯冠的投诉后开始立案，对本地商家经营的iPad侵权商品进行调查，部分销售商闻风也纷纷将iPad平板电脑下架躲避风头。

对此反应最大的，无疑是无数苹果产品的“粉丝”们。对于他们来说，未来是否能够买到苹果的iPad平板电脑，以及他们热爱的苹果公司被挑战或许比法律上的谁是谁非重要得多。迅速的，网络上舆论形成一边倒的形势，深圳唯冠顿时成了千夫所指，被指责是搭便车、是恶意剽窃、是讹诈，就连代理深圳唯冠的律师们也遭到了骂战的牵连。

与此同时，国内知识产权法学界也积极参与到对于案件的争论之中。有学者认为，深圳唯冠注册、使用IPAD商标在先，转让协议对其没有约束力，按注册在先原则，IPAD商标权应当属于深圳唯冠；也有学者称，IPAD商标经苹果公司使用

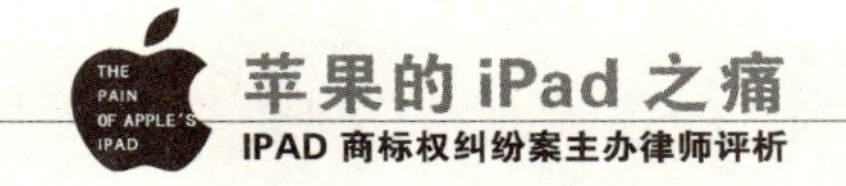

才达到今日的知名度,深圳唯冠几乎没有使用,也没有给这个商标带来商誉和知名度;还有人认为,深圳唯冠出尔反尔,签订合同却不履行,IPAD 商标应当归苹果所有;另外还有律师认为,在 IPAD 商标权属案件尚在上诉期间,工商部门不应立案调查。各种观点莫衷一是,论战不休。

一石激起千层浪,一个诉讼案件演绎出一台精彩的舞台大剧。这一系列的事件似乎预示着:这仅仅是个开始。

这个 IPAD 商标到底是谁的?

第二章 IPAD 商标的前世今生

唯冠是何许人也?

故事的主角之一深圳唯冠公司(下称深圳唯冠),如不是因为此次与苹果公司的商标纷争,恐怕根本不为人所共知。但它以及它的母公司唯冠国际控股有限公司(下称唯冠控股),却曾有过一段辉煌的发展历程,IPAD 商标的注册则是这段发展历程的一个见证。

唯冠控股,最早创始于台湾,创办人是台湾人杨荣山。最开始他和三枪牌制衣的股东——台湾中兴纺织集团进行合资共同生产显示器,后来因为双方的经营理念不同,杨荣山退出合作,独立创建了唯冠电子股份有限公司(下称台湾唯冠)。1989 年公司初成立时,规模还很小,主要生产显示器,以为其他品牌做代工为主。时至 20 世纪 90 年代初,台湾 IT 行业因为劳动成本、土地价格飙升等原因导致非常不景气,多数企业经营不善,面临着生存危机,台湾唯冠也难以独善其身。对于怀有雄心壮志的杨荣山来说,投资海外或许是一个解决企业生存问题的出路。于是,他首先选择了到印尼创业,但可惜的是,这次投资并不成功,杨荣山铩羽而归。

恰逢此时,中国大陆刚刚开始放开台商投资,经过一番考察后,杨荣山毅然决定转战大陆。他先是在江苏南通从事电子代工行业,继而来到深圳,于 1991 年在深圳水北工业区注册了唯冠科技(深圳)有限公司作为事业的新起点。这在台商来大陆投资历史上也是标志性事件——在当年,两岸并未有今日的开放政策,大多数台资企业仍在观望,不敢妄有动作之时,杨荣山的唯冠公司成为台湾 IT 业第一个敢于吃螃蟹的企业——但是,开始时深圳唯冠的境遇并不是太好,经常要为

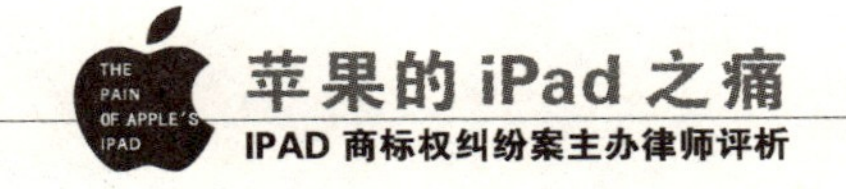

各类山寨品牌做代工，还常常受到外商的阻击。然而，随着邓小平同志南行讲话，改革开放逐渐深入，深圳唯冠积极与内陆的国企如北京显像管厂、北京电子进出口公司展开合作，从而挺过了困境，慢慢壮大起来。1994 年，因原有厂房已不能满足其生产需要，深圳唯冠进驻深圳盐田区沙头角保税区，建立了自己的 5 万平方米的新厂房，结束了数年租房生产的日子，从此进入了一个更加快速发展的阶段。此后，唯冠系（笔者对于整个唯冠公司体系的称谓，不存在“唯冠集团”的概念）逐步在台湾等地区布局，渐成规模，但深圳唯冠一直是唯冠系中最重要的生产和研发基地。

图 2-1　深圳唯冠公司大楼（图片来源：深圳新闻网）

1997 年对于唯冠系来说是具有里程碑意义的一年。这一年，在百慕大注册的唯冠国际控股有限公司（股票代码 00334）在香港主板上市，成为台湾 IT 业第一个在香港上市的企业。此时，以唯冠控股为母公司，以台湾唯冠、深圳唯冠等为子（孙）公司的治理架构开始慢慢形成。得益于上市的成功，唯冠系获取了发展所需要的资金，由此进入了飞速发展时期。当时的唯冠系是“三星”最大的合作伙伴，主要为“三星”生产显像管，并从“三星”那里学到了很多先进的技术和管理经验。彼时，CRT 显示器市场以每年 20% 的速度缩水，与“唯冠”同时期的许多台湾厂商纷纷倒闭，而唯独唯冠系的业务却以每年 40% 的速度增长。

经过几年的苦心经营，唯冠系在 2002 年前后成为全球第五大显示器制造商，主要生产、营销液晶（LCD）显示器和显像管（CRT）显示器、平面数码液晶电视机与等离子（PDP）电视机，年销售额逾百亿港元。2006 年，唯冠系达到鼎盛，成为全球第三大显示器制造商。当时，唯冠系拥有员工11 000余名，在全球11个地区和国家拥有17家分公司，包括中国大陆（深圳、武汉）、台湾和香港地区，美国，巴西，英国，荷兰，比利时，德国，俄罗斯和阿联酋，并在中国大陆、中国台湾、巴西、墨西哥、德国和俄罗斯等国家或地区拥有了7处生产基地。它的客户群包括全球20大零售连锁店，如沃尔玛、麦德龙及家乐福等，是当时华人IT产业界之中拥有全球最佳零售通路的制造商，同时，唯冠系也为西门子等多家大型企业生产配套产品。此时的唯冠系在经营上风生水起，其作为跨国公司的雏形已经显现。

唯冠系当时的成功与它不满足于代工，积极追求产品创新和开展品牌建设是分不开的。唯冠系在2000年就做出了由做代工向做品牌转型的尝试，当年收购了台湾显示器行业的两个高端品牌——美格和中强。2002年，唯冠系与全球第一大商务机品牌XEROX（施乐）签署协议，取得XEROX品牌部分产品的独家经营权。这是华人企业用授权方式取得世界性品牌经营权的第一家。

2003年10月，唯冠系与当时在手机行业风头正劲的摩托罗拉达成战略合作协议，双方结成战略合作联盟，由摩托罗拉提供技术支持，唯冠系负责生产和销售诸如液晶电脑显示器、42英寸等离子电视机和47英寸液晶电视机等高端产品，产品冠以摩托罗拉商标。战略联盟新闻发布的翌日，在2003年10月20日开幕的深圳第五届高科技成果交易博览会上，由摩托罗拉与唯冠系联合打造的摩托罗拉等离子电视、液晶电视、楼宇可视对讲机、数码录放影机、汽车影音等新一代资讯家电产品悉数亮相，这是摩托罗拉欲依托唯冠系打入家电市场的一次尝试，也是唯冠品牌升级的机会。虽然这一合作仅在7个月后就因为双方对产品质量标准认定的不同等原因宣告终止，但此举却彰显出唯冠系当时在显示器及其周边产品市场中的实力，以及一直以来扩展国际业务、打造优势品牌的雄心壮志。

然而世事沉浮，在达到极盛后不久，唯冠系就因为一连串的打击陷入困境。

首先，唯冠系在与摩托罗拉的不成功的合作中受到了影响。摩托罗拉在与唯冠合作之前，自1997年起迅速扩大自己的规模，涉足了许多电器领域，但迅速扩张的弊端也很快显现，业务分散、投入高、灵活性差等原因导致摩托罗拉的业绩不断下滑。之后摩托罗拉看好了智能家电领域，欲借与唯冠系合作的机会开发出智能家电市场的一片新天地。经过一系列考察、评估，双方很快签订了高清液晶电

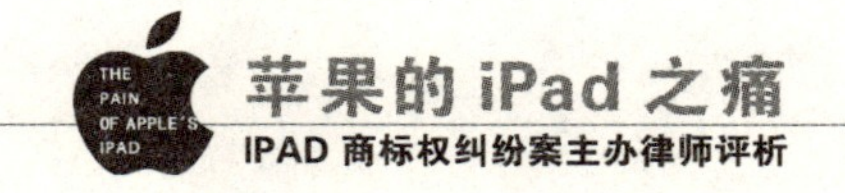

视、显示器等产品的贴牌生产合作协议。然而合作开始之后,双方很快出现矛盾,摩托罗拉对于产品质量要求极高,所有产品都要经过其全球各个检测中心的严格检测才能上市,唯冠系则认为这与 IT 行业快速的产品更新的理念格格不入。最终,一方面,因唯冠系的产品总达不到摩托罗拉的高质量要求,另一方面,摩托罗拉繁琐的检测总是延误市场先机,最终双方宣布延迟推出智能家电产品,这导致金融机构下调了唯冠的盈利预测,使投资者转而关注同类公司,唯冠因而受损。

同时,为了加深和摩托罗拉的合作,唯冠系投资 6 000 万美元在深圳兴建了液晶产业园,并成立了摩希尔公司专门负责销售。据相关材料显示,在 2004 财年中,摩希尔公司产生了大约 4 500 万港元与摩托罗拉品牌业务有关的各种费用,项目终止等于打了水漂。此外,按原定计划,唯冠系生产的家电产品将要在 2003 年 11 月下旬在中国大陆市场上市,并在 2004 年推广到全球市场,但由于受到摩托罗拉在产品质量要求上的制约,唯冠的产品上市和市场推广计划受到阻碍。这一影响是巨大的,在业界,2004 年被称为“中国平板电视元年”,当年平板电视销量高速增长,许多企业获利颇丰,然而唯冠系却因此次合作不畅而错失良机。从此之后,唯冠系的产品线又萎缩回了 LCD 和 CRT 显示器,向智能家电领域扩张的转型之梦由此破灭。

其次,受全球金融危机的影响,唯冠系最大客户美国宝丽来公司(也称拍立得,是著名的快速成像相机品牌。此外,宝丽来公司还生产数码相机和太阳眼镜)在 2008 年申请了破产保护。虽然宝丽来声称其破产保护不会影响员工、客户、零售商和供应商的利益,但实际上,宝丽来申请破产保护后,唯冠系根本无法实现其债权,导致唯冠系的巨额应收账款无法收回,资金链断裂。尤其是唯冠系在金融危机期间曾囤积大量液晶面板,之后的价格下跌也导致资产大幅缩水。

最后,2009 年,美国指控多家液晶显示屏生产企业联合操控价格,对这些液晶显示屏厂家提起了反垄断诉讼,其中就包括唯冠系。虽然没有确切数字说明唯冠系到底承担了多么大的赔偿额,但据统计,此类科技数码产品一旦被提起反垄断诉讼,动辄便是数亿美元的罚款,有时甚至更多,对企业的打击非常之大。比如华为,其拥有全球最好的 4G 技术,曾卖给了冰岛、挪威、比利时、日本、沙特、哥伦比亚等国家,但在美国遭受了反垄断诉讼的威胁,从此退出了美国 4G 市场。由此可以推测，唯冠系也应当是承担了巨额赔偿，受此打击，其经营状况雪上加霜，结果在美国市场损失惨重，并由此引发了债务危机。

或许每一个单独的原因对唯冠系来说并不能造成实质性的重挫，但所有事件综合在一起，其效果便是破坏性的。一组数据可以看出唯冠系经营业绩在2006年达到鼎盛之后的快速下滑：截至2007财年的6月份，唯冠系总营业收入比上年减少了3.3%，跌至157亿港元，净利润减少29.5%，至1.23亿港元；到了2008财年，次债危机爆发，全球经济一路下滑，IT行业受其牵连，致使显示器等产品价格下调近60%，而唯冠系手中还积压有大量显示器存货，占其总库存的70%，仅此一项就让唯冠系销售亏损近2亿美元。同时，公司的借贷成本上升。唯冠国际的股票在这一时期缩水了接近1/4。就在这一时期，唯冠系虽然在营业收入上创出了历史新高，增至174亿港元，但净利润却出现了6 200万港元的亏损；而到了2009财年，受在美国的反垄断诉讼影响，唯冠系的业绩继续出现大幅下滑，销售额暴跌74%，至45亿港元，而净利润更是亏损了29亿港元。

此外，从唯冠系2007—2009财年员工数量的变化也可以反映出其迅速的衰落。2007财年，唯冠在全球共有雇员16 000名，2008财年降至10 000名，到了2009财年，仅剩下3 000名雇员。此时，深圳当地的打工者也都感觉到了这种变化。后来有打工者回忆说，2009年之前，深圳唯冠每年都招收员工，但2009年之后，就再也没看到过深圳唯冠的招聘信息。

图2-2　满目疮痍的深圳唯冠厂房（图片来源：网易科技频道）

俗话说，兵败如山倒。唯冠系的败势似乎真的一发不可收拾，2010年5月12日，唯冠国际股票被香港证券交易所停牌。2010年8月，唯冠创始人杨荣山被香港高等法院颁令破产，此事令唯冠国际的股票被继续停牌，市值跌至1.56亿港元。紧接着，唯冠国际于2010年10月发出公告，评估董事长杨荣山的破产对唯冠系业务状况的影响，该系若干贷款由杨荣山提供个人担保，截至2010年9月16日，其担保的贷款总额约为11.54亿港元，唯冠系之逾期负债总额约为38.34亿港元。

同时，深圳唯冠还对中国银行、民生银行、国家开发银行、广发银行、交通银行、浦发银行、华夏银行以及平安银行8家银行负债约1.8亿美元，该公告同时称，公司财政困难，并无足够营运资金应付未来12个月所需。2010年11月24日，深圳市盐田区人民法院完成审理银行向唯冠国际多家公司提供近5.66亿元贷款的申索案，作出判决并颁布强制执行令，将深圳唯冠的资产冻结，而被查封的深圳唯冠的资产占了整个唯冠系总资产的大部分，约80%左右。之后8大债权银行组成债权人委员会，接管了深圳唯冠的资产。截至深圳唯冠被起诉时，这笔庞大的债务仍然没有偿还，唯冠系的生存岌岌可危。正是处于这样一种背景下，才有之后的“唯冠欲借此机会从苹果处获得高额赔偿，从而一举偿付债务，甚至翻身重来”的说法。

图2-3　垂暮唯冠(图片来源:金融界网站)

此次涉案的公司包括唯冠国际控股有限公司及其旗下的全资子公司——唯冠电子股份有限公司(PROVIEW ELECTRONICS CO. LTD，注册地台湾，即台湾唯冠)、唯冠科技(深圳)有限公司(深圳唯冠)、唯冠光电照明(深圳)有限公司(唯冠光电)。他们虽同为唯冠国际的全资子公司，但各为独立法人，相互之间并无投资关系，唯冠国际董事会主席杨荣山，同时也是这几家公司的董事长及法人代表。

IPAD 商标的诞生

在很多人眼里，iPad与iPod、iMac等一脉相承，同属苹果公司i系列产品，或许根本没有人怀疑这是苹果公司的一个子商标。但大多数人所不知道的是，就像苹果的许多i系列商标，如iPhone一样，iPad的原创者并不是苹果公司自己，其在大陆的真正主人是深圳唯冠，即唯冠科技（深圳）有限公司。

早在2000年，唯冠系就开始以台湾唯冠为主体在多个国家和地区申请注册了IPAD图形及文字商标。截至2004年，除中国大陆外，台湾唯冠一共在7个国家或地区取得了IPAD商标权，包括：欧盟、越南、墨西哥、印度尼西亚、韩国、泰国、新加坡，涉及计算机等多种电子产品。2001年6月21日，深圳唯冠在中国大陆于国际商标分类第九类（电子计算机及其外部设备等24项）上获得文字的IPAD商标，注册号1590557；随后，在2001年12月14日，同样在国际商标分类第九类上，深圳唯冠又申请获得了iPAD注册商标专用权，注册号为1682310。这样，除中国大陆以外的IPAD注册商标由台湾唯冠持有，而在中国大陆注册的两个IPAD商标则归深圳唯冠所有。

注册这两个商标并非因为有阻击其他公司的先见之明，而是Internet实在是21世纪最热的热词，各个行业都在其中寻求商机，深圳唯冠也不例外。1998年下半年，深圳唯冠投入研发了一款显示屏和CPU一体的新产品，取名IPAD，是Internet Personal Acess Device的首字母缩写，意为“个人联网终端设备”（见图2-4）。以现在的眼光看，这款产品实际上更接近于小型的台式个人电脑，似乎并无新意。但在唯冠系的计划中，它是即将陆续推出一整系列“i”产品的起点，它的兄弟姐妹包括iNOTE、iSYSTEM、iCLINET、iDVD、iWEB等产品，最终形成iFamily家族概念。所以，注册IPAD商标是为了树立这款新兴产品的品牌。为了这个系列产品，深圳唯冠先期投入了超过3 000万美元的资金进行研发。2000年，唯冠系对外发布了这款IPAD产品，但市场反应并不如预期的那样好。出于对产品概念的坚持和对未来市场前景的信心，深圳唯冠还是在2003年继续研发了新一代的IPAD产品。这些产品曾经先后销售到美国和欧洲，但并未进入中国市场。后来由于产品质量以及技术原因，使得这个产品无法大批量走向家庭，加上IPAD商标在美国没有获得注册，最终该产品以OEM的形式给惠普公司做了代工。

除了这款颇具新意的小玩意儿以外，深圳唯冠在之后的经营中，还先后在其制造的专业高清液晶彩色显示器、GPS等电子产品上使用或授权其他公司使用过IPAD商标。此是后话，暂且不表。

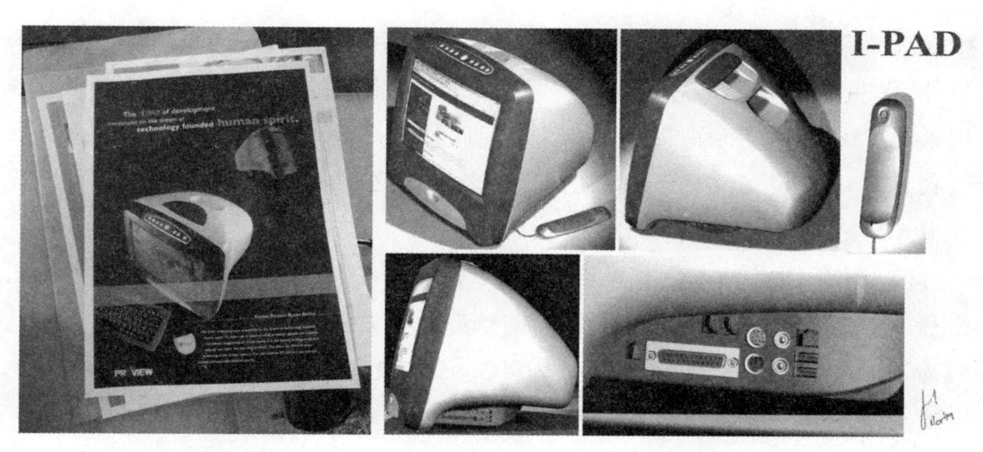

图 2-4　深圳唯冠 IPAD 产品

IPAD 商标的流转

2009 年 8 月,一家名叫 IP 申请发展有限公司的英国公司找到了唯冠英国公司。

IP 申请发展有限公司,2009 年 8 月 11 日在英国注册,英文全称为 IP Application Development Limited.,其首字母缩写恰好为 IPADL(下称 IP 公司)。这家公司在成立 7 天以后,就找到英国唯冠想要买下唯冠系旗下全部 IPAD 商标,当时来人声称的理由是:其公司名称缩写就是 IPAD。

经过一番接触,唯冠英国公司便将 IP 公司的商标收购意向转达给了台湾唯冠。时值金融危机高峰,唯冠系已经四面楚歌,杨荣山决定全面收缩产品线,尽量变现各子公司及其下属企业资产,台湾唯冠甚至也在撤并计划之内。此时有人要来洽谈购买一个几乎没有用途的商标,台湾唯冠立即派人跟进,与 IP 公司洽商具体事宜。这期间,一个名叫 Huy Yuan、自称是唯冠法务部成员的员工通过邮件往来参与了整个磋商过程,经过一番讨价还价,最终双方达成了转让意向,以 3.5 万英镑的价格将 IP 公司列出的 8 个国家或地区的 10 个 IPAD 商标转让给了 IP 公司。

按照双方约定,转让协议在台北签订。2009 年 12 月,唯冠方派出了自称是唯冠法务部负责人的麦先生，代表台湾唯冠在转让协议上签字。除整体转让协议以外，双方还同时签署了独立的针对唯冠拥有的相关“IPAD”商标的每个注册地国家的转让协议（国家商标转让协议），转让费用1英镑。协议签署同时，台湾唯冠收到了IP公司支付的全部转让费用。之后，IP公司便按照合约获得了“全部”的IPAD注册商标。

但令唯冠方面万万没有想到的是，IP公司在得到IPAD商标后，在短短的几个月内就将其转让给了苹果公司，时间恰好在苹果公司的iPad平板电脑上市之后，而且，商标的转让价格低的令人咋舌，十个国家或地区仅有区区的10英镑，简直就是白送，让人情何以堪？

此时唯冠方面才如梦方醒，那IP公司就是苹果公司的一个“白手套”！所谓“白手套”公司，是指戴在做事的“手”上，专门为其掩饰真正的目的的一种“壳”公司。这在国际知识产权收购领域比较常见。许多跨国公司要收购商标、域名等知识产权时，常常通过委托的代理机构出面，而将自己隐身于“白手套”之后。如果这些大公司亲自出面购买，通常会被坐地起价，挨上一刀。所以，一般来说，通过“白手套”公司来买，更能体现标的的真实价值，从而公平、快捷的达成交易。

其实苹果公司收购商标的历史已经很久，其著名的iPhone等商标也是从其他公司受让而来。在iPhone手机正式进入中国之前，汉王科技股份有限公司（股票代码002362）已经在电话、手机等商品上注册了i-phone商标，尽管苹果也于2002年在中国注册了“iPhone”商标，但其注册范围只在“硬件和软件”上面。后来经过双方协商，汉王公司同意将“i-phone”商标以约360万美元即2 000万元人民币的价格卖给了苹果公司。

第三章
诉讼前的纷争

苹果新一代产品 iPad 平板电脑推出了

2010 年 1 月 27 日，在唯冠方面将 IPAD 商标转让给 IP 公司后仅仅一个月，乔布斯即在美国旧金山芳草地艺术中心向媒体发布了其新一代平板电脑产品——iPad。作为苹果 i 系列产品的新成员，iPad 与 iPod Touch 等产品相比具备了更大

图 3-1　发布会现场乔布斯展示 iPad（图片来源：搜狐）

的液晶屏幕，其超薄和轻便的机身，使其非常便于携带，同时，该产品搭载了苹果许多最新一代的技术，集成了苹果多个产品的功能和创新设计，因而具有更优良的用户体验，尚未发布时便已得到了市场巨大的期待。乔布斯也因这款产品登上了当期《时代周刊》的封面。

图 3-2 《时代周刊》封面

同年 4 月 3 日，iPad 平板电脑在美国正式上市，推出了 16G、32G 和 64G 的 wifi 版 iPad，售价分别为 499、599 和 699 美元。发售当天，来自世界各地的大批苹果“粉丝”在纽约曼哈顿第五大道苹果旗舰店外排队等候，各主流媒体也纷纷涌到现场进行报道，现场充斥着狂热的气氛。有两位来自荷兰的顾客称，为专程参加这个首发活动，他们仅在往返机票和酒店住宿上就已花费了 3 000 欧元，远远超过了一台 iPad 平板电脑的售价，但他们觉得能参加这样一个可以为他们带来美好回忆的活动非常值得。“果粉”对苹果产品的热爱由此可见一斑。

图 3-3 美国首发现场(图片来源:IT 168. com)

美国首发后，iPad 平板电脑不久又相继在其他国家和地区进行了发售，包括欧洲、澳大利亚、中国香港等地。由于苹果产品在中国大陆的发售总是晚数月，此时国内的“果粉”们早已按捺不住，纷纷托人由美国或香港跨境购买，力求先用为快。为此，一些电商网站如淘宝，还出现专门代为跨境购买的商户或个人，使苹果产品的代购成为了一个新兴行业。

2010 年 9 月 17 日，距离全球首发接近半年之后，iPad 平板电脑终于在中国大陆首发。这天一大早，苹果北京三里屯旗舰店前就上演了与美国纽约旗舰店前相似的一幕，数百名早已翘首以待的“果粉”冒雨站立在店门口，静候苹果店开门迎客。为了表达对“果粉”衷心支持的感谢，苹果店的工作人员为排队已久的顾客准备了咖啡、茶点和雨伞，显得非常人性化。上午 9 点整，在一片欢呼声中，苹果店门大开，iPad 平板电脑首发正式开始。现场一位姓韩的先生手持现金，首个冲进了苹果店并购买了两台 iPad 平板电脑。这位超级“果粉”为了能第一个买到 iPad，居然已经排队 3 天，他身着自制的蓝底白字 T 恤，上面印着“I Buy IPAD No. 1”，显得十分兴奋。他向记者称，自己已经有了一台 iPad 的水货，但为了做第一个拥有大陆版行货的人，同时也想要亲身体验苹果的排队文化，因此提前 3 天就来此排队，现在终于如愿以偿。国内“果粉”对 iPad 的痴迷果然丝毫不输于老外。

在 iPad 平板电脑在全球范围内取得巨大成功之后，苹果公司又在一年后发布了第二代的 iPad 平板电脑，2011 年 5 月 6 日，iPad2 在中国大陆正式发售，首发现

图 3-4　iPad 大陆首发当日三里屯店排队现场（图片来源：和讯科技网）

场苹果北京三里屯旗舰店门前依然如故,盛况空前,苹果“排队文化”久演不衰。

图 3-5　排队第一人韩先生,手持现金准备购买两台 iPad(图片来源:新浪科技)

图 3-6　iPad 2 发售现场,第一个排队买到 iPad 2 的女士(图片来源:新华网)

交涉未果

然而,产品畅销的风光无限下却暗藏危机。

话说IP公司在与台湾唯冠签约转让IPAD商标后,因为在中国大陆的商标转让程序迟迟未见履行,便多次催促唯冠方面尽快到商标局办理转让手续,以履行合同义务。但此时深圳唯冠却表示,先前与IP公司签订合同的是台湾唯冠,而台湾唯冠与深圳唯冠是两个不同的法律主体,深圳唯冠根本不是合同当事人,台湾唯冠无权在未经深圳唯冠授权的情况下擅自处分深圳唯冠的注册商标专用权,因此,深圳唯冠无须向IP及苹果公司履行合同义务。

对于已经向全球消费者发布了其新一代平板电脑名为iPad的苹果公司来说,中国消费者已经等得不耐烦了,但苹果公司要在中国大陆销售这款新产品,还存在着极大的法律风险——这家全球市值最大的公司将面临商标侵权。然而箭在弦上岂能不发,苹果公司不能因此而影响其整个产品上市的计划,因此不待IP公司与唯冠的磋商结束,苹果公司便于2010年2月9日采取了另外一个手段——向国家商标局以连续3年不使用为由申请撤销IPAD商标(该商标程序在商标代理行业中俗称"撤三")。

所谓"撤三",是《商标法》规定的一项制度,旨在避免商标权人取得商标注册后不投入使用造成垄断。商标的作用是标志商品的来源,并体现商品的质量、美誉度等,其价值就体现在使用中。注册了商标而不使用,一方面会排除他人使用该商标;另一方面也不能发挥注册商标作为商品标志的价值、功能和作用。此外,注册商标不使用还可能给"商标掮客"造成可乘之机。因此,《商标法》规定这一制度,以排除这种现象,鼓励对注册商标的实际使用。

我国《商标法》第44条规定:"使用注册商标,有下列行为之一的,由商标局责令限期改正或者撤销其注册商标:……(四)连续三年停止使用的。"

按《商标法》规定,注册商标连续3年没有使用的,商标局可以将其撤销。在实践中,商标局通常不会主动审查一件商标是否有连续3年不使用的情况,但是任何人都可以此为由向商标局申请撤销该商标。商标局在收到申请撤销文件后,首先要进行形式审查。如果申请手续和文件都齐备并符合规定,商标局则予以受理并发出《撤销申请受理通知书》,同时向被申请人送达《关于提供注册商标使用证据的通知》,要求被申请商标的注册人在两个月内提交被申请商标在所要求的3年期间的使用证据材料或者说明不使用的正当理由,如果商标注册人在规定期限内提交了答辩及使用证据材料，商标局将对证据材料进行审查，如果证据充分，能够证明被申请商标在该3年内的使用情况，商标局将作出维持该商标继续有效的决定；如证据不充分，则依法撤销该注册商标。

苹果公司当然不会只用一条腿走路，其实早在2009年10月份，IP公司还在与唯冠方面洽商时，苹果公司就开始在大陆提出了若干IPAD或iPad商标的申请。从中国商标网的综合查询可以看到，苹果公司在若干商品类别下注册了IPAD或iPad商标。

8	7775770	42	IPAD	苹果公司
9	7775771	41	IPAD	苹果公司
10	7775772	38	IPAD	苹果公司
11	7775773	28	IPAD	苹果公司
12	7775774	16	IPAD	苹果公司
13	7775775	9	IPAD	苹果公司
14	7775781	42	IPAD	苹果公司
15	7775782	41	IPAD	苹果公司
16	7775783	38	IPAD	苹果公司
17	7775784	28	IPAD	苹果公司
18	7775785	16	IPAD	苹果公司
19	7775786	9	IPAD	苹果公司
20	8134328	9	IPAD	叶火钗
21	8205254	35	IPAD	苹果公司
22	8205255	18	IPAD	苹果公司
23	8205256	37	IPAD	苹果公司

图3-7　苹果公司注册的IPAD商标（图片来源：中国商标网查询结果）

其中，苹果公司在2009年10月22日在第9、16、28、38、41、42类提出了“iPad”商标的注册申请，只有在38、41类下的商标获得核准注册；同时在第9、16、28、38、41、42类提出了“IPAD”商标注册申请，其中在第38、41、42类下获得核准注册，其他被驳回。2010年4月14日，苹果公司又在第18、35、37类下申请了“IPAD”商标注册，均未获得核准注册。

之后，在2010年5月20日，苹果公司和IP公司又以合同违约为由在香港高等法院，对唯冠国际控股有限公司、唯冠电子股份有限公司、唯冠科技（深圳）有限公司和杨荣山提起了诉讼，要求唯冠国际、台湾唯冠和深圳唯冠履行与 IP 公司签订的包括第 1590557 号和第 1682310 号注册商标的商标转让协议，并要求其声明深圳唯冠是为唯冠国际和台湾唯冠的利益信托持有有关商标。同时，苹果公司和 IP 公司向香港高等法院申请颁布禁令，禁止四被告人对两个商标进行出售、转让、处置，或对任何人宣示其对两商标的所有权。香港高等法院受理后，排期聆讯，案件正在进行当中。

然而不管是催促唯冠方面履行合同义务，还是申请撤销 3 年不使用，都不会立竿见影，马上见效，而重新进行商标注册又未在核心类别上取得成功。面对亿万“果粉”急切的目光和中国市场巨大的利润，苹果等不起。2010 年的 4 月 7 日，苹果公司还是与 IP 公司匆匆签署了权利转让协议，以 10 英镑价格从 IP 公司那里接手了中国大陆的 IPAD 商标。

之后，苹果公司和 IP 公司联合于 2010 年 4 月向深圳市中级人民法院起诉，要求确认深圳唯冠在中国大陆的两个 IPAD 商标已转让给苹果公司，归苹果公司所有。至此，苹果与深圳唯冠争夺 IPAD 商标之战正式拉开帷幕。

第二部分

初次交锋

一审中，双方优秀的代理律师在法庭上唇枪舌剑，力争将IPAD 商标“据为己有”。最终法庭作出判决，IPAD 商标归唯冠科技（深圳）有限公司所有，苹果首战告负。

在法庭之外，北京市工商行政管理局西城分局的一纸金额高达 2.48 亿元人民币的罚款单，更是将整个案件推向了一个小的高潮。

第四章
起诉

2010年4月，苹果公司和IP公司委托广东深大地律师事务所以深圳唯冠为被告向深圳市中级人民法院（以下称深圳市中院）提交了两份起诉状，分别以注册号第1590557号IPAD商标及注册号第1682310号iPAD商标为标的提起权属诉讼。两原告依据《中华人民共和国民法通则》第72条、第111条，《中华人民共共和国商标法》第39条之规定，提出以下诉讼请求：

1. 判令注册号第1590557号IPAD商标及注册号第1682310号iPAD商标归苹果公司所有；

2. 被告赔偿原告因商标权属调查费、律师费等所受损失人民币400万元；

3. 本案诉讼费由被告承担。

在起诉的同时，为防止被告深圳唯冠转移和处分两商标，原告还向法院递交了财产保全申请书，请求深圳市中院查封深圳唯冠名下的上述两个商标，禁止被告转让、注销该两商标、变更注册事项以及办理商标权质押登记。同时，按《中华人民共和国民事诉讼法》（未经特别说明，下文均指2007年修正的法律文本）的规定，原告同时向法院提供了5万元人民币的担保金。

深圳市中院在4月19日受理本案后，首先于6月9日下达了对财产保全申请的民事裁定，裁定称：

> 同意原告的请求，裁定查封深圳唯冠名下两注册商标，查封时间均为6个月；需要延长查封期限的，原告应当在查封期限届满10日前向法院提出续封的书面申请。逾期不提出申请的，对上述注册商标的查封效力自动消灭。

随后，在7月2日，法院签发开庭传票，定于2010年8月13日上午9点30分在深圳市中院第十九法庭开庭，对两案进行合并审理。同时定于8月12日在法院的证据交换室进行证据交换。

深圳唯冠在接到传票后，经过遴选，先后委托了广东广和律师事务所与国浩律师集团（深圳）事务所作为诉讼代理人迎战苹果公司。

因苹果公司和IP公司多次申请延期提交证据，法院最终定于2011年2月22日才进行了证据交换，2月23日、8月21日、10月18日共进行了3次开庭，广东深大地律师事务所派出了杨浩律师出庭，广东广和律师事务所派出了肖才元律师，国浩律师事务所派出深圳办公室谢湘辉律师和马东晓律师分别出庭应诉，双方展开激烈交锋。为使读者能够清晰地了解整个诉讼的焦点所在，现将双方提出的事实、证据和争议归纳如下。

原告方在起诉状中主张了以下事实：

1. 2001年6月21日，被告深圳唯冠在国际分类号第九类申请注册了“IPAD”商标，注册号1590557；2001年12月14日同样在国际分类第九类下申请注册了iPAD商标，注册号1682310.（以下称“涉案商标”）。

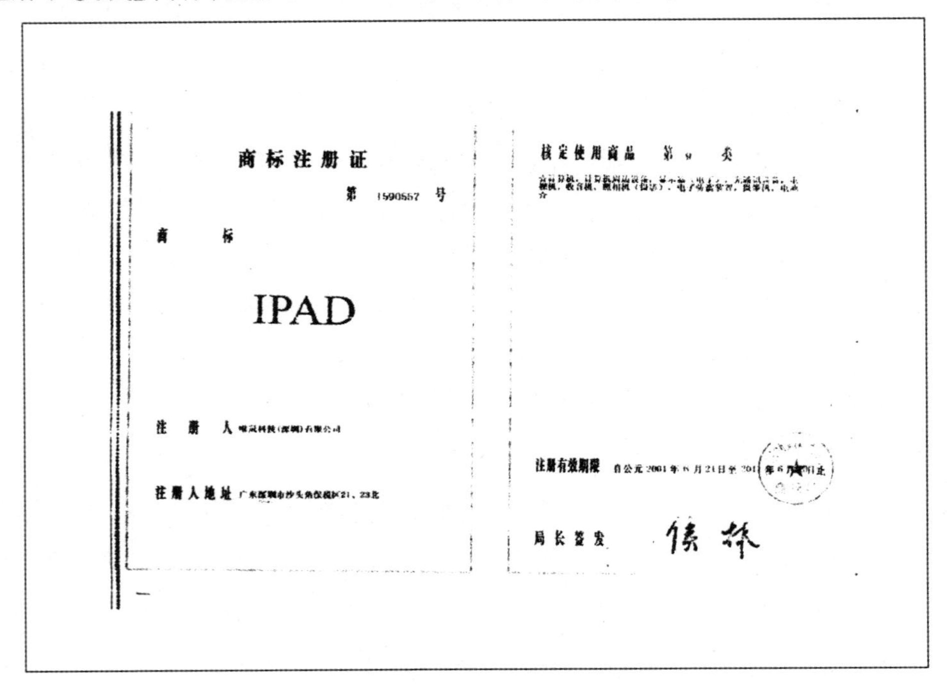

商标注册证

第 1590557 号

商　　标

IPAD

注 册 人　唯冠科技（深圳）有限公司

注册人地址　广东深圳市沙头角保税区21、23北

核定使用商品　第9类

注册有效期限　自公元2001年6月21日至201[illegible]年6月[illegible]日止

局长签发

核准续展注册证明

兹核准第 1590557 号商标续展注册，续展注册有效期自 2011 年 6 月 21 日至 2021 年 6 月 20 日。

中华人民共和国国家工商行政管理总局 商标局

注：本证明应与《商标注册证》一并使用。

第 1682310 号

商标注册证

核定使用商品(第 9 类)

电传真设备；影碟机；电声组合件；照相机；（截止）

注册人　唯冠科技(深圳)有限公司

注册地址　广东深圳市沙头角保税区 21、23 栋北

注册有效期限　自公元 2001 年 12 月 14 日 至 2011 年 12 月 13 日止

局长签发　李建昌

图 4-1 “涉案商标”的商标注册情况

原告提供了两商标在商标局网站上的查询结果打印件，以证明被告实际拥有涉案商标的专用权。由这两份查询结果可以看出，1590557 号 IPAD 商标于 2000 年 1 月 10 日申请，于 2001 年 6 月 21 日核准注册，该注册商标涵盖的商品包括计算机、计算机周边设备、显示器、光通讯设备、电视机，商标专用权于 2011 年 6 月 21 日到期。2010 年 2 月 9 日该商标被申请撤销 3 年不使用，目前仍在待审状态中。2010 年 3 月 22 日，申请人提出续展申请，目前续展也仍在待审中。

1682310 号iPAD商标于 2000 年 9 月 19 日申请，2001 年 12 月 14 日核准注册，涵盖的商品范围与前一商标略有不同，还包括了计算机软件、影碟机等。该商标申请过程中曾被提出异议，但经异议复审后核准商标注册。

2. 唯冠国际控股有限公司（唯冠控股）在全球 7 个国家或地区设有子公司，即中国大陆、香港和台湾地区，美国，巴西，英国和荷兰，深圳唯冠是唯冠控股在中国大陆设立的研发、生产基地，与台湾唯冠同属唯冠控股的子公司，唯冠控股的董事会主席和首席执行官杨荣山同时也是深圳唯冠的法定代表人、台湾唯冠的负责人（在台湾，负责人的角色跟大陆的法定代表人角色相似）及董事长，他还是多家

其他子公司的法定代表人。

作为证据，原告提交了一份广州市广州公证处出具的公证书，即对深圳唯冠网站 www.proview.com.cn 中的内容进行了公证保全，在该网站“公司简介”栏目中有“唯冠是世界五大显示器制造商之一，公司成立于1989年，董事会主席及首席执行官为杨荣山……”等信息。

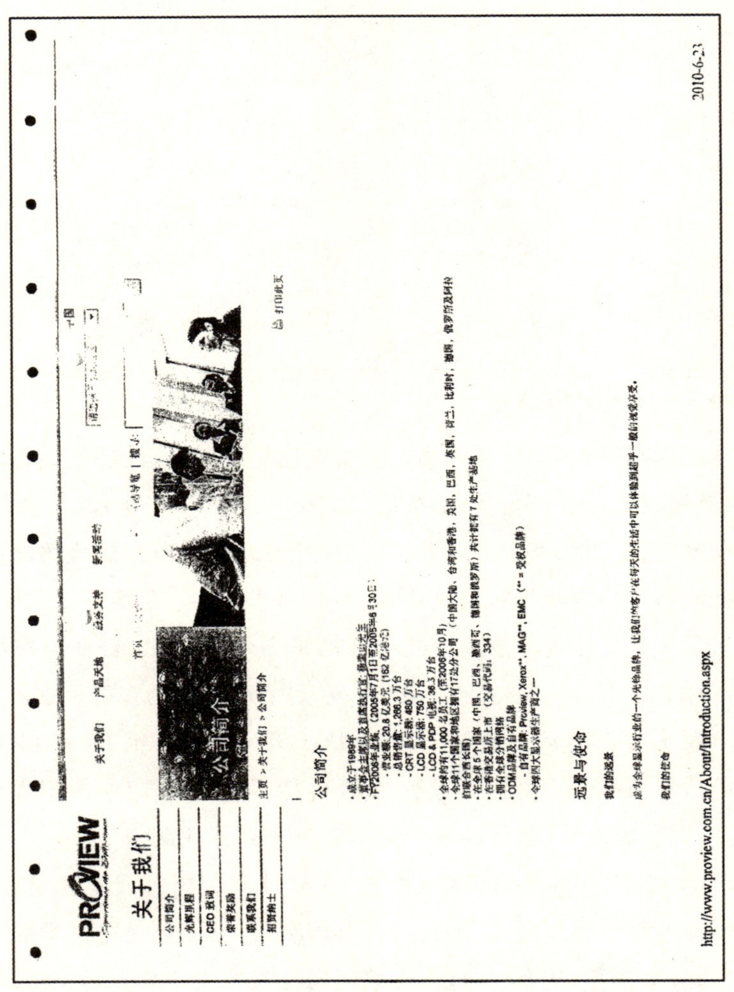

图4-2 原告提供的深圳唯冠网站关于“公司简介”栏目的截屏

3. IPAD 商标是由 IP 公司、唯冠国际、台湾唯冠和被告经磋商达成一致后协议转让的。

原告方代理人以公证方式保全了 IP 公司在商标转让时的谈判代表 Jonathan Hargreaves 的往来邮件，展示了 IPAD 商标转让洽谈的整个过程：

2009 年 8 月 18 日，IP 公司一个名为 Jonathan Hargreaves（以下简称 Jonathan）的代表给唯冠英国公司的员工 Timothy Lo（以下简称 Lo）发了一封电子邮件，向其询问 Lo 是否像他们之前见面讨论的，在唯冠内部找到了适合讨论转让 IPAD 商标事宜的人选。同时，Jonathan 称 IP 公司是几天前在英国设立的，很有兴趣急于与唯冠方面讨论商标转让事宜。

当天，Lo 即回了邮件，表示已与相关同事进行了联系，并会让同事尽快与 Jonathan 联络。

9 月 21 日，Lo 在给 Jonathan 的邮件中告知，唯冠方面在越南、墨西哥、泰国、韩国、印度尼西亚、新加坡和中国拥有 IPAD 商标。

9 月 22 日，Jonathan 回函，确认 IP 公司愿意购买唯冠公司在全球拥有的所有 IPAD 商标，同时给出了一个 2 万英镑的商标转让的报价，并称，如果唯冠方面同意，IP 公司将马上准备相应文件，希望唯冠方面能派出一名合适的人选来讨论和签署转让协议。

Lo 随即回复称，他已将 IP 公司提供的报价转给了其在远东的同事。由于他没有相关授权，要先等中国同事对该报价的意见。

中间经过多次邮件往来，IP 公司应唯冠要求提高了报价。

10 月 20 日，Lo 在邮件中提到，已将在此前基础上提高过的 3 万英镑的报价发给了中国的同事，但中国同事的答复是，经他们所核算出的专利（商标）注册费和维护费已高出 IP 公司的报价，但是他们这次却没有给出一个具体的转让价格。Lo 建议待中国同事给出具体价格后，再与 Jonathan 继续商谈此事。

Jonathan 在 10 月 21 日回复，IP 公司对于 Lo 不能提供具体的转让价格感到失望，并且表示这些 IPAD 商标实际注册和维护的费用不仅远低于现在所讨论的 3 万英镑的价格，而且也低于最开始的 2 万英镑的报价。同时，他还暗示道：“也有人建议我们可以另行寻求方法以撤销这些注册(商标),从而使其不再构成对我们的阻碍,但这会导致双方产生法律上的费用。考虑到这些,希望你们能重新考虑你们的立场。”

当晚,Lo 就回复了 Jonathan,认为现在已经到了一个 Jonathan 必须直接和中国同事进行沟通的阶段,他将把这封邮件抄送给唯冠法务部的同事 Ray Mai,请双方在见此信之后直接沟通。在这封邮件里,抄送地址一栏没有显示出 Ray Mai 的邮箱,但标明的是 Ray Mai 的邮箱地址。

10 月 22 日一早,Jonathan 便收到了 Huy Yuan 的邮件(此后的邮件都抄送了 Ray Mai)。Huy Yuan 自称是“唯冠法务部”成员,代表唯冠方面讨论 IPAD 注册商标的交易。他表示,唯冠希望能挽回之前为注册商标付出的成本和其他相关费用,以及唯冠停止使用这些商标而产生的损失。当天下午,Jonathan 回邮件表示希望能在电话中与 Huy Yuan 讨论此事。

在两人经过电话沟通之后,Huy Yuan 在 10 月 23 日的邮件中称,他将向他的老板(Ray Mai)报告相关信息,并请 Jonathan 邮件说明在商标局转让注册商标的相关程序。随即,Jonathan 回复告知了 Huy Yuan 商标转让的程序,但并不是在商标局转让的程序,而是 IP 公司与唯冠方面之间协议转让的程序,包括:(1) 对拟转让的商标清单和所涉及的地域协商一致;(2) 准备书面协议和转让文件;(3) 签署这些书面协议和文件;(4) 付款。同时还表示,IP 公司可以负责支付所有与转让相关的官方费用。

10 月 30 日,Huy Yuan 致信给 Jonathan 称,他已向老板报告,但他的老板认为,3 万英镑的转让价格对于 8 个国家的 10 个商标而言过低,他还需要 Huy Yuan 搜集更多的信息以作出决定。但 Huy Yuan 告诉 Jonathan,“依个人建议”,IP 公司应当考虑稍微提高报价。

两天后的 11 月 2 日,Jonathan 回复称,可将报价提高至 3.5 万英镑,并且愿意支付这次商标转让的合理费用。同时他表示,此事已旷日持久,希望能尽快在本周达成协议。

最终,在 11 月 6 日的邮件中,Huy Yuan 没有让 Jonathan 继续等待。他告诉

Jonathan,他的老板接受3.5万英镑的报价,但要由IP公司承担相关费用,同时请IP公司尽快将转让合同发来审阅。

此后经过几次对合同内容的商讨、修改,Huy Yuan在11月16日的邮件中询问如何签署各个国家的商标转让协议。在得到Jonathan的回复后,Huy Yuan提出,唯冠方面的律师要求IP公司在转让合同签订后支付价款,然后唯冠再签署各个国家的转让协议。另外,Huy Yuan称:"如你所知,我公司是一家跨国公司,且一直信守诺言,我可以向你保证,我公司会在收到钱后即签署国家转让合同。"

最终双方敲定了合同的内容。Jonathan在11月24日的邮件中表示,IP公司的律师建议双方组织一个交割会议可能更为方便,在这个会上,双方可以一次性完成所有交易,唯冠可签署合同而IP公司可立即付款。

第二天,Huy Yuan回信告知唯冠方面同意他的提议,并建议:因商标是台湾公司注册的,且公司公章也在台北,方便起见将会面地点安排在台北。

之后,双方互通邮件确定了欲转让商标的详情,包括商标的数量及每一商标所在国家。12月7日,Huy Yuan提出,因为他没有台湾护照,所以不会去台湾,他的上司Ray Mai会到台湾与对方见面,同时他回答Jonathan说,唯冠电子股份有限公司与唯冠电子(台湾)有限公司为同一家公司,IP公司的支票应当开给唯冠电子股份有限公司。另外,在这封邮件里还附有唯冠方面在各个国家注册商标权证的影印件。

12月8日,Jonathan在回邮中指出,因Huy Yuan的邮件中没有附上在中国注册的1682310号商标的注册证书,为方便参考,附上该注册的详细信息(如图),并希望Huy Yuan能将该商标注册证书的副本发送给他。此外,他给出了签约时间的建议,并询问Ray Mai是否有权代表唯冠电子股份有限公司(台湾唯冠)。

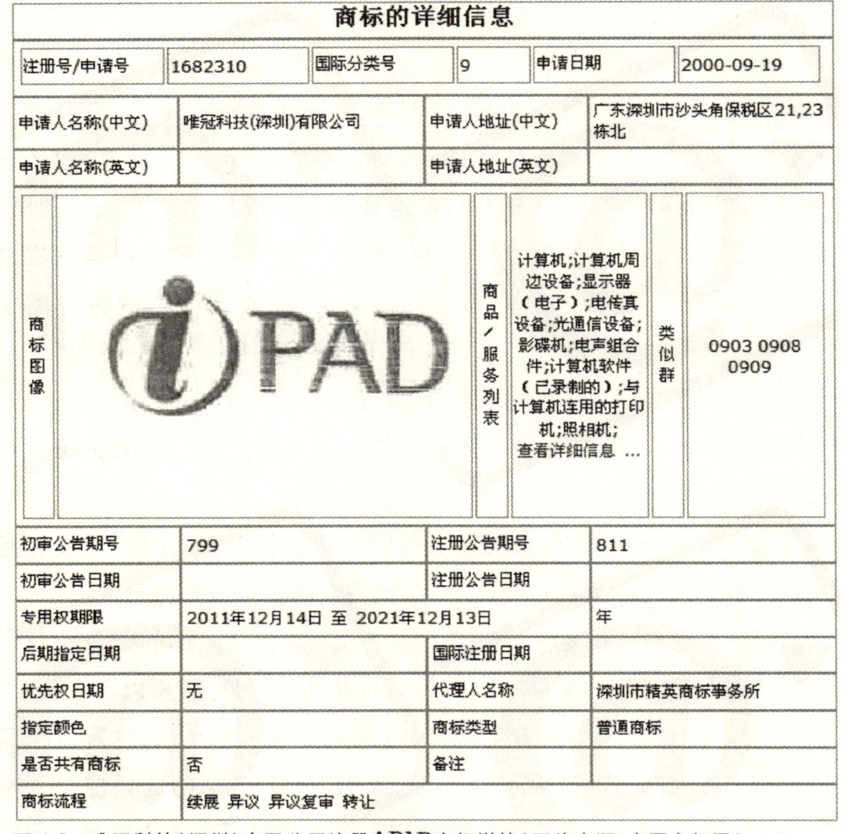

商标的详细信息					
注册号/申请号	1682310	国际分类号	9	申请日期	2000-09-19

申请人名称(中文)	唯冠科技(深圳)有限公司	申请人地址(中文)	广东深圳市沙头角保税区21,23栋北
申请人名称(英文)		申请人地址(英文)	

商标图像	iPAD	商品/服务列表	计算机;计算机周边设备;显示器(电子);电传真设备;光通信设备;影碟机;电声组合件;计算机软件(已录制的);与计算机连用的打印机;照相机;查看详细信息 ...	类似群	0903 0908 0909

初审公告期号	799	注册公告期号	811
初审公告日期		注册公告日期	
专用权期限	2011年12月14日 至 2021年12月13日	年	
后期指定日期		国际注册日期	
优先权日期	无	代理人名称	深圳市精英商标事务所
指定颜色		商标类型	普通商标
是否共有商标	否	备注	
商标流程	续展 异议 异议复审 转让		

图 4-3　唯冠科技(深圳)有限公司注册iPAD商标详情(图片来源:中国商标网)

最后,双方敲定于2009年12月23日在台北签约。

4. 双方签订的商标转让协议,证明IP公司受让了包括在8个国家和地区:欧盟、韩国、墨西哥、中国、新加坡、印度尼西亚、泰国和越南的8个国家和地区的10个IPAD商标。同时双方还针对每一国分别签订了国家转让协议,包括中国国家转让协议。

原告首先提供了双方签订的转让合同及其翻译件,证明IP公司和台湾唯冠就转让IPAD商标权已经达成一致,双方约定的重要条款如下:

(1) 双方约定以3.5万英镑的价格转让唯冠所持有的,附件A中所列出的8国家的10个商标;在商标注册的每一地区,唯冠应签署一份转让文件以使IP公司能够在该地区备案商标转让,即各国国家转让协议。

(2) IP公司在收到由唯冠授权的代表签署的本协议和各国转让协议后7日内,向唯冠支付对价。

(3) IP公司承担各国商标转让的官方费用。

(4) IP公司可要求唯冠提供一切与商标过往使用有关的文件或声明。唯冠该义务自本协议生效日期起5年后终止。

(5) 唯冠保证商标为注册商标;唯冠为商标的唯一所有人;唯冠不知任何第三方针对商标提起异议、撤销、侵权诉讼或任何其他程序。

(6) 唯冠没有授予其他任何商标使用许可。

(7) 唯冠保证没有其他优先权利以致其可针对商标提起异议、撤销、更改或任何其他程序。

(8) 唯冠保证除附件中所列之外,其未拥有其他任何包括"I-PAD"一词及其变体或由该等字词组成的商标的申请或者注册。

(9) IP公司和唯冠各自确认其有权达成本协议。

(10) 本协议由香港法律排他性管辖。香港法院对由本协议产生或与本协议相关的纠纷具有排他性管辖权。

转让合同的落款是:

唯冠电子股份有限公司
法律总顾问
麦××(个人签名)

和

IP申请发展有限公司
董事
Haydn Wood(个人签名)

在合同的最后附有:

(1) 附件A,列明了8个国家的,包括涉案商标在内的10个商标的详细情况。

(2) 英国公证人出具的缔约公证。

PROVIEW ELECTRONICS CO., LTD.

IP APPLICATION DEVELOPMENT LIMITED

AGREEMENT

TAB 11

20th

THIS AGREEMENT is effective as of the date of the last signature ("**Effective Date**")

BETWEEN:

(1) **PROVIEW ELECTRONICS CO., LTD.**, of 6/F, N°. 1 Pau-Sheng Road Yung Ho City, Taipei Hsien TAIWÁN ("Proview"); and

(2) **IP APPLICATION DEVELOPMENT LIMITED**, of 34 Hansells Mead, Roydon, Essex CM19 5HZ, United Kingdom ("IPADL").

WHEREAS:

(A) Proview is the proprietor of the trade mark registrations listed in Schedule A of this agreement (the "**Trade Marks**");

(B) The parties wish to enter into an agreement whereby Proview undertakes to assign the Trade Marks to IPADL in consideration of the sum of £35,000.

IT IS AGREED as follows:

1. In consideration of the sum of £35,000 (British Sterling Thirty Five Thousand Only) (the "**Consideration**") Proview shall transfer and assign to IPADL the Trade Marks together with the goodwill symbolized by and attaching to the Trade Marks and all rights of action, powers and benefits belonging or accrued to the Trade Marks, including the right to sue for past infringements. For each jurisdiction in which a Trade Mark is registered, Proview shall also execute an assignment document which IPADL can record in that jurisdiction to evidence the transfer of the Trade Mark (the "**Country Assignments**").

2. IPADL will pay the Consideration to Proview, as Proview instructs, within 7 (seven) days after IPADL receives the original of this Agreement and the Country Assignments, all executed on behalf of Proview by a duly authorized director.

3. IPADL shall bear the costs and fees for the recordal of the Country Assignments with the Trade Mark registries where the Trade Marks are registered.

4. IPADL may request (at its expense) any documents and/or information relating to the past use of the Trade Marks including any necessary declaration(s) and Proview shall provide the same if available. Proview's obligation in this respect shall cease five years from the Effective Date.

TAB 11

208

5. Proview warrants that the Trade Marks are registered, that it is the unencumbered sole owner of the Trade Marks, and that it is not aware of any opposition, cancellation, infringement or any other proceedings being brought against the Trade Marks by any third parties.

6. Proview warrants that it has not granted any license to use the Trade Marks.

7. Proview warrants that it has no other prior rights on which it could bring opposition, cancellation, rectification and/or any other proceedings against the Trade Marks.

8. Proview warrants that it does not own any other applications or registrations for trade marks which consists of, or comprise, the term I - PAD and its variations (e.g. IPAD, I-PAD, etc.), except those listed in Schedule A.

9. IPADL and Proview each confirms that it has the authority to enter into this Agreement.

10. This Agreement is governed exclusively by the laws of Hong Kong and the Hong Kong courts shall have exclusive jurisdiction arising from or in connection with this Agreement.

11. This Agreement, together with any documents referred to in it, constitutes the whole agreement between the parties relating to its subject matter and supersedes any prior drafts, agreements, undertakings, representations, warranties and arrangements of any nature, whether in writing or oral, relating to such subject matter.

IN WITNESS whereof the hands of the parties or their duly authorised attorneys or representatives.

Signed for and on behalf of

PROVIEW ELECTRONICS CO., LTD. by

Name:

Title:

Date:

TAB 11

209

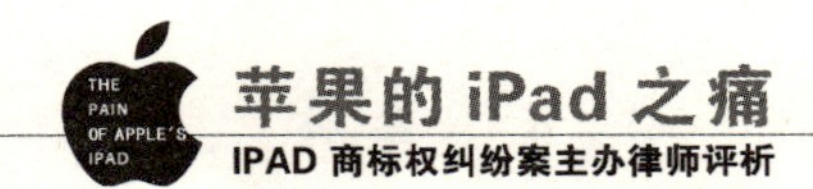

Signed for and on behalf of

IP APPLICATION DEVELOPMENT LIMITED by

____

Name: HAYDN WOOD

Title: DIRECTOR

Date: 17 DEC '09

TAB 11

4

~~210~~

SCHEDULE A

	Trade Mark	Reg. No.	Reg. Date	Filing Date	Classes
CTM	I - PAD	001526094	09 April 2001	24 February 2000	9
South Korea	i – PAD Stylised	4005761830000	03 March 2004	15 November 2002	9
Mexico	i – PAD Stylised	713138	30 August2001	10 August 2000	9
China	IPAD	1590557	21 June 2001		9
	IPAD Stylised	1682310	14 December 2001		9
Singapore	IPAD Stylised	T00/19534E	4 April 2003	7 November 2000	
Indonesia	i-PAD Stylised	481804	2 July 2001	18 July 2000	9
Thailand	i-PAD Stylised	453433/KOR/159578	17 May 2001	17 May 2001	9
Thailand	i Stylised	453433/KOR/159577	17 May 2001	17 May 2001	9
Vietnam	i-PAD Stylised	45876	10 May 2001	1 April 2003	9

TAB 11

211

唯冠电子股份有限公司；和

IP 申请发展有限公司

协议

0-v1\\ 1

本协议于最后签字日期生效(“**生效日期**”)。

如下各方：

（1）**唯冠电子股份有限公司**，台湾台北县 6/F, No. 1, Pau-Sheng Road, Yung Ho City （“唯冠”）；和

（2）**IP 申请发展有限公司**，英国埃塞克斯 CM19 5HZ，34 Hansells Mead, Roydon （“IPADL”）。

鉴于：

（A）唯冠是本协议附件 A 所列商标注册（“**商标**”）的所有人；

（B）双方希望达成协议，据此唯冠向 IPADL 转让商标，对价为 35,000 英磅。

协议约定如下：

1. 唯冠以 35,000 英磅为对价（“**对价**”）向 IPADL 转让商标以及商标所代表并附于商标之商誉、商标所属或所衍生的所有行为权利、权力及利益，包括向过去的侵权者追诉的权利。在商标注册的每一地区，唯冠应签署一份转让文件以使 IPADL 能够在该地区备案商标转让(“**各国转让协议**”)。
2. IPADL 在其收到由唯冠正当授权的董事代表唯冠签署的本协议和各国转让协议正本后 7 日内，按照唯冠的指示向唯冠支付对价。
3. IPADL 承担将各国转让协议在商标注册地的商标注册机构备案的费用。
4. IPADL 可要求（自付费用）与商标过往使用相关的一切文件及/或信息，包括任何所需声明，唯冠如有该等文件应向 IPADL 提供。唯冠在此方面的义务自本协议生效日期起 5 年后终止。
5. 唯冠保证商标为注册商标、唯冠是没有任何限制的唯一商标所有人、且唯冠不知任何第三方针对商标提起异议、撤销、侵权或任何其他程序。
6. 唯冠保证其没有授予任何商标使用许可。

0-v1\\ 2

7. 唯冠保证其没有其他优先权利以致其可针对商标提起异议、撤销、更改及/或任何其他程序。

8. 唯冠保证除附件A所列之外，其未拥有任何其他包括“I - PAD”一词及其变体（如IPAD，I-PAD等）或由该等字词组成的商标的申请或注册。

9. IPADL和唯冠各自确认其有权达成本协议。

10. 本协议由香港法律排他性管辖。香港法院对由本协议产生或与本协议相关的纠纷具有排他性管辖权。

11. 本协议及本协议提及的一切文件构成双方之间关于本协议标的的全部协议并取代先前关于该标的的草案、协议、承诺、陈述、保证及任何性质的书面或口头安排。

各方或他们的授权律师或代表于上述日期特立此证。

唯冠电子股份有限公司

[麦[illegible]签名]

姓名：麦[illegible]

职务：法律总顾问

日期：2009年12月23日

IP申请发展有限公司

[签名]

姓名: [illegible]

职务: 董事

日期: 2009年12月17日

0-v1\\

3

附件 A

	商标	注册号	注册日期	申请日期	分类
CTM	I - PAD	001526094	2001 年 4 月 9 日	2000 年 2 月 24 日	9
韩国	i - PAD 组合商标	4005761830000	2004 年 3 月 3 日	2002 年 11 月 15 日	9
墨西哥	i - PAD 组合商标	713138	2001 年 8 月 30 日	2000 年 8 月 10 日	9
中国	IPAD IPAD 组合商标	1590557 1682310	2001 年 6 月 21 日 2001 年 12 月 14 日		9 9
新加坡	IPAD 组合商标	T00/19534E	2003 年 4 月 4 日	2000 年 11 月 7 日	
印度尼西亚	i-PAD 组合商标	481804	2001 年 7 月 2 日	2000 年 7 月 18 日	9
泰国	i-PAD 组合商标	453433/KOR/159578	2001 年 5 月 17 日	2001 年 5 月 17 日	9
泰国	i 组合商标	453433/KOR/159577	2001 年 5 月 17 日	2001 年 5 月 17 日	9
越南	i-PAD 组合商标	45876	2001 年 5 月 10 日	2[illegible] 年 4 月 [illegible] 日	9

SHENZHEN E-TIME TRANSLATION CO.,LTD.
翻译专用章
深圳市新译时代翻译有限公司

0-v1\\ 4

图 4-4 IP 公司与台湾唯冠签订的商标转让协议

除转让合同外，原告还出具了国家转让协议的复印件，合同双方同样为台湾唯冠和IP公司，其中约定：

- 转让人台湾唯冠同意以1英镑作为对价向受让人IP公司转让商标(涉案商标)，以及所有属于该商标的权利、权力和利益。
- 转让人应当签署所有必需的商标注册表格或其他相关文件以变更该商标的所有权，并在有关商标局进行对该商标所有权变更的备案。

在合同落款处，依然是麦××和Haydn Wood的个人签名，签名旁边还有台湾地区的公证员和英国公证员的签名。

合同后同样附有附件：

(1) 英国公证员出具的缔约公证书；

(2) 向商标局提交的商标转让申请，其上注明转让人为唯冠电子股份有限公司和IP申请发展有限公司，并由麦××和Haydn Wood签字。

(3) 预先填写好的商标代理委托书，供后续转让注册商标委托代理人使用。

(4) 在这份合同的最后，还附有一张在英国公司注册机关Companie-sHouse查询的IP公司注册信息，上面可以清楚地看到，IP公司注册成立的时间是2009年8月11日，也就是在IP公司与唯冠联系购买IPAD商标前的7天前。

Date: 23 December 2009

PROVIEW ELECTRONICS CO., LTD.

as Assignor

IP APPLICATION DEVELOPMENT LIMITED

as Assignee

Assignment of Trade Marks

In China

PCL2\12751111\1

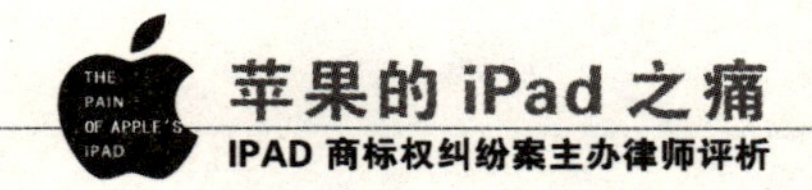

ASSIGNMENT

THIS ASSIGNMENT dated 23 day of [illegible], 2009

IS MADE BETWEEN

(1) **PROVIEW ELECTRONICS CO., LTD**, a company incorporated under the laws of Taiwan, and having its registered office at 6/F, N°. 1 Pau-Sheng Road, Yung Ho City, Taipei Hsien, Taiwan (hereinafter referred to as " the Assignor") of the one part, and

(2) **IP APPLICATION DEVELOPMENT LIMITED**, a company incorporated under the laws of England and Wales, and having its registered office at 34 Hansells Mead, Roydon, Essex CM19 5HZ, United Kingdom (hereinafter referred to as "Assignee") of the other part.

WHEREAS

(A) The Assignor is the proprietor of the registered trademark(s) particulars of which appear in the Schedule hereunder, and desires to assign the said trademark(s) together with the goodwill of the business concerned in the goods for which they are used to the Assignee.

(B) AND WHEREAS the Assignee is desirous of acquiring the said trademark(s) listed in the Schedule hereunder together with the goodwill of the business concerned in the goods for which the trademark(s) are used.

IT IS AGREED as follows:

1.1 In consideration of the sum of GBP£1 (one pound sterling) now paid by the Assignee to the Assignor (receipt of which is hereby acknowledged) the Assignor hereby assigns to the Assignee the Trade Marks, all rights of action, powers and benefits belonging or accrued to the Trade Marks, including the right to sue for past infringements and passing off.

1.2 The Assignor shall execute any Trade Mark Registry forms or any other documents to effect the change of ownership and record the same with the relevant Trade Mark Registries. The Assignor agrees that the Assignee or its legal representative is authorised to sign the necessary Trade Mark Registry forms on behalf of the Assignor to effect the recordal of this assignment.

PCL2\1275111\1

IN WITNESS whereof the hands of the parties or their duly authorised attorneys or representatives the day and year first above written.

PROVIEW ELECTRONICS CO., LTD

Name

Signed in the Presence of

在公證人面前簽名

DEC 2 3 2009

Notary

Case No

The Chung Ching United Notary Public Office of Taiwan Taipei District Court, R.O.C.

IP APPLICATION DEVELOPMENT LIMITED

Name

IN THE PRESENCE OF:

Notary Public London, England

(Edward Gardiner)

Schedule

Trade Marks

Trade Mark	Application/ Registration No.	Class(es)
IPAD	1590557	9
IPAD Stylised	1682310	9

PCL2\12751111\1

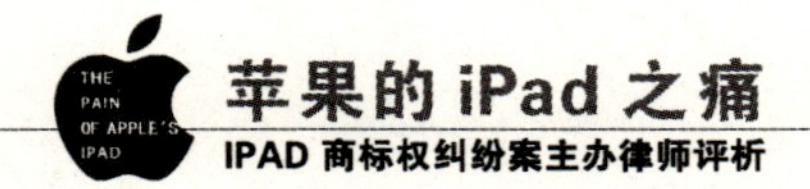

日期：　　　　　　　　　　　　　　　2009 年

唯冠电子有限公司

让与方

IP 应用发展有限公司

受让方

商标转让协议书

于中国

PCL2\12751111\1
表 11

214

协议书

签约日期：2009 年 12 月 23 日

签约双方：

（1）唯冠电子有限公司，台湾依法成立的股份制有限公司，注册办公地为台湾台北县永和市保生路一号 6 楼（下称让与方）

（2）IP 应用发展有限公司，于英格兰和威尔士法律下依法成立的股份制有限公司，注册办公地为英国埃塞克斯 CM19 5HZ 罗伊登汉赛尔米德路 34 号（下称受让方）

鉴于

（A） 让与方系出现于下文表中注册商标的所有者，愿意将文中所提的商标和商誉转让给受让方。

（B） 受让方系出现在下文表中愿意接受让与方企业商标和商誉的公司。

双方经协商一致，如下：

1.1 受让方向让与方支付 1 英镑作为转让费用（让与方已经收到并确认），让与方将商标及属于或与商标有关的行为权利、权力和利益，包括侵权和假冒控告的权利。

1.2 让与方承认所有商标相关的注册表或其他影响所有权转移的文件变更已生效。让与方同意被授权的受让方或其法定代表人签字必要的商标注册表，并代表让与方行使此转让协议备案的权利。

翻译专用章 深圳市新译时代翻译有限公司

PCL2\12751111\1

表 11　　215

协议双方或授权的律师或代表在签约日见证上述协定内容。

唯冠电子有限公司：

姓名：

在公证人面前签名：

二零零九年十二月二十三日

公证人

文件号：00

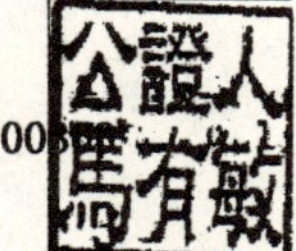

号数：121 证监会：1. 重庆网上联合公证事务所

台湾 100. ______________ 台湾台北区

IP 应用发展有限公司：

姓名：

当面证明人：______________

英国伦敦公证人：（爱德华加德纳）

议程

商标

商标	申请注册编号	级别
IPAD	1590557	9
IPAD Stylised	1682310	9

SHENZHEN E-TIME TRANSLATION CO.,LTD 翻译专用章 深圳市新译时代翻译有限公司

PCL2\12751111\1

表 11 216

图 4-5 中国国家转让协议

5. 原告二在合同签订后立即支付了3.5万英镑的转让费用。原告提供了巴克莱银行转账汇票及翻译件作为证据证明原告二已支付了合同对价,履行了合同义务。

6. 苹果公司在2010年1月27日发布了iPad平板电脑,并于4月3日在美国上市销售。这份证据来自于互联网络上1月28日和4月3日的新闻报道。一份是科技资讯网2010年1月28日的新闻,报道了苹果公司CEO史蒂夫·乔布斯向公众介绍iPad平板电脑的情况,并用相当长的篇幅对iPad平板电脑的软硬件、功能等作了详细介绍。另一份为2010年4月3日新华网的国际新闻,报道了iPad平板电脑在美国纽约首发的情况。

7. IP公司将IPAD商标转让给了苹果公司。原告向法庭提交了IP公司与苹果公司之间的权利转让协议。

协议中提到:

(1) IP公司与唯冠集团旗下公司,包括但不限于唯冠电子股份有限公司,唯冠科技(深圳)有限公司和唯冠国际控股有限公司(以下合称"唯冠集团")达成协议,以购买其在全球的IPAD商标。

(2) 唯冠集团告知IP公司,他们所有的IPAD商标都为唯冠电子股份有限公司,即台湾唯冠所持有。但随即又在之后的条款中提到,在中国的商标由深圳唯冠持有。

(3) IP公司将所有10个IPAD注册商标以10英镑为对价转让给苹果公司。

该协议没有签署时间。

Assignment and Transfer of Rights

This Assignment and Transfer of Rights is made by IP Application Development Limited, a company incorporated under the law of England and Wales ("IPADL"), to Apple Inc., a corporation incorporated under the law of the state of California ("Apple").

WHEREAS:

In late 2009, IPADL entered into an agreement with the Proview group of companies, including but not limited to Proview Electronics Co. Ltd., Proview Technology (Shenzhen) Co. Ltd., and Proview International Holdings Limited (hereinafter collectively referred to as the "Proview Group"), to purchase all of their IPAD trademarks worldwide.

On or about December 15, 2009, the Proview Group told IPADL that all of their IPAD marks were held by Proview Electronics Co. Ltd.

On December 23, 2009, Proview Electronics Co. Ltd. then executed an agreement in which it warranted that it was the unencumbered sole proprietor of the Trade Marks listed in Schedule A to the agreement, and that it owned no similar trademark applications or registrations, a copy of which agreement is attached.

All of the Trade Marks in Schedule A to the agreement were in fact held by Proview Electronics Co. Ltd., except for the Trade Marks in China, which were actually held by Proview Technology (Shenzhen) Co. Ltd.

IPADL has entered into various assignments of the Trade Marks to Apple, and wishes to assign and transfer to Apple all other rights, claims, and interests it has in relation to the Trade Marks, including its other rights under its agreement with Proview Group.

NOW THEREFORE THIS ASSIGNMENT AND TRANSFER OF RIGHTS WITNESSES THAT:

In consideration of Apple paying IPADL GBP£10.00, the receipt and sufficiency of which is hereby acknowledged, IPADL hereby assigns and transfers to Apple all of its rights, claims, benefits, choses in action, remedies, and any other interests in respect of the Trade Marks, including, but not limited to:

1. all of its rights, claims, benefits, choses in action, remedies and/or any other interests in respect of its agreement with Proview Group; and

2. the right to bring any actions in respect of such agreement and/or the Trade Marks.

IN WITNESS WHEREOF the hands of IPADL.

IP APPLICATION DEVELOPMENT LIMITED

Name: Haydn Wood
Title: Director

Error! Unknown document property name.

TAB 36

权利转让协议

本权利转让协议是关于 IP 申请发展有限公司，一家根据英格兰和威尔士的法律成立的公司（**“IPADL”**）向苹果公司，一家根据加利福尼亚州法律成立的公司（**“苹果”**）转让权利。

鉴于：

2009 年末，IPADL 与唯冠集团旗下公司，包括但不限于唯冠电子股份有限公司，唯冠科技（深圳）有限公司和唯冠国际控股有限公司（以下合称**“唯冠集团”**）达成协议，以购买其在全球的 IPAD 商标。

在 2009 年 12 月 15 日前后，唯冠集团告知 IPADL 他们所有的 IPAD 商标都为唯冠电子股份有限公司持有。

在 2009 年 12 月 23 日，唯冠电子股份有限公司签署了一份协议，在该份协议中其保证其是在该协议附件 A 中所列**商标**的没有任何限制的唯一持有人；而且除此之外，其不持有任何其他相近的商标申请或注册，随附该协议副本。

除在中国的**商标**外，其他所有列在该协议附件 A 中的**商标**确实都是唯冠电子股份有限公司持有的；在中国的**商标**由唯冠科技（深圳）有限公司持有。

IPADL 已与苹果签订了若干个不同的商标转让协议，并意欲向苹果转让其他所有与**商标**有关的权利，请求和利益，包括与唯冠集团签订的协议项下的其他权利。

现本转让协议约定：

IPADL 以 10 英镑为对价向苹果转让（且苹果在此确认收到该对价）有关**商标**的所有权利，请求，利益，诉讼财产，赔偿和其他任何利益，包括但不限于：

1. 有关与唯冠集团签订的协议的所有权利，请求，利益，诉讼财产，赔偿和/或任何其他权利；以及
2. 提起有关上述协议和/或**商标**的法律程序的权利。

SHENZHEN E-TIME TRANSLATION CO.,LTD 翻译专用章 深圳市新译时代翻译有限公司

IPADL 立此为证

IP 申请发展有限公司

[Haydn Wood 签名]

姓名：Haydn Wood

职务：董事

0-v1\\ 2

本协议于最后签字日期生效(“**生效日期**”)。

如下各方：

（1）唯冠电子股份有限公司，台湾台北县 6/F, No. 1, Pau-Sheng Road, Yung Ho City （“唯冠”）；和

（2）IP 申请发展有限公司，英国埃塞克斯 CM19 5HZ，34 Hansells Mead, Roydon （“IPADL”）。

鉴于：

（A）唯冠是本协议附件 A 所列商标注册（“**商标**”）的所有人；

（B）双方希望达成协议，据此唯冠向 IPADL 转让商标，对价为 35,000 英镑。

协议约定如下：

1. 唯冠以 35,000 英镑为对价（“**对价**”）向 IPADL 转让商标以及商标所代表并附于商标之商誉、商标所属或所衍生的所有行为权利、权力及利益，包括向过去的侵权者追诉的权利。在商标注册的每一地区，唯冠应签署一份转让文件以使 IPADL 能够在该地区备案商标转让(“**各国转让协议**”)。
2. IPADL 在其收到由唯冠正当授权的董事代表唯冠签署的本协议和各国转让协议正本后 7 日内，按照唯冠的指示向唯冠支付对价。
3. IPADL 承担将各国转让协议在商标注册地的商标注册机构备案的费用。
4. IPADL 可要求（自付费用）与商标过往使用相关的一切文件及/或信息，包括任何所需声明，唯冠如有该等文件应向 IPADL 提供。唯冠在此方面的义务自本协议生效日期起 5 年后终止。
5. 唯冠保证商标为注册商标、唯冠是没有任何限制的唯一商标所有人、且唯冠不知任何第三方针对商标提起异议、撤销、侵权或任何其他程序。
6. 唯冠保证其没有授予任何商标使用许可。

0-v1\\ 2

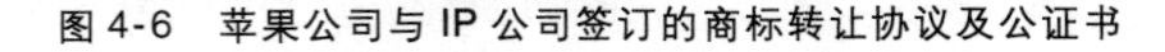

图 4-6　苹果公司与 IP 公司签订的商标转让协议及公证书

8. 麦××早在2008年就已经是被告深圳唯冠法务部的负责人。原告提交了一份2008年9月10日《南方都市报》“天天财富”版面刊登的一篇题为《换全球商标？美国EMC左右为难》的文章，其中提到麦××为被告法务部的负责人。

9. 原告提交了香港高等法院传讯令状，证明两原告在2010年5月20日在香港高等法院就双方争议的商标转让协议产生的合同违约纠纷，向唯冠国际控股有限公司、台湾唯冠、深圳唯冠、杨荣山提起了民事诉讼。

原告同时提交了香港Colin Andrew Shipp大律师出具的《法律意见书》，这名大律师在法律意见书中认为，IP公司就中国注册商标的买卖订立了一份有效并可执行的合同。协商中，唯冠被明确地告知，IP公司希望购买唯冠在全球拥有的所有IPAD商标，这显然是包括作为IPAD商标注册人的全部唯冠关联公司和子公司。在订立合同时，唯冠对于出售自己所有，或其关联公司及子公司所有的所有IPAD商标这一点，应当是不存在疑问的。否则就不会在磋商及签约过程中列出在中国大陆注册的商标。因此，被告深圳唯冠在这种情况下应当是属于相关合同一方当事人的。法务部员工Huy Yuan代表了台湾唯冠、唯冠控股以及被告深圳唯冠，也即整个唯冠集团进行了协商。在这种情形下，被告实际已明确表示欲将持有的在中国大陆注册的商标转让给IP公司，并有义务将涉案商标转让给作为IP公司在相关协议和书面协议项下合同权利的受让人的苹果公司。“在中国商标转让之前，苹果公司对中国商标拥有收益权益，而被告仅仅是苹果公司的受托人。”

原告同时引用了几个英美法的判例以进一步支持上述大律师的观点，包括：“Currie vs Misa”案中的“对价的定义”；“Sun er jo vs lo ching”案中的“协议强制执行力的例外”；“Palmer vs Carey”案中的“基于有价值对价规定，转让或押记的合同会导致合同标的物所有权转移衡平法上的权益”；“Mackenzie vs Coulson”案中的“合同条款未正确反映真实意思可纠正”；“George Wimpey UK LTD vs VI Construction LTD”案中的“单边错误矫正”。

根据上述事实，两原告在起诉状中认为：

> 商标专用权的取得有两种方式，既可以是原始取得，也可以是传来取得。首先，唯冠控股、台湾唯冠和被告深圳唯冠显然已经同意将所有商标转让给

原告二，而被告也同意将涉案商标列入商标转让协议和中国国家转让协议。其次，原告二也已经完全支付了转让商标的对价。因此，被告应当履行将涉案商标转让给原告二的义务。

原告二将依协议取得的所有商标的全部权益通过有效的转让协议转让给原告一。因此，原告一作为权利的受让人取得涉案商标专用权也是符合法律规定的。

上述观点主要有以下理由支持：

1. 唯冠集团转让商标是一种集体交易行为

原告认为，唯冠谈判人员 Huy Yuan 及麦××均使用了被告深圳唯冠的后缀为 proview. com. cn 的企业邮箱，签名栏中注明了唯冠科技（深圳）有限公司名称、地址、电话、部门及联系人。同时该企业邮箱中载明："本邮件由唯冠国际控股有限公司或其任何子公司所有。"据此，原告认为，涉案商标的交易是唯冠集团的集体交易行为，被告是唯冠集团集体转让商标的主体之一。

2. 双方签约时，虽然合同中没有出现被告作为一方签约主体，但台湾唯冠代表签约的行为构成对被告的表见代理，对此原告提出了以下理由：

(1) 被告谈判负责人与获授权签约的代表构成主体混同，均为麦××。在谈判磋商阶段，Lo 的邮件中即提到"我同事的名字是 Ray Mai，他负责我们的法务部"。而谈判的负责人麦××恰恰使用了被告的，后缀为 proview. com. cn 的企业邮箱；而被告法务部成员 Huy Yuan 也曾在邮件中称"我已经给老板写了一份报告"，其老板即指法务部的负责人，也就是麦××；在 2008 年 9 月 10 日，南方都市报《换全球商标？美国 EMC 左右为难》报道中，也有"日前记者从唯冠科技法务部麦××处获悉……"的语句，也说明了麦××早已是被告法务部的负责人；而最终在签约时，身为被告法务部负责人的麦××，同样作为签字代表在商标转让协议上签了名，谈判负责人与签约人都是同一个人。

(2) 谈判协议内容与书面合同内容完全相同。也就是说，与台湾唯冠签订的合同完全是由被告参与协商、制定的。

(3) 被告在确定由台湾唯冠签署书面合同之后，继续与原告 IP 公司协商提交涉案商标。在谈判中，被告先是在2009年11月26日确定“会议安排在唯冠台北如何？地址与合同一样”。然后，被告于2009年12月2日确认原告IP公司邮件附件中涉案商标“就我所知，唯冠只拥有您列入附件的8个IPAD商标”。接着，被告于2009年12月7日给原告IP公司发送了协商转让的涉案商标注册证附件，并称“附件为所有已注册国家的证书副本”。

（4）被告在谈判中承诺参加商标集体转让交易。被告员工在谈判邮件中称“如你所知，我公司是一个跨国公司，且一直信守诺言。我可以向你保证我公司会在收到钱后即签署国家转让合同”。

（5）法定代表人主体混同。唯冠集团及各子公司共同法定代表人杨荣山授权给谈判、签约代表的行为，也使原告产生了充分的信赖，认为其是可以代表被告的。

在接到原告的起诉状后，被告深圳唯冠提交了答辩意见，请求法庭依法驳回原告的全部诉讼请求，并判令原告承担案件的全部诉讼费用。其答辩主要内容为：

（1）2001年6月21日，深圳唯冠在国际商标分类号第九类获得IPAD注册商标专用权，商标注册号1590557；同年12月14日，在同一分类下获得iPAD注册商标专用权，商标注册号1682310。2001年至2004年间，台湾唯冠分别在欧盟、韩国、墨西哥、新加坡、印度尼西亚、泰国、越南等国家和地区共计获得了8个IPAD相关注册商标专用权，台湾唯冠与深圳唯冠总共持有10个IPAD注册商标。该事实与原告所述相同。

（2）深圳唯冠在获得了两涉案商标的注册之后，即在其自行研制、开发的专业高清液晶彩色显示器上使用了该商标，并在市场上销售了这些标有IPAD商标的产品。同时，深圳唯冠还授权给其他企业在不同类型的电子产品上使用该商标。

商标使用许可合同

本合同由下列双方签订：

1) 唯冠科技（深圳）有限公司　（以下简称"许可人"）；和

2)深圳市越腾科技发展有限公司　（以下简称"被许可人"）

鉴于许可人为IPAD商标的合法权利人，应被许可人请求，现许可人与被许可人依据中华人民共和国商标法、合同法规定，许可人同意授权被许可人使用注册号为1590557及注册号为1682310之IPAD商标，经协商一致，达成如下条款：

缔约双方议定如下：

1.　定义

在本合同中，下列名词与词组具有下列含义：

(a)　"商标"指"附录商标注册证"中所列商标。

(b)　"货物"指GPS产品。

2.　授权

"许可人"同意在此合同有效期内，向"被许可人"授予非独占的权利。分别在中国境内为了有关的"货物"和在"货物"有关事项中使用"商标"；条件如下：

(a)　"被许可人"使用"商标"的方式不会损害"商标"的独特性、有效性或声誉及许可人的商誉；

(b)　"被许可人"允许"许可人"正式授权代表在一切合理时间为下列目的进入"被许可人"的场所：

(i)　视察"被许可人"的"货物"和有关活动；

(ii)　视察"商标"的使用方式与情况；

(d)　在"许可人"要求之下，"被许可人"合理地提供下列各项样品以供视察所需：

(i)　已经使用"商标"的"货物"；

(ii)　广告、促销材料、标签或其它印刷品；

(e)　在"许可人"要求之下，"被许可人"履行"许可人"提供关于"商标"使用的方式与情况的要求；

3.　商标使用费

按被许可人销售被许可产品之销售金额的3%收取。

4.　承认使用权

"被许可人"在此承认"许可人"是"商标"的合法的权利人。

5.　侵犯

(a)　"被许可人"一旦获悉下述情况：

(i)　第三方侵犯或涉嫌侵犯任何"商标"；或

(ii)　有关某一商标的任何注册申请，由于该商标与"商标"相似，"被许可人"认为应予反对；或

(iii)　任何性质的任何事情或情况，依"被许可人"的看法，可能影响本合同之下的"许可人"权益，则"被许可人"应当立即将上述情况通知"许可人"。

(b) 如果"许可人"意欲为了保护任何"商标"而提起任何诉讼或程序或采取任何其它步骤，则"被许可人"应在"许可人"要求之下，与"许可人"共同参与上述诉讼、程度或步骤。

6. 费用

维持"商标"的费用应由"许可人"解决。由于第5条规定而引致的一切费用应由"许可人"和"被许可人"平均负担。本合同在任何国家机关登记的费用应由"被许可人"负担。

7. 责任与赔偿

(a) "被许可人"不得向"许可人"提出由于"被许可人"行使本合同赋予的权利而引起的或与之有关的任何契约、民事侵权或其它方面的任何索偿。

(b) 在第7条的约束下，"被许可人"保证，倘若"许可人"在第三方主使之下接到、蒙受或引致由于"被许可人"行使本合同赋予的权利而引起的或与之有关的任何索偿、要求、损失或费用（包括诉讼费用），"被许可人"将赔偿"许可人"并保障"许可人"不受损害。

8. 合同限期

(a) 本合同有效期五年，从2010年7月1日至2014年6月30日止.本合同期满，"许可人"没提出异议的，合同期限自动延长。

(b) "许可人" 可在给予 "被许可人" 三十日书面通知后，立即终止此合约，而不需提供任何理由。

(c) 如果发生下列情况，"许可人"可向"被许可人"发送书面通知，立即终止本合同第2条所述的授权：

(i) "被许可人"违背本合同的任何条件，而且在接到"许可人"的违约通知之日起之六十（60）日内仍未加以纠正；或

(ii) "被许可人"丧失与使用或展示任何与"商标"有关的业务或其任何重要部份，或在未经"许可人"同意的情况下处分"被许可人"的上述业务或其任何重要部份；或

(iii) "被许可人"质疑"商标"的合法性和"许可人"对"商标"的使用权。

(d) 如"被许可人"进行清算，本合同第2条所述的授权将自动终止。

(e) 在本合同第2条所述的授权因任何原因而终止时：

(i) "被许可人"不得在"货物"的任何有关事项中或任何有关活动中使用或协助他人使用任何"商标"，或"许可人"认为可能与"商标"混淆的，或"许可人"认为属于抄袭或模仿"商标"的任何其它标志。

(ii) 必须于三（3）个月之内出售余下货品，及销毁广告、促销材料、标签或其它印刷品。

9. 许可使用的商品质量标准

被许可人生产的产品质量要符合相应的国家有关技术、环保、质量标准及许可人的要求。许可人有权检查被许可方生产情况和产品质量，对于被检测不合格的产品，被许可人应按要求重作或销毁。

被许可人应保证其生产的产品质量符合国家、行业标准，能够起到保护和加强"商标"名誉、信誉。

10.分授权利

"被许可人"不得转让它在本合同之下的权利和义务，而且不得分授它的权利。

11. 通知

缔约一方按本合同发送另外一方的一切通知应按本合同开端所列另外一方地址发送给另外一方。任何一方可在任何时候以书面指定一个另外或附加的地址，作为以后接收通知及其它通讯的地址。

11.　争议管辖

本合同履行或与本合同有关的争议，双方同意提交许可人所在地人民法院管辖。

缔约双方在下列地点和日期正式签署本合同，一式三份，以资证明：

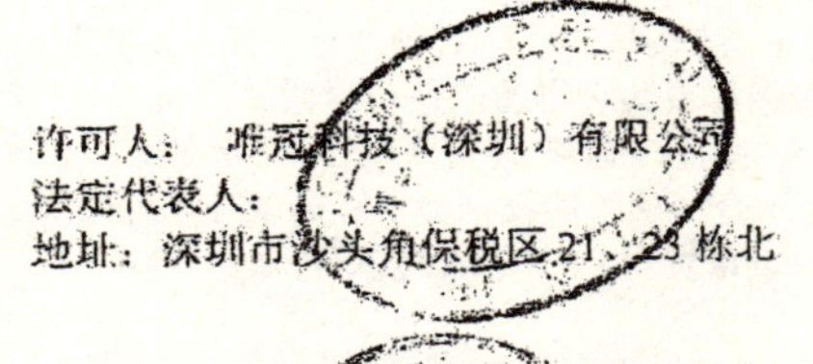

许可人：唯冠科技（深圳）有限公司

法定代表人：

地址：深圳市沙头角保税区21、23栋北

被许可人：深圳市越腾科技发展有限公司

法定代表人：

地址：深圳市深南大道6017号都市阳光名苑2栋26A

2010年7月1日

图4-7　授权其他公司使用IPAD商标的商标许可合同

(3) 涉案商标的流转。2009年12月23日，台湾唯冠与IP公司签署协议，约定台湾唯冠以3.5万英镑对价向IP公司转让包括涉案商标在内的共10个商标以及所附的商誉、权利等。该协议的签署人为麦××和IP公司的董事Haydn Wood。同日，台湾唯冠与IP公司签署了《中国国家转让协议》，约定台湾唯冠以1英镑的对价将涉案商标转让给原告IP公司。这份协议的签署人也是麦××和IP公司董事Haydn Wood。2010年4月7日，两原告间签署协议，IP公司将其从台湾唯冠处受让的10个商标，包括涉案商标，一并转让给了苹果公司。

(4) 纠纷的产生。2010年4月7日，两原告签署权利转让协议，以10英镑的对价将上述10个IPAD商标转让给了苹果公司。2010年9月17日，苹果公司即开始在中国大陆市场销售其标有“iPad”商标的平板电脑产品，深圳唯冠遂与苹果公司联系，要求苹果公司停止侵权。而苹果公司主张，其使用的“iPad”商标是通过转让合同继受取得的，并拒绝停止侵权，同时继续在全球市场销售其iPad平板电脑产品。

2010年6月，两原告向深圳中院提起诉讼，要求确认其为商标专用权人，并以此为由申请查封了涉案商标。

(5) 原告所主张的表见代理不成立。原告所提交的商标转让协议等文件均为台湾唯冠与IP公司签署，与深圳唯冠无关，而且现有事实也不符合表见代理成立的要件。

(6) 本案存在程序问题。首先本案是案由错误，本案应当为合同违约之诉而非商标确权之诉；其次，既然是合同违约之诉，应当按照合同约定，由香港法院管辖，适用香港法律，深圳市中院对本案没有管辖权；第三，合同双方当事人为IP公司和台湾唯冠，按照合同相对性原则，合同只能约束缔约方，深圳唯冠根本不是适格被告；同理，苹果公司也不是转让合同缔约方，所以苹果公司不是转让合同的适格原告。

此外，在另案中，深圳市中院2010年就作出的一份民事裁定中已将两涉案商标查封，两原告在此之后又对被查封的商标进行了转让。也就是说，IPAD商标在IP公司转让给苹果公司时是存在权利瑕疵的，苹果公司如提起合同违约之诉，应以IP公司为被告。所以，无论从哪个角度来看，苹果公司都不是商标转让合同违约之诉的适格原告。

(7) 本案中涉案商标的转让不符合商标确权要件。首先不符合商标权转让的法定要件；其次，涉案商标转让也未经核准公告。

综上，被告从未授权任何人转让自己的IPAD商标，原告与台湾唯冠之间的协议对被告不产生任何约束力，原告与台湾唯冠之间转让第三人的商标属于无权处分，表见代理根本不成立。

除了答辩意见意外，深圳唯冠在庭审时还发表了对原告证据的质证意见：

1. 原告出示的《授权书》上记载的授权人为唯冠电子股份有限公司(台湾唯冠)，加盖的公章也是台湾唯冠的，与深圳唯冠无关。

2.《商标转让协议》、《中国国家转让协议》以及其他相关配套文件，转让双方主体的记载均为唯冠电子股份有限公司和IP申请发展有限公司。被告深圳唯冠并非转让合同的缔约主体，而转让协议将非缔约主体所有的两个注册商标进行转让，显然是无权处置，不发生合同效力。

3. 原告出示的银行汇票，上面记载的收款人为"Proview Electronics Co. Ltd，即台湾唯冠，也与被告无关。

4. 所谓的谈判电子邮件发生于原告与台湾唯冠的联系人之间，我方对其真实性、合法性、关联性均不予认可。而且，根据原告IP公司与台湾唯冠之间的协议，以及台湾唯冠联系人邮件中的特别提示，电子邮件均不作为协议依据。

5. 原告IP公司以3年不使用向国家商标局申请撤销第1590557号商标的受理通知书，不能支持原告的请求，而是与本案原告的请求恰恰相反。原告提起本案诉讼，原本就是认定该商标的有效性，是对其所谓"撤销申请"的实质性否定。

6. 香港法院传讯令状、香港大律师法律意见均不属合法证据。而后者根本就是原告方的代理意见。

7. 被告提供了来自于香港法院案件卷宗材料的两份证据，证明麦××在商标转让协议签署时的身份与被告无关。一份证据是原告IP公司的经办律师在宣誓中称其带着IP公司已经签署的转让文件及IP公司给其的3.5万英镑支票，将3.5万英镑交给台湾唯冠的Ray Mai。另一份证据是麦××出具了一张个人名片，名片上注明的麦××身份是深圳法博智权专利商标法律事务所总经理。

之后，作为对原告起诉的回击，深圳唯冠还以苹果公司为被反诉人一、IP公司为被反诉人二向法庭提出了反诉，请求深圳市中院：

(1) 判决确认被反诉人二与唯冠电子股份有限公司达成的商标转让协议和中国商标转让协议无效；

(2) 判决确认两被反诉人达成的权利转让协议无效；

(3) 判令两被反诉人承担本诉和反诉全部诉讼费用。

反诉理由如下：

2009年8月，台湾唯冠的法律顾问麦××与IP公司接触，意图向其转让涉案商标和台湾唯冠持有的8个"IPAD"商标。2009年12月23日，麦××

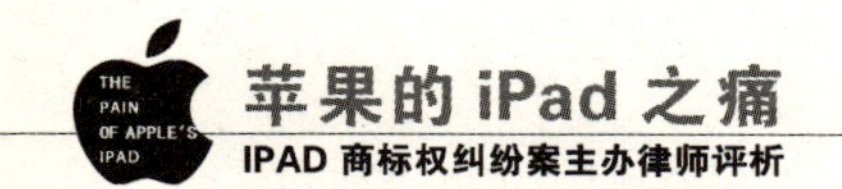

声称获得了台湾唯冠的授权，与IP公司签署商标转让协议，以3.5万英镑的对价将包括涉案商标在内的10个商标转让给IP公司，而该商标转让协议中只有麦××的个人签名，并没有IP公司的盖章、授权董事签名等。当天，麦××还与IP公司签订了一份《中国商标转让协议》。将涉案商标以1英镑的价格转让给IP公司，该《中国商标转让协议》上也同样只有麦××的个人签名。2010年4月7日，IP公司和苹果公司签订协议，以10英镑的对价将10个IPAD商标转让给了苹果公司。

深圳唯冠认为，无论是台湾唯冠还是麦××个人，均不是涉案商标的商标权人，无权将涉案商标转让给他人。IP公司在与台湾唯冠达成商标转让协议时，只要尽到最基本的调查义务便可得知这一事实。然而其在明知台湾唯冠对两涉案商标无处分权的情况下，依然与之签订了转让协议，可见，IP公司是有与台湾唯冠串通侵害深圳唯冠商标专用权的故意的。

同样的道理，IP公司与苹果公司签署商标权利转让协议时，IP公司当然尚没有获得涉案商标的处分权，苹果公司如果做了基本的调查，就应当获知这一事实，其在明知IP公司对涉案商标没有处分权的时候仍与之签订转让协议，是试图侵吞涉案商标的行为，可见苹果公司同样有与IP公司串通侵害深圳唯冠商标专用权的故意。

另外，从本案商标转让协议约定的对价来看，台湾唯冠向IP公司转让10个商标的对价是3.5万英镑，转让涉案商标的对价只有象征意义的1英镑，而IP公司向苹果公司转让10个商标的对价同样也只有象征意义的10英镑，三个商标转让协议的对价都非常的不合理。

综上，IP公司和苹果公司在明知对涉案商标没有处分权的情况下，恶意串通，擅自处分深圳唯冠的商标，严重侵犯了深圳唯冠的商标专用权，其签订的商标转让协议、中国国家转让协议以及权利转让协议均属于无效合同。苹果公司不顾深圳唯冠的警告和合理要求，将标有深圳唯冠所有之商标的商品在商场上销售，给深圳唯冠造成了巨大的经济损失，深圳唯冠保留一切要求IP公司和苹果公司赔偿经济损失的权利。并请法院依照相关法律法规依法裁判，支持反诉人深圳唯冠的所有反诉请求。

在庭审结束后，被告深圳唯冠又向法庭提交了一份代理意见，原文如下：

代理词

尊敬的审判长、各位审判员：

本所及本律师接受唯冠科技（深圳）有限公司——本案“被告”（下称“深圳唯冠”或“被告”）——的委托，就贵院受理的苹果公司、IP申请发展有限公司（下称“IP公司”）诉被告商标权属纠纷案（案号：[2010]深中法民三初字第208号、[2010]深中法民三初字第233号），参加了开庭审理。现根据本案证据以及庭审情况，依据相关法律法规，发表以下代理意见。

本代理意见分为三个部分，第一部分为本案的基本事实；第二部分为争议的焦点；第三部分为我们的意见。

第一部分 本案的基本事实

1. 涉案各方的基本情况

1.1 唯冠国际控股有限公司（唯冠控股）于1989年在中国香港成立。唯冠控股在中国大陆、中国香港、中国台湾、美国、英国、巴西、荷兰等11个国家和地区设有子公司或分公司。

1.2 唯冠电子股份有限公司（下称“台湾唯冠”）是一家根据台湾地区法律成立的公司，注册地址为台湾台北县。

1.3 深圳唯冠是一家于1995年6月16日根据中国法律注册登记成立的公司，注册地址为中国深圳市。深圳唯冠主要进行电子产品的研发、生产，其股东为唯冠实业有限公司，深圳唯冠系具有独立法人资格的有限责任公司。

1.4 苹果公司为总部位于美国加利福尼亚州，以生产电子科技产品为主要业务的公司；

1.5 IP公司于2009年8月11日在英国伦敦注册成立，其英文名称为IP Application Development Limited（缩写：IPADL）。

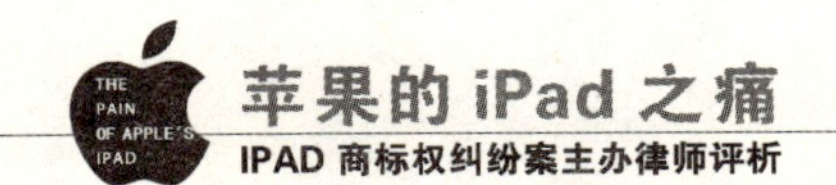

2. 涉案商标的流转

2.1 2001年6月21日，深圳唯冠在商标国际分类号第9类获得"IPAD"注册商标专用权，商标注册号为1590557；2001年12月14日，深圳唯冠在商标国际分类号第9类获得iPAD注册商标专用权，注册号为1682310（统称"涉案商标"）。

2.2 深圳唯冠获得涉案商标专用权后即在其自行研制、开发的专业高清液晶彩色显示器上使用该商标，并将产品在市场上销售。同时，还有授权其他企业在不同类型的电子产品上使用该商标。

2.3 2001年至2004年，台湾唯冠分别在欧盟、韩国、墨西哥、新加坡、印度尼西亚、泰国、越南等国家和地区共计获得8个"IPAD"相关注册商标专用权。

2.4 2009年12月23日，台湾唯冠与IP公司签署协议。协议第1条约定：台湾唯冠以35 000英镑对价向IP公司转让包括涉案商标在内的共10个商标；协议第2条约定：IP公司在其收到台湾唯冠正当授权的董事代表签署的本协议和各国转让协议正本后7日内，按照台湾唯冠的指示支付对价；

2.5 协议第11条约定：本协议及本协议提及的一切文件构成双方之间关于本协议标的的全部协议并取代关于标的的草案、协议、承诺、陈述、保证及任何性质的书面或口头安排。该协议的签署人为麦××和IP公司的董事HAYDN WOOD。

2.6 同日，台湾唯冠与IP公司签订《中国商标转让协议》，约定台湾唯冠以1英镑的对价将涉案商标转让给IP公司，该份协议的签署人仍为麦××和IP公司董事HAYDN WOOD。

2.7 2010年4月7日，IP公司与苹果公司签署协议，转让所有其取得的"IPAD"商标相关权益。苹果公司在其生产的平板电脑产品上使用"IPAD"商标，并向包括中国大陆在内的市场销售上述商品。

3. 纠纷的发生

3.1 深圳唯冠获悉苹果公司销售标有"IPAD"商标的平板电脑的消息后，向苹果公司提出深圳唯冠为涉案商标的真正权利人，并要求苹果公司停止侵权、赔偿损失,但是苹果公司继续实施侵权行为。

3.2 2010年6月,苹果公司、IP公司向贵院提起诉讼,认为苹果公司依法取得了涉案商标的专用权,要求确认其为涉案商标专用权人,并以此为由申请查封保全了涉案商标。

第二部分 本案的争议焦点

结合本案的法庭调查情况,合议庭准确归纳了本案的争议焦点。在此,我们再次明确本案争议焦点如下:

1. 深圳唯冠是否为涉案商标的转让主体?
2. 麦××签署涉案商标转让协议是否对深圳唯冠构成表见代理?
3. 本案是否应适用香港法律?
4. 原告申请确权是否有法律依据?

对于以上焦点问题,我们将在以下代理意见中逐一阐述。

第三部分 我们的意见

一、深圳唯冠是否为涉案商标转让的主体?

1.1 深圳唯冠不是涉案商标转让协议的主体

苹果公司和IP公司的共同代理人在庭审中表示,从其所提供的电子邮件来看,深圳唯冠始终都参与了涉案商标转让的谈判和签约,双方在电子邮件中协商、谈判和签约过程中所指的"唯冠"既包括唯冠控股和台湾唯冠,也包括深圳唯冠。但是,从原告提供的商标转让协议来看,涉案商标的转让根本不是深圳唯冠的意思,深圳唯冠不是涉案商标转让协议的主体,商标转让协议与深圳唯冠没有任何关系。

原告提供的商标转让协议中明确表示"如下各方:(1) 唯冠电子股份有限公司(台湾唯冠),台湾台北县6/F,No.1 Pau-Sheng Road, Yung Ho City('唯

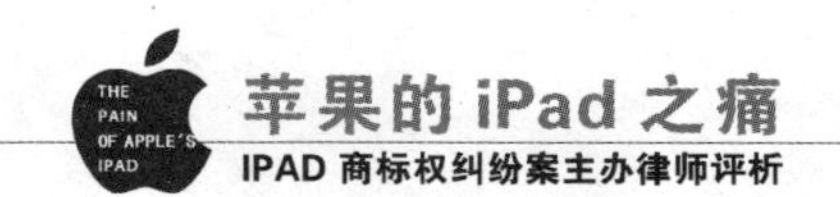

冠’）；IP 申请发展有限公司，英国埃塞克斯 CM185HZ，34 Hansells Mead，Roydon（‘IPADL’）。鉴于：（A）唯冠是本协议附件 A 所列商标注册（‘商标’）的所有人；（B）双方希望达成协议，据此唯冠向 IPADL 转让商标，对价为 35 000 英镑。”协议的签署部分也显示协议主体为“唯冠电子股份有限公司（台湾唯冠）”和“IP 申请发展有限公司”。

从原告所提供的商标转让协议来看，协议中的“唯冠”仅指台湾唯冠，商标转让主体为台湾唯冠，协议的签署人也是台湾唯冠，协议中没有任何内容显示深圳唯冠有意将涉案商标转让给 IP 公司，或其认可台湾唯冠转让其商标的行为。

1.2　深圳唯冠不是商标转让协议履行主体

深圳唯冠不仅不是商标转让协议签约主体，更未参与任何涉案商标转让协议的履行。从原告提供的 35 000 英镑的支票来看，收款人为台湾唯冠，原告没有任何证据显示其将涉案商标的受让款支付给了深圳唯冠，或者由台湾唯冠转付给了深圳唯冠。

《中华人民共和国商标法》第 39 条规定：“转让注册商标的，转让人和受让人应当签订转让协议，并共同向商标局提出申请。受让人应当保证使用该注册商标的商品质量。转让注册商标经核准后，予以公告。受让人自公告之日起享有商标专用权。”

从上述规定可以看出，转让中国商标，除了签订书面的转让协议以外，转让人和受让人还应当到商标局办理申请、备案等手续。这些都是商标转让中的法定义务，而原告更没有任何证据显示，深圳唯冠协助其办理了上述手续、履行了转让义务。即便如此，苹果公司仍然在没有履行任何审批手续的情况下贸然使用涉案商标。

1.3　电子邮件未显示被告参与涉案商标转让

原告声称其员工曾与被告联系，协商、谈判涉案商标转让问题。但是原告所声称的被告联系人“Huy Yuan”和“Ray Mai”等人，根本不是被告公司员工。原告未提供任何证据以证明上述两人的身份，甚至未提供任何证据证明其所谓的 IP 公司的联系人 Jonathan 的身份信息。加之原告苹果公司作为世界顶级的网络、电子设备研究制造公司，对于诸如电子邮件之类的电子证据很容易进行修改、增加或者删除其内容。因此，原告提供的证据二不具备客观真实性，合议庭依法不应采纳。

退一步说，即使原告提供的电子邮件是真实的，从这些电子邮件的内容来看，没有任何内容显示原告IP公司曾与被告商谈过涉案商标的转让问题。尤其是在其所谓的第26号邮件中，IP公司询问Huy Yuan，“Ray Mai是否有权代表唯冠电子股份有限公司（台湾唯冠）”。可见，原告IP公司始终都是在与台湾唯冠进行所谓的商标转让谈判，与被告没有任何关系。

更值得指出的是，商标转让协议第11条已明确排除协议签订之前任何关于商标转让事宜的书面或者口头的协议、安排、保证和承诺等。因此，即使邮件所述内容真实，也不能作为判定商标转让内容的依据，而应以台湾唯冠和IP公司签订的书面商标转让协议为准。

综上，我们认为，商标转让协议的签订和履行都证明，原告一直是在与台湾唯冠联系、协商商标转让事宜，被告从未获知、更未参与涉案商标转让的协商，更未履行任何商标转让义务。原告提供的电子邮件中所谓的被告联系人，根本不是被告公司员工，原告没有提供任何证据证明涉案电子邮箱使用人的身份信息，电子邮件内容的真实性值得怀疑。即使这些电子邮件真实，其中也没有任何内容显示被告参与了涉案商标转让的协商，并同意台湾唯冠代为转让涉案商标。

二、麦××签署涉案商标转让协议是否对深圳唯冠构成表见代理？

2.1 表见代理的构成要件

表见代理是指行为人没有代理权，但相对人有理由相信其有代理权，法律规定被代理人应负授权责任的无权代理行为。《中华人民共和国合同法》第四十九条对表见代理作了完整的规定：“行为人没有代理权、超越代理权或者代理权终止后以被代理人名义订立合同，相对人有理由相信行为人有代理权的，该代理行为有效。”

最高人民法院《关于当前形势下审理民商事合同纠纷案件若干问题的指导意见》（法发【2009】40号）第13条规定：“合同法第四十九条规定的表见代

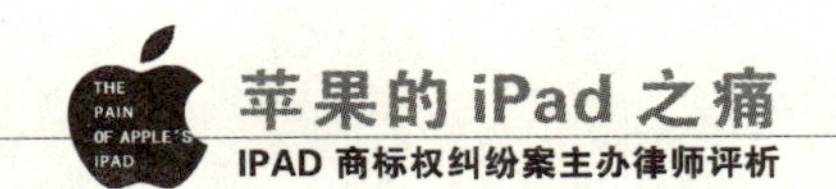

理制度不仅要求代理人的无权代理行为在客观上形成具有代理权的表象，而且要求相对人在主观上善意且无过失地相信行为人有代理权。合同相对人主张构成表见代理的，应当承担举证责任，不仅应当举证证明代理行为存在诸如合同书、公章、印鉴等有权代理的客观表象形式要素，而且应当证明其善意且无过失地相信行为人具有代理权。”

根据上述规定，构成表见代理应符合如下条件：

1）行为人实施了无权代理行为，即行为人没有代理权、超越代理权或代理权终止后仍以被代理人的名义实施代理行为；

2）客观上存在使第三人有正当理由相信无权代理人有代理权的情形，即代理人有被授权的表征，一般第三人相信代理人有代理权依据的事实有两点：一是被代理人的行为，如被代理人知道行为人以自己的名义实施行为而不作否认表示的等，二是相对人有正当的客观理由，如行为人持有某单位的业务介绍信、合同专用章或盖有公章的空白合同等；

3）第三人需善意且无过失，善意是指第三人不知或者不应当知道代理人所实施的行为是无权代理行为，且第三人的这种不知情并非是因其疏忽和懈怠所造成的，即第三人主观上无过失。

2.2　本案不符合表见代理客观要件

原告在庭审中主张，涉案商标转让中所指的“唯冠”，既包括唯冠控股，也包括台湾唯冠和深圳唯冠，因杨荣山先生分别为三家公司的负责人或法定代表人，所以麦××在商标转让协议上的签字应认为获得了三家公司的授权，构成表见代理。而本案中，原告没有任何证据显示被告曾授权麦××签署商标转让协议，或者有足够表面特征使第三人相信其获得到了被告的授权。

首先，被告从未就涉案商标转让做出过任何意思表示，更未同意任何人代替其将涉案商标进行转让，同时，被告也不知道其商标被第三人非法转让，否则被告将不会将涉案商标许可他人使用。其次，原告也未提供任何证据显示麦××获得了被告的表面授权。在原告所出具的授权麦××签署商标转让协议的授权书中，明确记载该授权书由台湾台北地方法院所属民间公证人重庆联合事务所办理公证，授权人和印章均为“唯冠电子股份有限公司”，而不是被告唯冠科技(深圳)有限公司。

关于杨荣山先生在授权书上的签字行为是否可以认为是获得了唯冠控股、台湾唯冠和深圳唯冠三家公司的授权呢?我们认为这一观点是毫无法律依据的。根据我国公司法的规定,依法注册成立的公司是具有独立法人资格的主体,其拥有自己的意思形成机构和机制,其意思独立于股东、法定代表人的意思。杨荣山先生并不是被告的股东,其作为法定代表人只是被告公司的一个职务,只有当其以被告法定代表人身份出现,并且持有被告公司印章等代表公司身份的客观表象要素时,第三人才有理由相信其所表达的意思代表了被告的意志。

因此,根据最高法院的规定,表见代理的相对人"应当举证证明代理行为存在诸如合同书、公章、印鉴等有权代理的客观表象形式要素",本案中麦××所持授权书是清楚明确的,并不会导致IP公司对授权主体产生歧义。同时,授权书中公章及印章等有权代理的特征指向的均是"台湾唯冠",并非"深圳唯冠",何来导致原告产生麦××代表"深圳唯冠"的表象呢?!

2.3 原告主观上具有欺诈的恶意

原告提供的证据显示,IP公司在与台湾唯冠协商及签署转让协议的过程中,早已明知台湾唯冠对涉案商标没有处分权,并且对于商标转让协议的内容也是清楚明了的。其在庭审中以其律师不懂中文为由主张其对上述事实不知情是没有任何依据的,充分暴露出原告涉嫌欺诈,企图骗购他人商标的主观恶意。

在原告提供的证据二中第25号电子邮件的附件中,包含了涉案的1590557号商标的注册证复印件,第26号电子邮件的附件中包含了涉案的1682310号商标的网络查询结果。从这两个文件的记载中,可以清楚地看到涉案商标的专用权人为深圳唯冠,而不是台湾唯冠。因此,原告对涉案商标的权属状况应当自始就是明知的。

另外,从原告所主张的往来电子邮件来看,商标转让协议是原告起草的,其对协议内容没有理由表示不知情。关于原告所谓的语言障碍问题,也是根本不存在的。因为在IP公司与台湾唯冠谈判、协商商标转让的过程中,以及签署转让协议的过程中,原告除了聘请英国律师以外,还聘请了台湾律师,由

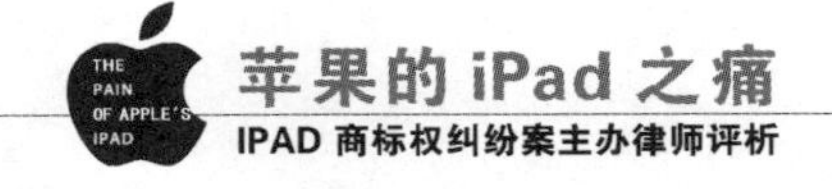

台湾律师对协议的签署进行见证。因此，原告以所谓律师不懂中文为由否认其主观恶意完全是搪塞之词。

综上，我们认为就原告所提供的有关商标转让的证据来看，商标转让协议的签署人麦××只是获得了台湾唯冠的授权，而没有获得被告的授权，也没有其他任何证据显示麦××具有使第三人相信其对被告有代理权的表面特征。原告在整个交易过程中明知涉案商标的权属状况，仍然非法受让涉案商标，不具有主观善意特征。麦××签署本案商标转让协议对被告不构成表见代理。

三、本案是否应适用香港法律？

3.1　原告已放弃适用香港法律

原告在庭审中主张，因商标转让协议约定“本协议由香港法律排他性管辖”，因此关于商标转让协议效力的问题应适用香港法律。我们认为原告的主张是毫无道理的。

首要的原因就在于，原告在其起诉状中就已要求法院适用中国大陆法律审理本案。原告在《起诉状》中表示，“依照《中华人民共和国民法通则》第七十二条、第一百一十一条、《中华人民共和国商标法》第三十九条之规定，”请求法院依法判令涉案商标归其所有。

而《民法通则》第111条规定：“当事人一方不履行合同义务或者履行合同义务不符合约定条件的，另一方有权要求履行或者采取补救措施，并有权要求赔偿损失。”可见，《民法通则》第111条是对合同责任的规定，原告依据该规定提起诉讼，表明原告已主动要求法院适用中国大陆法律对本案商标转让协议问题予以审理，而放弃适用香港法律。

3.2　原、被告之间没有关于法律适用的协议

最高人民法院《关于审理涉外民事或商事合同纠纷案件法律适用若干问题的规定》第3条规定：“当事人选择或者变更选择合同争议应适用的法律，应当以明示的方式进行。”可见，关于境外法律的适用是以当事人明示的合意选择为前提的。

在本案中，商标转让协议的主体为IP公司和台湾唯冠，而发生争议的当事

人则是苹果公司、IP公司和被告，上述苹果公司和被告不是商标转让协议的主体，不受协议义务的约束。因此原告提出要求适用香港法律来解决其与苹果公司和被告之间的争议是毫无道理的。

在庭审过程中，原告表示本案所涉合同纠纷适用香港法律解决，所涉商标确权纠纷适用中国商标法解决。对此，我们认为，原告在开庭时向法庭明确本案性质为商标确权纠纷，并且已经法庭确认及固定。因此，应视为原告同意本案适用中国商标法及相关法律进行审理。况且，原告提供的确权依据即商标转让协议，从形式到内容都是明确的，原告并没有提出变更主体的诉讼请求，故无需就此进行审理，亦无需讨论其法律适用问题。

综上，我们认为被告和苹果公司不是商标转让协议的主体，不受协议内容约束，原告在起诉时已要求法院适用中国大陆法律解决纠纷，放弃适用香港法律。况且，本案作为商标确权纠纷，确权基础——商标转让协议——从内容到形式都是明确的，无需对其效力问题进行审理。因此，本案的审理应适用中国大陆法律，不适用香港地区法律。

四、原告申请确权是否有法律依据？

4.1　商标权属确认的要件

本案作为因商标转让引发的确权之诉，其结果应当以对商标转让的审查为前提。商标转让包括实质要件和形式要件，我们认为只有在商标转让符合法律规定要件的情况下，受让人才有获得法院确认其为商标专用权人的可能。从《商标法》及《商标法实施条例》的有关规定可以看出，商标转让应当符合法律规定的实质要件和形式要件。

注册商标转让的实质要件包括：(1) 受让人必须具备商标注册申请人资格；(2) 受让特殊行业注册商标时，必须获得相应的商品生产许可；(3) 受让人必须保证使用该注册商标的商品质量；(4) 转让人将其在同一种或者类似商品上注册的相同或近似的商标一并转让；(5) 商标所有人假如已将该商标许可他人使用，办理转让之前，必须征得被许可人同意，按照使用许可合同的规定，处理好善后事宜，不得因转让损害被许可人的利益。

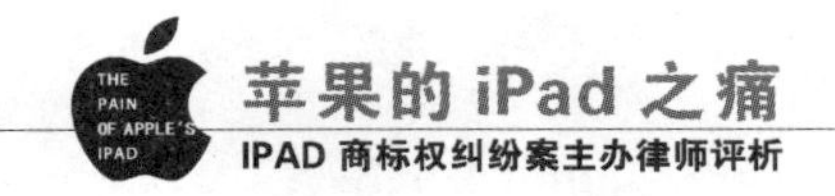

注册商标转让的形式要件包括:1) 合法有效的书面转让协议;2) 由商标局对商标转让审核通过并予以公告。

4.2 涉案商标转让未经审核公告

依照《商标法》第39条的规定,转让注册商标经核准后予以公告。受让人自公告之日起享有商标专用权。从这一规定可以看出,与一般有形动产的转让不同,注册商标专用权并不是自合同生效之日起发生转移,而是自商标局审查核准,并公告之日起才发生转移。即使双方已经完全履行了合同义务,在未经审核批准公告的情况下,商标专用权仍然不发生转移。

在本案中,作为涉案商标专用权人的深圳唯冠不仅没有和IP公司签订任何书面协议,更没有履行任何的申请审批和公告程序,商标专用权也没有发生任何变动,IP公司不能据此要求其享有涉案商标专用权,苹果公司更不能以此请求确权。

综上,我们认为注册商标专用权的转让不同于一般有形动产的转让,注册商标专用权的转让必须符合法律规定的实质要件和形式要件。深圳唯冠没有和IP公司、苹果公司签订任何合法有效的转让协议,更没有经过商标局的审核、公告,涉案商标专用权权属未发生任何变更,深圳唯冠仍是涉案商标专用权人。原告请求确认其为涉案商标专用权人没有法律依据。

结　　论

根据本案庭审查明的事实与上述分析,我们得出以下结论:

一、商标转让协议的签订和履行证明,原告一直是在与台湾唯冠联系、协商商标转让事宜,被告从未获知、更未参与涉案商标转让的协商,也未履行任何商标转让义务。原告提供的电子邮件中没有任何内容显示被告参与了涉案商标转让的协商,并同意台湾唯冠代为转让涉案商标。

二、原告提供的证据证明,商标转让协议的签署人麦××只是获得了台湾唯冠的授权,而没有获得被告的授权,也没有其他任何证据显示麦××具有使第三人相信其对被告有代理权的表面特征。原告在整个交易过程中,明知涉案商标的权属状况，仍然非法受让涉案商标，不具有主管善意特征。麦××签署本案商标转让协议对被告不构成表见代理。

三、被告和苹果公司不是商标转让协议的主体，不受协议内容约束，原告在起诉时已要求法院适用中国大陆法律解决纠纷，放弃适用香港法律。而且，本案作为商标确权纠纷，确权基础——商标转让协议——从内容到形式都是明确的，无需对其效力问题进行审理。因此，本案的审理应适用中国大陆法律，不适用香港法律。

四、被告没有和IP公司、苹果公司签订任何合法有效的商标转让协议，更没有经过商标局的审核、公告，涉案商标专用权权属未发生任何变更，深圳唯冠仍是涉案商标专用权人，原告请求确认其为涉案商标专用权人没有法律依据。

综上，涉案商标的整个转让过程就是由苹果公司一手策划的，其先设立IP公司以低价骗购商标，再通过诉讼的途径达到强买强卖的目的，是一种赤裸裸的侵权行为。令人不解的是，苹果公司向来以自主创新闻名，在中国却要窃取他人智慧成果；苹果公司向来以知识产权的保护者自居，在中国却要抢夺他人的知识产权；苹果公司向来以知识产权法的坚定维护者自诩，在中国却明目张胆地践踏商标法。难道在苹果公司眼中深圳唯冠太弱以至于根本无需顾忌，还是认为中国企业根本不配受到知识产权法律的保护?！可笑的是，IPAD这个在2010年代表时尚与科技的词，对苹果来讲就是“侵权”的代名词。

鉴此，我们认为原告的诉讼请求毫无事实和法律依据，请合议庭依法驳回原告的全部诉讼请求。

以上代理意见，请予采纳。

国浩律师集团(深圳)事务所

谢湘辉律师

广东广和律师事务所

肖才元律师

二〇一一年二月二十八日

在一审的三次开庭中，双方都力求将整个案件事实缕清并展示给法庭。为此，在提交证据和代理意见中，不论原告抑或被告都对商标交易经过的细节着墨颇多，提交的证据也林林总总，繁冗不简。但其中的争议焦点无非以下几个：

1. 深圳市中级人民法院是否有权管辖本案？
2. 商标转让合同对被告深圳唯冠有无约束力？
3. 表见代理能否成立？

深圳市中级人民法院是否有权管辖本案？

每当提起诉讼，首先要考虑的问题就是诉讼管辖。诉讼管辖是指各级人民法院之间以及同级人民法院之间受理第一审民事案件的权限和分工。通俗地说，就是案子该由哪个法院进行审理，这点十分重要，不仅关系到诉讼的成本和便利性，也关系到选择不同的法院对其中某一方当事人是否有利。因此，在诉讼实务当中，诉讼当事人往往都要在管辖权的问题上大做文章。在这个案件中，苹果其实也采用了同样的策略——将诉讼拉到中国大陆来。

在诉讼法上，管辖分为地域管辖和级别管辖。在地域管辖中，又可细分为一般地域管辖以及特殊地域管辖、专属管辖、协议管辖等。大多数诉讼适用一般地域管辖，即由被告住所地法院管辖，也就是通常讲的“原告就被告”原则。但也有例外情况，譬如在合同诉讼中，也可以由合同履行地的人民法院管辖。合同纠纷的管辖当事人可以约定，且约定管辖优于法定管辖，除非双方的约定违反了专属管辖、级别管辖等特殊规定，比如由不动产纠纷提起的诉讼，法律强制规定由不动产所在地法院管辖。由此可以看出，不同性质的诉讼对管辖的影响，只有明确诉讼的性质，才能对法院的管辖权加以判断。

苹果公司和IP公司提起诉讼的案由是商标权属之诉，即确认IPAD商标归谁所有，这个权属之诉乍听之下似乎完全合理，但仔细推敲，便会发现这只是一个选择法院管辖权的诉讼技巧。

权属之诉实际是一种确认之诉，诉讼的目的在于消除当事人之间的争议，查明当事人之间是否存在一定的民事法律关系的诉讼。也就是说，本案提起权属之诉的前提是合同双方的义务已经履行完毕,甚至权利已经完成移转,但双方对权利移转结果存在争议,需要人民法院进行司法确认。

而涉案的这份商标转让合同是否履行完毕了呢?

对于注册商标的转让,我国《商标法》第39条明确规定:“转让注册商标的,转让人和受让人应当签订转让协议,并共同向商标局提出申请。受让人应当保证使用该注册商标的商品质量。转让注册商标经核准后,予以公告。受让人自公告之日起享有商标专用权。”

从这一法律规定当中,我们不难解读出,商标的转让需要满足两个条件:一是有效成立的商标转让协议;二是需要向商标局提出申请,然后由商标局核准后予以公告。

商标转让合同是商标转让人将商标权或者商标申请权让渡给商标受让人而缔结的协议。与大部分合同相同,商标转让合同自转让人与受让人签订商标转让合同之日起成立,一般也于商标转让合同签订之日起生效,除非双方当事人另有约定。然而,就商标转让而言,仅仅满足商标转让合同的成立、生效的条件并不必然导致商标专用权的转移,《商标法》第39条规定了商标转移的要件,即签署商标转让合同后,还要向商标局提出申请并经过商标局核准公告后,商标权才发生转移。

按照通常的理解,只要合同生效权利即可发生变动,而此处为什么还要区别对待呢?这其实涉及了大陆法系物权法的一个重要制度,即物权变动的区分原则。所谓物权变动的区分原则,是指把引起物权变动的原因行为和引起物权变动的结果行为分为两个不同的法律行为,我国称之为负担行为或处分行为。

提到区分原则,首先需要说明的是,物权变动在民法理论上存在两种模式:一种是意思主义物权变动模式,即物权的变动只要有双方的合意即可发生,登记或交付只是对抗要件,在这种模式下,债法上的效果和物权变动的效果系于同一法律行为发生,当不能发生物权变动的效果时,债权行为也归于无效,因而并无区分原则存在的余地(中国普法网,《物权变动的区分原则及其逻辑贯彻》,载《东吴法学》2011年春季卷。网址:http://www.legalinfo.gov.cn/index/content/2012-03/08/content_3412644.htm?node=7879);另一种是形式主义物权变动模式,物权

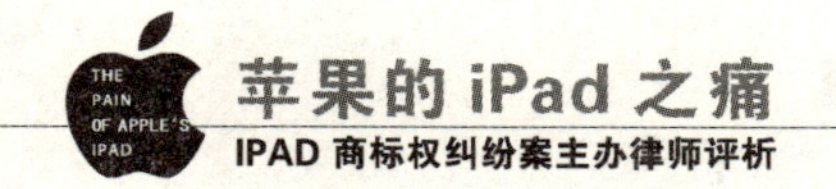

的变动需要有实际的交付或者履行法定登记公示程序才能生效,我国立法则倾向于后者。

按照我国物权法的规定,区分原则中负担行为就是指双方订立合同的行为,因为约定合同中权利义务的行为就是为物权变动创设原因,同时也是为双方创立债权债务关系,因此也被称为债权行为;处分行为指的是引起物权发生、变更和丧失的行为,它导致物权变动的结果,也被称为物权行为。举个简单的例子,在商店里买一块面包,这个交易实际包含了三个法律行为:一是给物权变动创设原因的负担行为,即双方以要约承诺方式订立面包的买卖合同的行为;二是直接导致面包转移的处分行为,即面包的交付行为;三是导致钱款转移的交付行为。

物权变动的区分原则根据是否承认物权的无因性还可以分为两种模式,即债权形式主义模式和物权形式主义模式。在物权形式主义模式中,债权行为与物权行为完全分离,各自独立,不以另外一种行为的效力而影响到自身的效力。物权行为的不成立、无效、被撤销不影响债权行为的效力,债权行为的不成立、无效、被撤销也不影响物权行为的效力,因此物权形式主义变动模式下的区分是双向的区分,即面包没有交付固然不影响买卖合同的效力,而在已交付的情况下,即使合同事后被撤销,卖方也不能依据合同要求买方返还面包,只能依据不当得利等其他途径进行救济。

而在债权形式主义模式中,物权行为的效力不影响债权行为的效力,但债权行为的效力却可以影响物权行为的效力,一旦债权行为因不成立、被撤销等原因失去效力,物权行为也随之无效,也即物权行为是有因的,这种模式的区分是单向的区分。由《物权法》第 9 条第 1 款和第 23 条的规定,可看出我国法律所采用的是债权形式主义的物权变动模式。

不管法律采取哪种物权变动模式,其实都存在一个共同的特点,即我国法律承认物权变动的独立性。由此,物权行为从债权行为中独立了出来,债权行为中的合意不再包含物权变动的意思表示,而是将整个行为分成两个阶段,即确立请求权和将请求权实现为对世的物权(财产权)。交付和登记等行为也不单纯只是使物权变动发生效力的履行行为,而是表达了关于履行移转标的物所有权行为的各种事项的最后合意。

因此，合同的缔结即请求权的确立并不代表物权的移转，而是要有第二阶段行为——交付行为或者履行登记等行为才能完成物的所有权的移转，这一点在不动产交易（如房屋买卖）中体现得尤为明显。近年来不断出现的房屋买卖纠纷，使得人们懂得了即使双方签订买卖合同、甚至支付房款之后，买卖双方还必须共同到房产交易机构履行过户手续，房屋的所有权才能移转至买受人。知识产权在这一点上与不动产完全一样。我国《商标法》第 39 条规定，商标权发生移转的生效日期，以双方向商标行政管理机关提出申请后，由其审核公告之日为准。

相应的，如果商标权人转让注册商标而不向商标局办理有关手续的，属于自行转让注册商标的行为，不具有转让的合法生效要件。根据《商标法》第 44 条第 3 项和《商标法实施条例》第 39 条的规定，工商行政部门可以责令当事人限期改正；拒不改正的，报请商标局撤销其注册商标。

可见，转让商标的程序是十分严格的，任何程序上的瑕疵均可导致商标转让的失败。从法院查明的事实我们可以看到，不论这份商标转让合同的有效性如何，单就第二个条件而言，深圳唯冠并没有向商标局提出任何转让的申请程序。依据物权独立性原则和我国注册商标管理的相关规定，IPAD 商标的所有权目前还保留在深圳唯冠的手中，并没有转移到 IP 公司，更不可能移转给苹果公司。

所以，无论是从形式上看，该商标在商标局网站上显示登记在深圳唯冠名下，还是从实体上分析和判断，该商标的权属都是属于深圳唯冠的，根本不需要法院再来确认其权属。

既然不是确认权属之诉，应当是一个什么性质的诉讼呢？被告还是深圳唯冠吗？

商标转让合同中转让方的最主要的义务就是转让商标，如果转让商标的合同义务并未履行，商标受让方就有权要求转让方履行义务，转让其所有的注册商标。如果因转让方违约产生纠纷，受让方则需起诉要求法院判决转让方履行合同义务，这样的诉讼即是合同之诉、亦即给付之诉。而给付之诉则应当适用《合同法》的相关规定，管辖的确定也不例外。

作为合同纠纷诉讼，根据我国《民事诉讼法》第 24 条的规定，一般由被告住所地法院或者合同履行地法院管辖。

本案中，IP公司要求深圳唯冠履行商标转让程序的依据是一份总体的商标转让协议和一份国家转让协议。从主体来讲，这两份协议的缔约双方均为IP公司和台湾唯冠，协议也由这两方签署，合同中并未出现深圳唯冠作为一方当事人的情形。

其次，从内容的相对性来说，只有合同当事人才受合同义务的约束，即只有台湾唯冠需要履行合同中约定的商标转让义务。而且，作为合同双方的IP公司和台湾唯冠，不能为合同以外的第三人深圳唯冠设定合同义务，因此，合同只能约束IP公司和台湾唯冠。所以，如果提起合同给付之诉，被告应当是作为合同当事人的台湾唯冠，无论如何也不会是深圳唯冠。因此，按照原告就被告的一般地域管辖原则，本案不应由深圳市中级人民法院审理。

但是，既然苹果公司和IP公司把深圳唯冠列为被告，深圳市中院似乎又取得了管辖权，而按照合同纠纷诉讼，可以由合同履行地法院管辖的原则，深圳市中院也可以对本案进行审理。因为商标转让合同中，转让方所需要履行的义务是注册商标的移转，而涉案商标如需转让，应当是在深圳办理相关的转让手续。从这一角度而言，深圳既是被告住所地又是商标转让合同的履行地，深圳市中院有权对本案行使管辖权，只是深圳唯冠是否应受这份商标转让合同的约束？到底是否应当承担法律责任？又涉及实体问题，而这一实体问题，需要法院受理后开庭审理才能搞清楚。

在这份合同中，还涉及了另外一种管辖，即约定管辖。台湾唯冠和IP公司在合同中明确约定：该协议由香港法律排他性管辖，香港法院对本协议产生或与本协议相关的纠纷具有排他性的管辖权。需要注意的是，按照我国法律，合同双方约定管辖不能违反有关专属管辖的规定。

虽然我国《民事诉讼法》第244条对涉外民事合同的专属管辖作了如下规定："因在中华人民共和国履行中外合资经营企业合同、中外合作经营企业合同、中外合作勘探开发自然资源合同发生纠纷提起的诉讼，由中华人民共和国人民法院管辖。"但商标转让合同显然不属于上述三种情形，故并不在我国法院专属管辖范围内，因而只要不违反香港特别行政区的相关法律规定，该管辖约定即是有效的。因此，本案纠纷其实应当在香港法院起诉，而适格被告应当是台湾唯冠。

从上述三点来看，如果按照合同违约纠纷提起诉讼的话，苹果和 IP 公司只能在香港以台湾唯冠为被告提起诉讼。而事实上，在苹果公司和 IP 公司在深圳起诉唯冠之前，的确已在香港起诉了，被告包括唯冠控股、台湾唯冠、深圳唯冠、唯冠光电和杨荣山本人，诉由即是合同违约。

既然已在香港起诉，为什么苹果和 IP 公司又要以确认商标权属为由在深圳市中院起诉呢？这其实是苹果一方采取的诉讼策略，而速战速决和保全 IPAD 商标则是这个诉讼策略的核心思路，其中蕴含着苹果方律师的智慧。

笔者认为，形成这一思路，想来有以下几方面的考虑：

1. 香港诉讼周期冗长，iPad 产品发售箭在弦上，苹果等不起，在中国大陆提起诉讼，则可以尽快拿到法院判决而获取商标权。

对英美法系国家的诉讼程序稍微有一些了解的人都知道，其诉讼程序相当复杂，持续的时间特别漫长。属英美法系的香港地区也不例外，法院立案后，要经过审前程序、聆讯等步骤，往往要很长时间才能到法庭庭审阶段，一场官司打下来通常要数年之久。所以，在香港起诉虽然可以稳扎稳打，赢面较大，但诉讼旷日持久，与苹果 iPad 平板电脑上市的计划不符。所以苹果公司宁冒风险选择在深圳起诉，力求速战速决，把对产品销售造成的影响降至最低。

2. 采用确认商标权属作为起诉案由可以直接抓住商标权人，把深圳唯冠拉入诉讼，并有可能合并法律关系，直接夺回商标。

苹果作为世界首位的跨国公司，其法务人员应当是具有相当专业性的，不可能不知道，商标转让合同的签订其实是有瑕疵的。如果在中国大陆起诉，由于相关法律规定和交易习惯的不同，这种瑕疵尤为明显。若直接以履行合同义务为由提起诉讼，由于深圳唯冠并非合同当事人，苹果公司将因无适格被告而不能在中国大陆的法院立案。但采取以确认注册商标权属的形式进行诉讼可以避开这一弱点，把深圳唯冠拉到诉讼中来，同时，以确认权属为由提起诉讼还有可能绕过该商标转让合同是否有效的问题，将争议焦点吸引到商标权是谁的这个问题上，从而一举夺得商标权。

3. 只有在中国大陆起诉才有可能扣押 IPAD 商标，不至于在香港诉讼期间被转移或者注销。在苹果公司和 IP 公司与唯冠方面进行接触，敦促其尽快履行合

同义务进行商标转让时，虽然唯冠方面承诺在谈判期间不会处分其在中国大陆的IPAD商标，但苹果公司得知，在2010年3月，民生银行已申请对深圳唯冠名下的IPAD商标进行了财产保全，而2010年4月，又有消息称，深圳唯冠欲公开拍卖IPAD商标，2010年5月9日，深圳唯冠又向商标局递交申请，申请将IPAD商标转让给唯冠光电。唯冠方面的一系列动作让苹果公司觉得，如果再不采取行动，有可能真的会失去IPAD商标。此时，最快捷的保住IPAD商标的方法就是在深圳提起诉讼，同时向法院申请财产保全，查封IPAD商标，以便于在香港冗长的诉讼期间不会让IPAD商标“跑掉”，从而争取到时间继续采取禁令等其他手段。从这一点来讲，苹果公司在中国大陆的诉讼已经达到其目的，如愿以偿地冻结了IPAD商标。

4. 香港生效判决在大陆的承认和执行问题。即使苹果和IP公司在香港诉讼中胜诉，最终判决也是要求深圳唯冠履行合同义务，转让争议商标。但香港和大陆毕竟是两个法域，虽然最高人民法院在2008年7月公布了《关于内地与香港特别行政区法院相互认可和执行当事人协议管辖的民商事案件判决的安排》，但在实际中，香港法院的判决在大陆最终能否得到有效执行还未可知。从这一点上来说，在大陆进行诉讼也是一个省时省力的方法。

实际上，深圳唯冠在最初的答辩中，确实主张过深圳市中院没有管辖权，本案也非权属诉讼而应是合同纠纷、深圳唯冠非本案适格被告等，而原告最初也曾提出过本案审理应当适用香港法律的主张。但在法院的第一次开庭中，这些主张双方均先后放弃，双方争议的焦点问题很快集中到了实体方面。

商标转让协议对深圳唯冠究竟有没有约束力？

实体争议的最大焦点就是，商标转让协议对深圳唯冠究竟有没有约束力。

该商标转让协议对深圳唯冠是否有约束力，核心问题是看深圳唯冠是否合同当事人（或者实际受合同约束的人）。这一事实是该案中双方举证最多、争议最大的一个焦点，其中涉及IP公司与唯冠往来的80余封电子邮件和法务部Huy Yuan、Ray mai模糊不明的身份，令人眼花缭乱，难以辨明。归纳下来，有以下几个问题：

（一）合同约束的是谁？

提到这个问题，首先必须谈及合同的相对性原则。所谓合同相对性原则实际是合同制度建立的基础和前提，它从形式上体现了合同的缔约自由原则，历来都是各国合同立法和司法所必须依据的一项重要规则。它的基本宗旨是指：合同项下的权利义务只能由合同当事人享有和承担；合同只能对合同当事人产生拘束力，非合同当事人不能依据合同对合同一方当事人提出诉讼请求。

这一原则具体来说体现在三个方面：

1. 合同主体的相对性，指合同关系只能发生在特定的主体之间，只有合同当事人一方能够向合同的另一方当事人基于合同提出请求或提起诉讼。也就是说，由于合同关系是仅存在于特定人之间的法律关系，因此只有合同关系的当事人之间才能相互提出请求，而非合同关系当事人以及没有发生合同上的权利义务关系的第三人不能依据合同向合同一方当事人提出请求或提出诉讼。另外，合同一方当事人只能向另一方当事人提出合同上的请求和诉讼，而不能向与合同无关的第三人提出合同上的请求及诉讼。

2. 合同内容的相对性，指除法律、合同另有规定以外，只有合同当事人才能享有合同规定的权利，并承担该合同规定的义务，当事人以外的任何第三人不能主张合同上的权利，更不负担合同中规定的义务。此外，从合同内容的相对性还可以引申出几个具体的规则：一是合同赋予当事人享有的权利，原则上来说并不及于合同以外的第三人，合同规定由当事人承担的义务，一般也不能对第三人产生拘束力；二是合同当事人无权为第三人设定义务；三是合同权利与义务主要对合同当事人产生约束力，只有在法律有特殊规定时例外。

3. 合同责任的相对性，即指违约责任只能在特定的合同关系当事人之间发生，合同关系以外的人不负违约责任，合同当事人也不对其承担违约责任。

简单地说，合同约束的是“合同的当事人”。

（二）深圳唯冠有没有被合同约束？

上面的分析都提到了一个概念，即合同当事人。而此事件中谁是合同的当事人？所谓合同当事人，就是参与了要约承诺的缔约过程，并最终以签字盖章等法律形式确认双方合意的人。

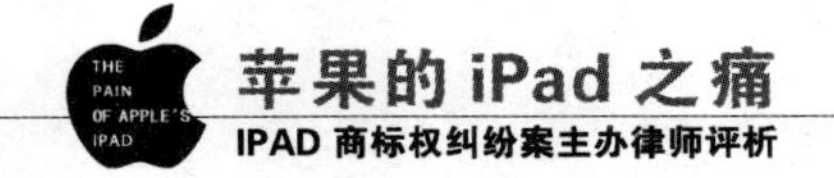

就本案来说,缔约双方为台湾唯冠和 IP 公司,合同体现的是这两方的合意,它们就是合同当事人,受该合同的约束。遇到合同纠纷时,只有这两方可以向对方提出请求或者提起诉讼,而不能是签约主体以外的第三人。

首先,从主体的相对性而言,深圳唯冠没有参与合同的缔结,不受该合同约束。

其次,商标转让实为买卖合同的一种,为双务合同,台湾唯冠与 IP 公司之间设定的权利义务仅及于对方,且一方的权利是另一方的义务,反之亦然,互为对流状态。所以,商标转让合同中约定的权利义务也具有相对性,不能及于包括深圳唯冠在内的任何第三方。本案中该合同中涉及对深圳唯冠的注册商标的处分,这实际是为第三方深圳唯冠设定了转让商标的义务。根据合同内容的相对性原则,这一设定是无效的。

此外,由合同缔约自由原则和合同相对性原则所引申出,不论形式如何,缔约过程中的沟通、协商只是双方对合同内容进行要约和承诺的过程,一旦形成书面合同,才是以法定形式对双方的合意进行了确认,自此合同所载内容才对合同当事人具有约束力。双方既然缔结了书面的商标转让合同,则合同当事人、权利义务等必须以合同所载为准。如果深圳唯冠确实参与了合同的签订,在合同中应当有明确的体现,比如作为合同当事人之一进行签章,或者附有授权台湾唯冠对其商标全权处理的授权委托书等,然而在合同中体现的就只有 IP 公司和台湾唯冠。至于原告方提出的员工 Huy Yuan 和 Ray mai 均为深圳唯冠员工,因此应视为深圳唯冠也参与了谈判和签约的说法,不能成为深圳唯冠是签约一方的理由。

因此,基于合同的相对性原则,无论从合同主体、合同内容还是从合同权利义务看,都不能认定深圳唯冠是合同缔约的当事人,而受这份合同约束。

合同相对性原则是否存在例外的特殊情形呢?

可能存在的特殊情形有这样几种情况:

(1) 台湾唯冠是否有深圳唯冠关于处置商标专用权的授权委托?深圳唯冠对在大陆注册的 IPAD 商标享有所有权,台湾唯冠对在其他国家或地区注册的 IPAD 商标享有所有权,主体和客体各自不同,台湾唯冠原则上无权代表深圳唯冠处置其注册于中国大陆的商标。

我国《民法通则》第63条的规定:“公民、法人可以通过代理人实施民事法律行为。代理人在代理权限内,以被代理人的名义实施民事法律行为。被代理人对代理人的代理行为,承担民事责任。”

按照这个规定,假如台湾唯冠有深圳唯冠的授权,是可以代理深圳唯冠签订合同并为深圳唯冠设定合同义务的。但苹果公司和IP公司在庭审时,并未证明与台湾唯冠在签约时有深圳唯冠的授权,因此,台湾唯冠应当属于无权代理。

按照《民法通则》第66条、《合同法》第48条的规定,行为人没有代理权的行为,只有经被代理人的追认,被代理人才承担民事责任。也就是说,如果深圳唯冠事后对商标转让合同签约行为、内容加以追认,该合同的内容对其还是有约束力的。但是,苹果公司和IP公司在催促深圳唯冠履行商标转让手续时,遭到了深圳唯冠的否认,所以指望深圳唯冠追认授权,显然不可能。在这种情况下,台湾唯冠处分深圳唯冠注册商标的行为只能是无效的。

一审中,两原告曾经提出了“公司法人人格混同”这一概念,认为深圳唯冠和台湾唯冠实际是唯冠国际的下属公司,作为一个整体看待,台湾唯冠的行为效力自然及于深圳唯冠,也成为合同相对性原则的一个例外,但事实似乎并非如此。

我们先来看看什么是公司法人人格混同。所谓公司法人人格是一种法律拟制的人格,与自然人人格相类似,是指公司以自己的名义享有民事权利、承担民事义务的资格。公司和股东彻底分离是公司取得独立法人资格的前提,这个分离原则具体指公司的财产和责任与其股东相对独立,并且有不同于股东的独立的组织机构、名称、业务等。这一方面为股东的有限责任建立了基础,另一方面也对外宣示了公司的独立性,明确了交易主体,从而对交易安全进行一定的保障。而当公司与股东或关联公司在财产、分配、管理和业务上出现混同时,就丧失了作为法人的独立性,此时谁作为交易主体就不明晰了,容易损害相对方的利益,这时就应当否认其独立的法人人格,而由背后实际控制的股东或关联公司直接承担公司的债务责任,这就是所谓的公司法人人格混同。

公司法人人格混同主要有以下几种形式:

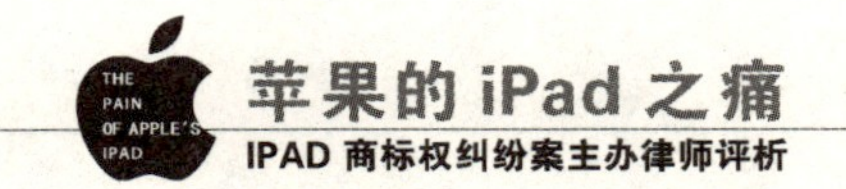

① 最直接的人格混同形式就是通常所谓的:“一班人马,两块牌子”,即在管理、财产上出现的混同。

② 母、子公司间的人格混同。《有限责任公司规范意见》第 77 条规定:“一个公司对另一个公司(企业)的投资额达到控股时,该公司即成为母公司,被控股公司(企业)即成为该公司的子公司(企业)。该子公司(企业)具有独立法人资格。”由于母公司与子公司之间是控制与被控制的关系,子公司虽然是独立的法人实体,但并没有自己独立的财产,很难说其具有自身意志的独立性。因此,可以说子公司与母公司法人人格混同,由母公司直接对子公司的债务承担责任。

③ 企业间交叉投资引起的人格混同。在交叉持股的情况下,一方所持有的对方的一部分股份很可能就是对方出资给自己的财产,如该部分股份达到了控股的程度,则表面上看似乎是两个相互独立的企业,但实际上已合为一体,从而产生公司与股东人格混同。对此,《股份有限公司规范意见》第 24 条规定:“一个公司拥有另一个企业 10% 以上的股份,则后者不能购买前者的股份。”正是要避免这种人格混同的情况出现。

④ 姐妹公司间的人格混同。一人出资组成数个公司,各个公司表面上是彼此独立的,实际上它们在财产利益、盈余分配等方面形成一体,董事、监事相互兼任,且各个公司的经营决策等权利均由投资者一人掌握。

台湾唯冠与深圳唯冠是由唯冠国际间接投资,分别在中国台湾和大陆注册的两个法人主体,它们各自独立享有民事权利、承担民事义务。二者虽然同属唯冠控股的下属公司,但不存在投资关系,也没有共同的母公司,它们在公司财产、利润分配等方面也自成体系。应当说,二者之间不存在上述公司法人人格混同的情形。

不过,苹果公司和 IP 公司在诉讼中提出这样一个观点,即构成主体混同的一个重要标志是,杨荣山是台湾唯冠负责人,同时也是唯冠控股和深圳唯冠的法定代表人。杨荣山不需要特别授权即可以代表上述任一公司,因此他给予麦 × × 的授权可以视为深圳唯冠给予麦 × × 的授权,这一观点的提出其实涉及多个法律问题:

①作为多个公司的负责人或法定代表人是否可以自动代表其担任负责人的任何一家公司？这一点很明显是否定的。前面也曾提到过，公司具有独立的法人人格，亦即具有独立享有民事权利、承担民事义务的主体资格。按照我国民法的规定，法定代表人是依照法律或者法人组织章程规定，代表法人行使职权的负责人。法定代表人代表企业法人的利益，按照法人的意志行使法人权利。法定代表人在企业内部负责组织和领导生产经营活动，对外代表企业，全权处理一切民事活动。这说明，一个公司的法定代表人只能体现一个独立的法人人格，代表一个法人的意志。虽然法定代表人在日常经营活动中有一定的自主权限的空间，但也不能脱离章程规定的范围。法定代表人在章程范围内向外代表法人作出意思表示。因此，只要这几个企业法人都具有独立的法人人格，它们就不可能具有同样的意志，作出同样的意思表示，则其法定代表人即便为同一人，也不可能统一地代表所有具有不同意志的法人。不过，由于一人兼任多个法人的法定代表人，易产生身份的混同，在对外代表企业进行民事活动时，应当表明其所代表的法人的主体身份。而且应当要求有严格的表象形式以确认其代表的法人。所谓严格的表象形式可以是明确的公司名称、公司印章等。这样可以清晰地表明身份，使对方得知自己所代表的法人主体，从而达到保护交易安全，维护交易相对方利益的目的。在IP公司与唯冠签约过程中，杨荣山的确为麦××出具了授权书，授权其签署相关文书。不过，授权书上明确写明了，杨荣山是作为唯冠电子股份有限公司，即台湾唯冠的负责人给予麦××相应的授权，而非由其代表的其他公司。这一做法清晰地表明了杨荣山代表的法人，连让人遐想的余地都没有，在交易中是不会造成混淆的。两原告提出的这一观点，其实不符合立法者赋予法定代表人的法律意义，忽视了法定代表人对具有独立法人人格的法人的代表作用。

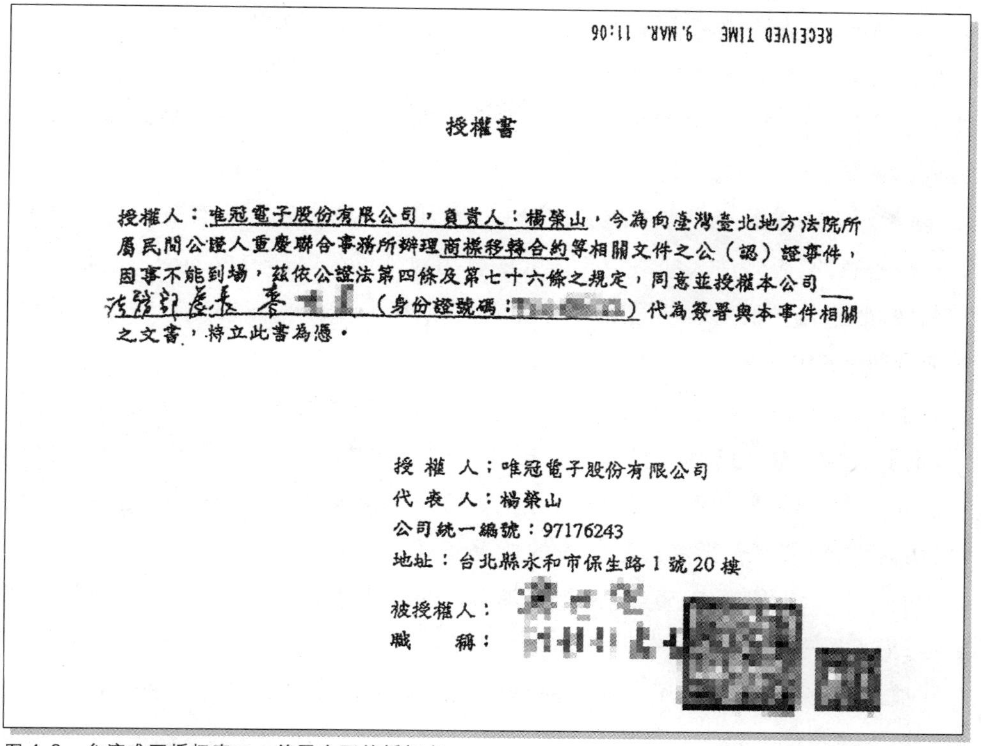

RECEIVED TIME 9.MAR. 11:06

授權書

授權人：唯冠電子股份有限公司，負責人：楊榮山，今為向臺灣臺北地方法院所屬民間公證人重慶聯合事務所辦理商標移轉合約等相關文件之公（認）證事件，因事不能到場，茲依公證法第四條及第七十六條之規定，同意並授權本公司法務部處長 麥[illegible]（身份證號碼：[illegible]）代為簽署與本事件相關之文書，特立此書為憑。

授 權 人：唯冠電子股份有限公司
代 表 人：楊榮山
公司統一編號：97176243
地址：台北縣永和市保生路1號20樓

被授權人：[illegible]
職　　稱：[illegible]

图 4-8　台湾唯冠授权麦××签署合同的授权书

② 杨荣山作为公司法定代表人的权限问题。《民法通则》第 38 条明确说明了法定代表人是依法律或章程的规定行使代表职能的。通常来说，法定代表人可以在日常管理中行使其职责，但章程大多会对其权限范围作出一定的限制，一些事项的处理仍需要公司意思机关如股东会、董事会的决议，比如重大资产的处置。注册商标作为公司一项重要的无形资产，在公司财产中所占的地位越来越重要。在这种情况下，法定代表人处置商标就涉及两方面问题：一是唯冠的 IPAD 注册商标是否可以认定为是公司重大资产；二是唯冠公司的章程中有无对其单独处分公司商标的限制。

（2）本案中，IPAD 商标是否能够被认定为公司的重大资产？一方面要看公司章程是否有这方面的规定；另一方面需要在个案中依赖法官根据案件事实和证据作出自由裁量，但是通常来讲，类似这样一个在市场上有相当影响的商标，毫无疑问应当是公司的重大资产。

在IPAD商标作为公司重大资产的情况下，公司可否单独处分呢？如果章程对此作出了限制，杨荣山作为深圳唯冠的法定代表人处置该资产的行为就超越了其权限，其处分行为是无效的。但是，为了保护交易相对方的利益，我国《合同法》第50条规定："法人或者其他组织的法定代表人、负责人超越权限订立的合同，除相对人知道或者应当知道其超越权限的以外，该代表行为有效。"即除非相对人是恶意的，否则法人的法定代表人的行为对外不受内部授权的限制。但如此一来，假如原告方的主体混同说得到法院支持，杨荣山授权签约的行为可以代表深圳唯冠，该合同就又是有效的了。

不过即便如此，《公司法》还规定了另一项救济制度：《公司法》第152条规定，董事、监事、高级管理人员执行公司职务时违反法律法规及章程的规定，给公司造成损害，侵害股东利益时，股东可以要求监事会或董事会向人民法院提起诉讼，在监事会、董事会拒绝提起诉讼的情况下，股东还可以以自己名义提起诉讼；《公司法》第153条规定，董事、高级管理人员违反法律、行政法规或者公司章程的规定，损害股东利益的，股东可以向人民法院提起诉讼。因此，一旦出现商标转让合同被认定有效的情况，深圳唯冠尚可以该理由再行一搏。但在这种情况下，恐怕已经无法挽回商标了。

至于IPAD商标是否能够被认定为是重大资产，一方面要看公司章程的规定；另一方面也如上所说，需要在个案中依赖法官的自由裁量，由于没有成文的法律规定给予判断的标准，一个商标是否被认定为重大资产尚在两可之间。

表见代理能否成立？

苹果公司在一审中向法院提出：深圳唯冠成为缔约一方的另一个理由是深圳唯冠员工袁某用深圳唯冠的邮箱与IP公司互通邮件、麦××身兼台湾唯冠和深圳唯冠法务处长以多重身份签署合同等情形构成了表见代理。这其实是对表见代理的曲解。

表见代理见于我国《合同法》第49条："行为人没有代理权、超越代理权或者代理权终止后以被代理人名义订立合同，相对人有理由相信行为人有代理权的，该代理行为有效。”

表见代理为无权代理的一种，属广义的无权代理，它是指行为人没有代理权，但交易相对人有理由相信行为人有代理权，即外表授权。此时，为了保护动态的交易安全，该无权代理可发生与有权代理同样的法律效果，被代理人应承担相应的法律责任。如果是善意的交易，相对人不愿该无权代理发生与有权代理同样的法律效果，也可经由撤销权的行使，使其归于无效。

从法律规定来看，可以分解为这样几个要件：行为人无权代理；相对人为善意且无过错；符合其他合同成立要件。结合本案事实，如构成表见代理应为以下情形：台湾唯冠没有代理权而单方实施了代理行为，签约时有客观理由使 IP 公司相信台湾唯冠有深圳唯冠的授权，IP 公司不能有过错，同时还要满足所有的合同成立要件。

苹果及 IP 公司着墨最多加以强调的正是“有理由相信台湾唯冠有权代理”这一点，认为 Huy Yuan 和 Ray mai 的身份及行为使 IP 公司产生了混淆，误以为台湾唯冠是代表了深圳唯冠的。根据我国关于表见代理的司法解释，要满足“相对人有理由相信行为人有代理权”这一条件是比较苛刻的：必须在客观上有使 IP 公司相信台湾唯冠具有代理权的情形，并能够使 IP 公司在主观上形成台湾唯冠不容怀疑的具有代理权的认识。也就是说，必须要有使 IP 公司深信不疑的认为台湾唯冠有代理权的表象存在。按照法理，第三人作为代理行为的相对方，其追求的是通过表见代理人从被代理人处获得该行为的法律效果，带有强烈的主观意愿。而当存在这样一种表象，即该代理人与被代理人之间存在一种使其对该代理人的代理权达到内心确信程度的事实上或者法律上的联系时，第三人便足以相信该代理人是有代理权的。这一过程使第三人建立对表见代理人相当的信赖，如果不加以保护，将有违诚实信用原则，非常不利于交易的稳定。

根据民法的规定，这种令第三人确信的表象有以下几种形态：

（1）深圳唯冠表示授权给台湾唯冠，但实际并未授权。

（2）台湾唯冠签约时出具了深圳唯冠的文书印鉴，但深圳唯冠未授权其使用。

（3）深圳唯冠曾有明确授权给台湾唯冠为某些行为，但台湾唯冠签署转让合同为越权。

(4) 深圳唯冠曾经授权给台湾唯冠转让商标,但合同签署时授权已过期等情形。从经法庭审理得出的事实来看,并未出现上述任何一种情形,所有的授权都指向台湾唯冠。

再来看其他的构成要件。台湾唯冠并没有深圳唯冠的授权,满足无权代理这一要件。其他合同成立要件也都具备。IP 公司是否是无过错呢? 过错分故意与过失。IP 公司作为参与商事活动的主体,有能力也应当对活动中涉及的法律事实进行审查和判断。对于签约对方不是相关合同标的的所有人,其是否具有有效授权,是任何一个稍尽注意义务的民事活动主体均应审查的。而 IP 公司却没有尽到应尽的审查义务,至少应当说是一种过失。因此,很难说其在这一点上没有过错。所以,台湾唯冠签约的行为不应当构成表见代理。

除了上述几点问题以外,还有一个问题或许值得思考,本案中是否存在缔约过失?

因台湾唯冠和深圳唯冠为不同主体,分别对在不同法域注册的 IPAD 商标享有所有权,作为缔约方的台湾唯冠应令 IP 公司获知有关商标所有权归属、签约人及其代理权限的情况。如果台湾唯冠并未履行相关的告知义务,同时也在事实上造成了相关情况模糊不清的状态,则可能违背了诚实信用原则,违反了合同附随义务,构成缔约过失责任。

孤掌难鸣,从另一方来说,苹果及 IP 公司在这一点上也是有疏忽的。正如一审法院判决中提到的,IP 公司及苹果公司在商业上取得他人的商标时,应负有更高的注意义务。在实施如此重要的全球商标战略时,IP 公司在进入缔约过程之前,如对相应情况作了详细调查,就不会出现如此重大的失误。这值得我国企业借鉴。

第五章
庭外博弈

战场不仅仅是在法庭上的，硝烟也弥漫到了庭外。双方在诉讼外也以多种手段进行着博弈。

不成功的和谈

除了诉讼手段之外，双方也在试图和解，毕竟和解是最经济也是最快速的解决办法。就在2011年10月18日，深圳市中院一审最后一次开庭时，深圳唯冠的诉讼代理人马东晓律师和肖才元律师，与苹果公司本案的总协调人——大名鼎鼎的美国贝克麦肯锡律师事务所香港办公室合伙人Joseph Simone（中文名为谢西哲），就和解费用进行了一次谈判。

其实这已经不是双方第一次试图以和解方式解决这场纷争。早在2010年11月的时候，深圳唯冠的8家债权银行就曾经召开会议，讨论过向苹果索要IPAD商标侵权赔偿的可能性和赔偿数额。因为当时深圳唯冠债务缺口非常庞大，但却没有留下什么值钱的资产，只有IPAD商标或许还能值个好价钱。当时，唯冠的债权重组代理人和君创业总裁李肃发表了致苹果公司的公开信，将苹果与深圳唯冠公司之间的IPAD注册商标纠纷公之于众。李肃在这封公开信中表示，苹果公司应向深圳唯冠支付100亿元人民币（当时约合15亿美元）作为商标侵权的赔偿金。此后，带着些许的误读，媒体纷纷转载报道了这则深圳唯冠“索要巨额赔偿金”的消息。这实际上带来了一个负面影响：深圳唯冠这个本来在苹果帝国面前明显弱势一方的角色迅速“偏移”，舆论不断开始有唯冠讹诈、敲诈、投机等声音出现，深圳唯冠似乎被推到了道德的对立面。而100亿元人民币的赔偿金数额，看来似乎确实显得有些一厢情愿，苹果也对之采取了不予理睬的态度，完全不做商谈之想。之后，深圳唯冠根据对于负债额的计算又对转让金额作出了调整。根据2011年中苹果公司的财报，过往一年苹果公司在华的营业收入已经达到88亿美元，按照国际通行的品牌价值占销售收入的5%计算，深圳唯冠应得4.4亿美金，考虑到深圳唯冠对有担保债权人和无担保债权人的总负债额约为3.8亿美元，于是李肃声称债权人对于补偿价格的最高补偿预期是4亿美元。有了这4亿美元，唯冠便可填补负债，渡过当下的难关。4亿美元，自此成为涉及和解金额最常谈起的一个数字，在公众和舆论心中似乎成了深圳唯冠谈判的底线。

但是，苹果公司显然不想这样算账。当本案审判长于春辉提出双方是否可以谈一下调解数额时，苹果方的谢西哲律师一开始提出40万人民币，后来又声称愿意支付几百万元人民币，最后在法庭分别和两方当事人单独谈话后，谢西哲同意以1 000万元人民币和解本案。

但是，彼时北京市工商行政管理局西城分局已经下达2.48亿元人民币的罚单，只是因为个中原因尚未执行，苹果公司以1 000万元人民币来和解本案，被唯冠方认为显然没有诚意，最终这次一审法院主持的调解不欢而散。双方的心里预期明显不在同一层级上。于是，和解之事便暂时搁置一旁。此后一段时间内，苹果方面没有再表现出欲继续商谈的意愿，甚至在一审败诉以后也是如此。

在北京市工商行政管理局西城分局的行政投诉

就在苹果公司在深圳中院和香港高等法院发起一系列诉讼之后，深圳唯冠决定展开“反击”，给苹果公司制造一点压力，迫使其回到谈判桌上来。

向苹果公司发起商标侵权之诉是最直接的反击措施，因为无论苹果方面如何声称其应当受让IPAD商标，毕竟这一商标尚在深圳唯冠手中，从商标保护行为本身看，在商标转让手续尚未完成之前，苹果公司毫无疑问是侵犯商标权人深圳唯冠的商标专用权的。

作为反击的第一个行动，深圳唯冠使出了极具杀伤力的一招：授权代理律师在北京市工商行政管理局西城分局投诉苹果公司和其在北京西单大悦城专卖店销售侵权产品，要求停止侵权。

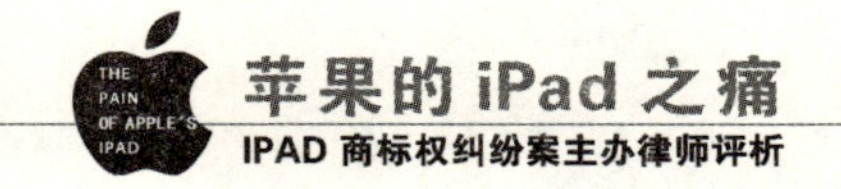

2011年1月5日，马东晓律师代表深圳唯冠向北京市工商行政管理局西城分局递交了一份请求书，其中将苹果公司列为第一被请求人，苹果电子产品商贸（北京）有限公司，也就是苹果北京西单大悦城专卖店为第二被请求人。深圳唯冠以两被请求人侵犯其商标专用权为由，向北京市工商行政管理局西城分局提出了以下7项请求：

（1）责令两被请求人停止侵权行为，包括但不限于停止宣传、销售侵犯请求人商标专用权的产品；

（2）对第二被请求人从事侵权活动的场所实施现场检查，调查与侵权活动有关的行为，查阅、复制与侵权活动有关的合同和账册等业务资料，检查与侵权活动有关的物品；

（3）查封、扣押第二被请求人的店面以及库存侵权商品；

（4）没收、销毁第二被请求人的侵权商品以及专门用于制造侵权商品、伪造注册商标标识的工具；

（5）责令两被请求人具结悔过、赔礼道歉，并以书面形式保证今后不再从事任何侵犯请求人注册商标专用权的行为；

（6）对两被请求人处以最高额罚款；

（7）就第一被请求人侵犯商标专用权的赔偿数额进行调解。

商标侵权行政保护的法律渊源来自于《中华人民共和国商标法》，根据《商标法》第53条的规定，对侵犯注册商标专用权的，当事人可以协商解决；“不愿协商或协商不成的，商标注册人和利害关系人可以向人民法院起诉，也可以请求工商行政管理部门处理”。与之对应，《商标法实施条例》第51条规定：“对侵犯注册商标专用权的行为，任何人可以向工商行政管理部门投诉或者举报。”投诉的具体程序由地方性规章予以规定。也就是说，法律法规赋予了最宽泛主体的商标侵权投诉权，但具体实施办法由地方性规章加以规制。以北京为例，商标侵权工商投诉立案标准和执法程序即以北京市工商局《关于商标侵权投诉立案标准及执法程序若干问题的意见》为依据。其主要内容大致如下：

1. 投诉主体资格

商标注册人或者利害关系人（以下简称商标权利人）具有投诉人资格。其中，利害关系人指商标使用合同的被许可人。商标权利人可以自行投诉，也可以委托他人代理投诉。这里实际上将《商标法实施条例》所规定的主体范围予以限制，不再是任何人，而仅限于商标注册人和利害关系人。

2. 商标侵权投诉需提交的材料

商标权利人或其委托的代理人在向行政执法机关投诉时应提供必要的材料和证明文件，证明文件应包括但不限于下列文件：

（1）明确的被投诉人和投诉人及其代理人的基本情况。包括被投诉人单位名称或者市场内商户名称、住所等；投诉人单位名称、法定代表人姓名、住所、联系人、联系电话；代理人单位名称、法定代表人姓名、住所、联系人、联系电话。投诉人和代理人主体资格证明，复印件要加盖印章。

（2）需要保护商标的商标注册证或者国家工商总局商标局签发的注册商标证明。

（3）委托他人代理投诉，商标注册人要签发授权委托书，授权委托书应包含授权打假的内容、商标注册人的签字并加盖其法人公章。

（4）投诉他人商标侵权要提供投诉对象侵犯知识产权的具体事实和初步证据。如侵权实物、购物凭证、侵权实物照片、宣传广告、网页画面等。

（5）投诉材料要有明确的诉求。如停止侵权行为、没收假冒商品、处以行政罚款、要求侵权人赔偿经济损失等。

（6）商标注册人及其代理人要对假冒商标商品出具鉴定证明。

（7）担保书。投诉人或其代理人应承诺，因不实的投诉材料引起的行政执法行为给对方当事人造成经济损失，承诺人要承担法律和经济责任。

3. 案件的受理

（1）工商局立案要审查以下几个条件：① 投诉人具备投诉资格；② 投诉人提交投诉材料齐全；③ 投诉人投诉的事实构成商标侵权。

（2）在具有以下情形时，工商局不予立案：① 商标权利不确定；② 没有明确的投诉对象；③ 主要证据不具备；④ 代理权限不明确；⑤ 已就有关事实向人民法院起诉；⑥ 不是一案一投；⑦ 侵权事实不成立。

4. 办案时限

办案时限分立案时限和办案时限等。依据北京市工商行政管理局《关于进一

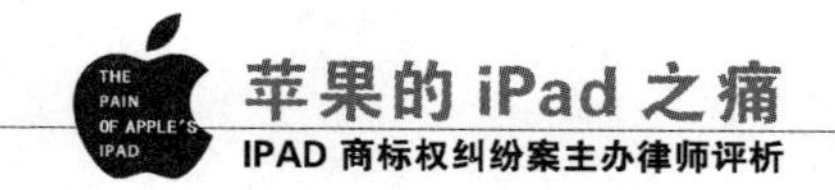

步规范行政处罚行为强化行政处罚公开的若干意见》(京工商发〔2003〕156号,以下简称《意见》)规定,属于举报、投诉以及消费者申诉的案件,应当自接到举报、投诉、申诉之日起5日内进行核实,经核实符合立案条件的,要在3日内办理立案手续。如果对投诉不予立案的,应当通过书面或者口头方式明确答复投诉人并说明理由。同时,《意见》对办案时限作出了规定:各分局作出行政处罚的案件,应当及时调查并收集证据,在规定的时限内结案。属于一般程序立案的案件,如已实施了强制措施,采取扣留、暂扣物品或加贴封条的,应当自立案之日起两个月内结案;需要内查外调较为复杂的案件,应当自立案之日起3个月内结案;需要内查外调重大复杂的案件,应当自立案之日起6个月内结案。上述案件确有特殊原因,在规定时限内不能结案,需要延长办案期限的,办案机构应当在届满前提出申请,说明理由,报告主管局长,经主管局长批准后方可延长期限,延长期一般不得超过1个月。另外结案后,要及时向案件投诉人送达行政处罚决定书。

此外,《商标法》还规定了一系列措施来制止侵权。《商标法》第53条规定:"工商行政管理部门处理时,认定侵权行为成立的,责令立即停止侵权行为,没收、销毁侵权商品和专门用于制造侵权商品、伪造注册商标标识的工具,并可处以罚款。"第55条规定:"县级以上工商行政管理部门根据已经取得的违法嫌疑证据或者举报,对涉嫌侵犯他人注册商标专用权的行为进行查处时,可以行使下列职权:(一)询问有关当事人,调查与侵犯他人注册商标专用权有关的情况;(二)查阅、复制当事人与侵权活动有关的合同、发票、账簿以及其他有关资料;(三)对当事人涉嫌从事侵犯他人注册商标专用权活动的场所实施现场检查;(四)检查与侵权活动有关的物品;对有证据证明是侵犯他人注册商标专用权的物品,可以查封或者扣押。工商行政管理部门依法行使前款规定的职权时,当事人应当予以协助、配合,不得拒绝、阻挠。"

在程序规定中我们可以看到,就同一侵权事实向人民法院起诉和向工商局投诉是相互排他适用的。如果已经向人民法院起诉,就不能再到工商局投诉。当然,对于深圳唯冠来说并不存在这个问题。《商标法》中指的排除工商行政投诉的诉讼是就侵权事实提起的侵权赔偿诉讼,而目前进行的诉讼是苹果公司和IP公司对深圳唯冠提起的商标确权之诉,而不是商标侵权赔偿诉讼,因此,深圳唯冠向北京市工商行政管理局西城分局投诉不受深圳市中院诉讼的影响，依然可以要求工商机关查处苹果公司的商标侵权行为。本案虽然双方在深圳中院已有一个权属诉讼，但从投诉时商标权的归属来看，商标权属非常明确，仍属于深圳唯冠，且商标注册程序中也不存在权利变动的迹象。根据《商标法》的相关规定，工商行政管理机关有权自主认定商标侵权行为，在事实清楚、证据确凿的情况下，完全可以自主决定是否追究在立案之前商标侵权人的行政责任。

在工商投诉的请求书中，深圳唯冠列举了大量事实和理由支持其请求，其中许多内容的详尽程度不亚于在法庭的代理意见，有一些还对诉讼中争议的一些问题进行了补充：

1. 说明了深圳唯冠的主体情况及其享有的民事权利

（1）说明了深圳唯冠成立和产品销售的情况，并提交了百度百科“唯冠科技（深圳）有限公司”主页面打印件作为证据；

（2）依据两 IPAD 商标注册证明复印件说明了两商标注册获权的情况；

（3）请求书详细说明了深圳唯冠使用“IPAD”商标的情况：自 2000 年至今，一些用户一直使用着深圳唯冠产品，部分客户已经成为 IPAD 注册商标产品的忠实用户。截至 2010 年底，印有“IPAD”注册商标的产品依然在深圳、广东等地销售，拥有近十家经销商。对此，唯冠代理人提交了深圳唯冠印有 IPAD 注册商标的产品及其包装的照片以及部分深圳唯冠“IPAD”产品经销商的名单作为证据。

对于深圳唯冠享有的注册商标专用权，请求书引用了若干法律规定给予支持：

《商标法》第 3 条第 1 款：“经商标局核准注册的商标为注册商标，包括商品商标、服务商标和集体商标、证明商标；商标注册人享有商标专用权，受法律保护。”

《与贸易有关的知识产权协定》第 16 条：注册商标所有人应享有专有权，防止任何第三方未经许可而在贸易活动中使用与注册商标相同或相近似的标记标示相同或类似的商品或服务，以造成混淆的可能。如果确将相同标记用于相同商品或服务，即应推定有混淆之虞。

2. 详述了苹果公司的情况及其从事的侵权行为

深圳唯冠首先说明了第一、第二被请求人的名称和基本信息。其次介绍了苹果 iPad 平板电脑的首发和在美国、中国大陆上市销售的情况，包括上市时间、售价等信息。然后提交了苹果公司在新闻发布会上介绍其 iPad 平板电脑产品的网页打印页、苹果公司在中国开始销售 iPad 平板电脑产品的网页打印页作为证据。而后，重点说明了其发现苹果公司侵权行为的情况：2010 年 12 月 28 日，请求人登陆苹果公司的官方网站 www. apple. com. cn/ipad，发现其在网站的显著位置宣传侵犯请求人注册商标专用权的平板电脑产品，特别是在苹果公司向深圳市中院提起确权诉讼，商标权的归属尚有争议的情况下，至今该网站仍在发布上述侵权信息。为了获得证据，2011 年 1 月 4 日，深圳唯冠的委托人在北京西单大悦城第二被请求人处购买了一台苹果公司生产的 iPad 平板电脑及其软包产品，在该平板电脑和软包产品的包装上，当然均有非常明显的"iPad"标识。作为上述事实的证据律师团队，向西城工商分局提交了苹果公司官方网站网页打印件和第二被请求人开具的发票以及侵权产品实物。

依据上面描述的事实，深圳唯冠认为：显而易见，被请求人"ipad"商标的使用商品"平板电脑"，与请求人两件已注册商标的使用商品"计算机、计算机周边设备、显示器"相同或者类似。

被请求人使用"ipad"商标与请求人两件注册商标 IPAD 和iPAD均系同一种语种（英语），且文字构成、排列顺序完全相同，两者虽然在字体（i 与iPAD分别是印刷体和美术体）、在字母大小写（ipad 与 IPAD）上略有不同，但两者的发音、含义完全一样，因此属于商标法上的相同商标。故被请求人使用的"ipad"商标与请求人已注册的"IPAD 和iPAD"商标是"相同商标"。

因此，两被请求人的行为已经构成了《商标法》第 52 条第 1 项所称"未经商标注册人的许可，在同一种商品或者类似商品上使用与其注册商标相同或者近似的商标的"侵犯注册商标专用权行为。第一被请求人苹果公司作为国际知名跨国公司，理应树立楷模，严格遵守中国的知识产权法律法规。但遗憾的是，就上述其明显侵犯商标专用权的事宜，请求人曾多次与第一被请求人联系，试图协商解决，但其均置之不理，我行我素，视法律于不见。基于上述事实和理由，为保护请求人的合法权利，保障消费者切身利益，根据《商标法》第 52 条和第 53 条、《商标法实施细则》第 41 条的规定，请求人特恳请工商行政管理机关针对被请求人的不法行为进行调查,并依前述请求事项予以严肃处理。

鉴于北京市工商行政管理局西城分局收到申请后迟迟没有采取行动,2011年3月14日,深圳唯冠又通过代理律师向北京市工商行政管理局西城分局递交了一份《声明书》,希望工商部门能够尽快处理此事。该《声明书》声明:请求人深圳唯冠曾于同年1月份向北京市工商行政管理局西城分局投诉苹果公司和苹果电子产品商贸(北京)有限公司侵犯其注册商标专用权。考虑到侵权行为日益加重,现为维护请求人利益,推动案件尽快调查,请求人同意工商局向被请求人公开身份和相关投诉证据,希望工商局尽快制止侵权行为,给予侵权人行政处罚。

2011年4月20日,北京市工商行政管理局西城分局下达了限期举证通知书,就深圳唯冠投诉苹果公司及其经销商事宜要求其在规定期限内书面回答有关问题,并提供相应的证据,以作为审查此案的依据。北京市工商行政管理局西城分局在通知书中提出了这样几个问题:

1. 深圳唯冠对台湾唯冠于2009年12月23日与IP公司签订涉案商标转让协议和各国转让协议的事实是否存在异议?

2. 深圳唯冠对上述协议的涉案商标的法律归属是否有异议?

3. 深圳唯冠是否与IP公司或其他公司签订过涉案注册商标的转让协议?

4. 深圳唯冠认为涉案商标目前正处于商标局撤销审查程序中,涉案商标的归属是否不确定,该商标权利是否不确定?

5. 深圳唯冠认为是否有义务按照台湾唯冠于2009年12月23日与IP公司签订涉案商标转让协议和各国转让协议与IP公司签订商标转让协议或协助IP公司办理商标转让手续?

6. 涉案商标的实际所有人是否深圳唯冠?深圳唯冠认为是否具有投诉主体资格?

7. 就涉案商标,IP公司和苹果公司是否分别在香港和深圳法院提起诉讼,诉讼请求是什么,结果怎样?

8. 因为深圳唯冠与IP公司在香港和深圳法院的诉讼,工商行政管理机关是否应当对此案不予立案?

9. 香港法院就涉案商标是否对你公司发出过禁止令,具体内容是什么?你单位认为该禁止令是否对你单位在中国大陆维权有法律效力?

10. 深圳唯冠与台湾唯冠的法律关系是怎样的?

北京市工商行政管理局西城分局要求深圳唯冠在收到该通知后10日内作出答复,逾期则必须承担相应的法律后果。

在接到通知书后,唯冠律师团队迅速投入紧张的工作当中,当天就撰写完成了对通知书的书面答复,并立即提交给了北京市工商行政管理局西城分局。答复函中的内容十分详尽,全文如下:

关于京工商西经证字(2011)4-21号《限期举证通知书》的答复

北京市工商行政管理局西城分局:

关于贵局受理的我司投诉苹果电子产品商贸(北京)有限公司西单分公司销售侵犯我司"IPAD"注册商标专用权的商品事宜,我司已收到贵局发出的京工商西经证字(2011)4-21号《限期举证通知书》。就贵局在该《限期举证通知书》中提出的问题,我司现进行如下答复,请予审查:

一、我司对于唯冠电子股份有限公司与IP申请发展公司签订涉案商标转让协议和各国转让协议的事实没有异议

在深圳市中级人民法院受理的苹果公司、IP申请发展有限公司(下称"IP公司")诉我司商标权属纠纷案(案号:[2010]深中法民三初字第208号、[2010]深中法民三初字第233号)中,苹果公司和IP公司提供的证据显示,2009年12月23日,唯冠电子股份有限公司(下称"台湾唯冠")与IP公司签署协议。协议约定:台湾唯冠以35 000英镑的对价向IP公司转让包括涉案商标在内的共10个"IPAD"相关商标。同日,台湾唯冠与IP公司签订了《中国商标转让协议》,约定台湾唯冠以1英镑的对价将涉案商标转让给IP公司。

对于上述事实，我司没有异议。但是需要向贵局说明的是，我司在发现侵权事实之前对于台湾唯冠转让我司注册商标一事毫不知情，事后也未以任何方式对台湾唯冠的行为进行过追认。我司和台湾唯冠属于不同法域的独立法人，台湾唯冠无权擅自将我司的注册商标转让给他人。

二、我司对台湾唯冠与IP公司签署商标转让协议和各国转让协议所涉及的涉案商标的法律归属有异议，两个涉案商标应当归我司所有

2001年6月21日，经中国国家工商行政总局商标局核准，我司在商标国际分类号第9类获得“IPAD”注册商标专用权，商标注册号为1590557；2001年12月14日，我司又在商标国际分类号第9类获得iPAD注册商标专用权，注册号为1682310.（见附件一：商标注册证）我司获得涉案商标专用权后即在自行研制、开发的专业高清液晶彩色显示器上使用，并将产品在市场上销售。（见附件二：显示器照片；附件三：专业高清液晶显示器说明书）

我司取得注册商标专用权的程序是合法的，涉案商标专用权也是唯一记载在我司项下，台湾唯冠和IP公司无权处分涉案商标，我司是涉案商标的唯一专用权人。

三、我司从未与IP公司或其他公司签订过任何涉案商标的转让协议

根据IP公司向法院提交的主体材料显示，该公司于2009年8月11日在英国伦敦注册成立，英文名称为IP Application Development Limited，缩写为：IPADL。（见附件四：IP公司登记注册信息）我司以及我司任何一位工作人员从未与IP公司或者其他公司进行过有关转让涉案商标的协商或任何其他形式的接触，更未与IP公司或者其他公司签订过任何涉案商标转让的书面协议。

而且，台湾唯冠和IP公司之前的商标转让协议第11条已明确排除协议签订之前任何关于商标转让事宜的书面或者口头的协议、安排、保证和承诺等。因此，即使我司工作人员与IP公司曾有过接触，也是为了了解台湾唯冠的商标情况，与涉案商标无关，也不能作为商标转让协议的内容。

四、商标局撤销审查程序不影响涉案商标的法律归属，我司的商标专用权是确定的

苹果公司为谋取我司的商标专用权，以连续3年不使用为由向国家知识产权局商标局提出撤销我司商标专用权的申请，目前商标局正在审查中。我司认为，商标局的审查程序不影响涉案商标的法律归属，我司的商标专用权是确定的。

首先，撤销审查程序的启动具有任意性。《中华人民共和国商标法》第44条规定："使用注册商标，有下列行为之一的，由商标局责令限期改正或者撤销其注册商标：……（四）连续三年停止使用的。"《中华人民共和国商标法实施条例》第39条第2款规定："……有商标法第四十四条第（四）项行为的，任何人可以向商标局申请撤销该注册商标，并说明有关情况。商标局应当通知商标注册人，限其自收到通知之日起两个月内提交该商标在撤销申请提出前使用的证据材料或者不使用的正当理由……"从上述规定可以看出，依据《商标法》第44条第（四）项的规定，向商标局申请撤销注册商标没有主体的限制，任何人只要填写一份《撤销连续三年停止使用注册商标申请书》，提交相应的身份材料并交纳1 000元规费，就可以向商标局提出启动这项程序。所以该项程序的启动具有任意性，不具有权威法律效力，更不具有使商标使用权人丧失商标使用权的效力。

其次，商标局的撤销决定不具有终局法律效力。《商标法》第49条规定："对商标局撤销注册商标的决定，当事人不服的，可以自收到通知之日起十五日内向商标评审委员会申请复审，由商标评审委员会作出决定，并书面通知申请人。当事人对商标评审委员会的决定不服的，可以自收到通知之日起三十日内向人民法院起诉。"《商标法实施条例》第28条规定："商标评审委员会受理依据商标法第三十二条、第三十三条、第四十一条、第四十九条的规定提出的商标评审申请。商标评审委员会根据事实、依法进行评审。"从上述规定可以看出，即使商标局作出了撤销注册商标专用权的决定，也并不意味着商标权人绝对丧失了商标权，商标权人依然可以向商标评审委员会申请复审，对商标评审委员会的决定仍不服的，还可以向法院起诉，通过诉讼的方式最终确定商标权的效力。

最后，商标撤销程序仅是商标权人由于在商标使用上违反了商标法而予社会公众一个排除垄断的机会，即由于商标权人申请商标注册后连续3年不使用，将不再享有独占的权利。这个撤销行为的后果并不导致商标权主体的变更，而是注册商标专用权的丧失。而且在商标被最终撤销以前，对于他人侵犯该商标权的行为，权利人依然可以依法予以追究。

综上，我司认为，商标局的撤销程序并不导致涉案商标权的归属发生改变，其作为涉案商标专用权合法主体的法律地位未受任何影响，即使商标局作出了撤销决定，也不具有终局法律效力，且他人在商标最终被撤销之前的侵权行为，仍旧应当予以追究。

五、台湾唯冠和IP公司之间关于涉案商标的转让协议和中国商标转让协议无效，我司没有义务协助其办理所谓的商标转让手续

首先，商标转让协议的缔约主体为台湾唯冠和IP公司。涉案商标转让协议和中国商标转让协议均明确显示，协议的主体为台湾唯冠和IP公司，我司并不是商标转让协议的主体。

其次，我司作为涉案商标的唯一权利人，从未就涉案商标转让作出过任何意思表示，更加没有同意其他任何人将涉案商标进行转让。同时，我司在发现苹果公司的侵权行为之前，也从不知道涉案商标被第三人非法处分。

最后，苹果公司和IP公司在诉讼中提交的《授权书》显示，该《授权书》由台湾台北地方法院所属民间公证人重庆联合事务所办理了公证，授权人和公司印章均为“唯冠电子股份有限公司”，即台湾唯冠，而与我司没有任何关系。因此，签字代表麦××只是得到了台湾唯冠的授权，并未得到我司关于转让涉案商标的授权。

杨荣山先生是我司的法定代表人和台湾唯冠的负责人。虽然《授权书》上有杨荣山先生的签字，但是他只是作为台湾唯冠的负责人代表台湾唯冠签署。我司是依照中国公司法的规定依法注册成立的公司，具有独立的法人人

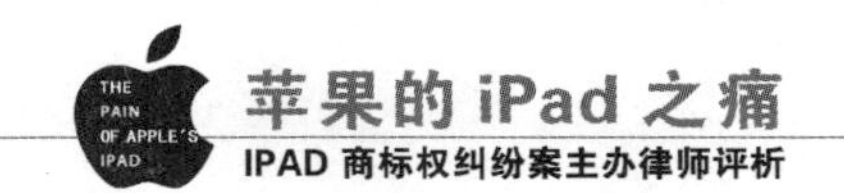

格,拥有独立的意思表示形成机制。杨荣山先生不是我司的股东,其作为法定代表人只是在我司任职,所以他的个人意思表示并不能取代公司的意思表示。只有当其以我司法定代表人身份出现,并且持有我公司印章等代表公司身份的物件时,才具有相应的客观表象要素,这样第三人才有理由相信其所表达的意思代表了我司的意志。

综上,我们认为,涉案商标转让协议和中国商标转让协议的签署人麦××,只是获得了台湾唯冠的授权,而没有取得我司的授权,也没有其他任何证据显示麦××具有使第三人相信其对我司有代理权的表面特征。因此,台湾唯冠与IP公司关于转让深圳唯冠商标的协议属于无权处分,是无效的,我司作为涉案商标的原始权利人和唯一专用权人是确定无疑的。

六、我司为涉案商标形式上和实际上的所有人,具备投诉主体资格

商标注册证和商标局注册登记信息均显示我司为涉案商标的专用权人,涉案商标首先在法律形式上即为我司所有;实际上,我司也是涉案商标的所有人。我司获得注册商标后不仅将其在自行研制、开发的专业高清液晶显示器上使用,同时还分别于2009年6月15日和2010年7月1日授权深圳市越腾科技发展有限公司在其车载终端系统产品上使用了涉案商标。(见附件七:商标许可使用合同、附件八:越腾公司网页)由此可见,我司不仅是在形式上取得了涉案商标的所有权,也在实际上行使着涉案商标的支配权和处分权,是涉案商标的实际所有人。

《商标法》第52条规定:"有下列行为之一的,均属侵犯注册商标专用权:(一)未经商标注册人的许可,在同一种商品或者类似商品上使用与其注册商标相同或者近似的商标的;(二)销售侵犯注册商标专用权的商品的;(三)伪造、擅自制造他人注册商标标识或者销售伪造、擅自制造的注册商标标识的;(四)未经商标注册人同意,更换其注册商标并将该更换商标的商品又投入市场的;(五)给他人的注册商标专用权造成其他损害的。"

《商标法》第53条规定:"有本法第五十二条所列侵犯注册商标专用权行为之一,引起纠纷的,由当事人协商解决;不愿协商或者协商不成的,商标注册人或者利害关系人可以向人民法院起诉，也可以请求工商行政管理部门处理。工商行政管理部门处理时，认定侵权行为成立的，责令立即停止侵权行为，没收、销毁侵权商品和专门用于制造侵权商品、伪造注册商标标识的工具，并可处以罚款。当事人对处理决定不服的，可以自收到处理通知之日起十五日内依照《中华人民共和国行政诉讼法》向人民法院起诉；侵权人期满不起诉又不履行的，工商行政管理部门可以申请人民法院强制执行。进行处理的工商行政管理部门根据当事人的请求，可以就侵犯商标专用权的赔偿数额进行调解；调解不成的，当事人可以依照《中华人民共和国民事诉讼法》向人民法院起诉。”

同时，第54条、第55条也规定了工商行政管理机关依法查处涉案侵犯他人注册商标专用权行为的职权。

从上述几个规定可以看出，对于侵犯注册商标专用权行为，商标注册人可以向工商行政管理部门投诉，请求查处。我司作为涉案商标注册人的法律地位是确定无疑的，因此我司具备向工商局投诉的主体资格。

七、关于苹果公司和IP公司在香港和深圳提起诉讼的诉讼请求和进展

1. 关于深圳诉讼

为谋取我司涉案商标专用权，2010年6月，苹果公司、IP公司向深圳市中级人民法院提起诉讼，认为苹果公司依法取得了涉案商标的专用权，请求法院确认其为涉案商标专用权人。

2011年2月22日，IPAD商标纠纷确权诉讼在深圳中院进行了证据交换，2月23日进行了第一次公开开庭审理。在庭审中，我司代理律师根据双方的证据已向合议庭指出苹果公司和IP公司的起诉毫无道理，至少存在以下问题：主体上，我司并非商标转让协议的一方，我司从未表示过把涉案商标转让给IP公司，更未承诺过转让给苹果公司。苹果公司同样也不是商标转让协议的主体，无权起诉深圳唯冠，不能作为本案原告。实体上，根据我国《商标法》的规定，商标确权应符合法律规定的实质条件和形式要件，实质要件要求受让人满足具备经营商标注册类别产品的资质等一系列要求，而IP公司根本不生产任何电子类产品；形式要件要求商标转让存在合法有效地转让合同和商标

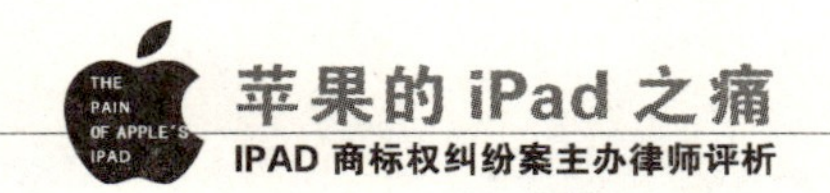

局对转让的审核、公告。目前该案正处于合议庭合议阶段，法院尚未就此作出判决。

2. 关于香港诉讼

苹果公司为阻止我司对涉案商标行使权利，还联合IP公司，以我司、唯冠国际控股有限公司(唯冠控股)、台湾唯冠、杨荣山和唯冠光电照明(深圳)有限公司(唯冠光电)为被告提起诉讼，并向香港法院申请禁止令阻止我司行使依法享有的各项权利，目前该案已被苹果公司申请中止审理。

八、涉案商标的诉讼与贵局受理我司的投诉没有关系，贵局如不立案则涉嫌行政不作为

《商标法》第53条规定："……工商行政管理部门处理时，认定侵权行为成立的，责令立即停止侵权行为，没收、销毁侵权商品和专门用于制造侵权商品、伪造注册商标标识的工具，并可处以罚款。当事人对处理决定不服的，可以自收到处理通知之日起十五日内依照《中华人民共和国行政诉讼法》向人民法院起诉；侵权人期满不起诉又不履行的，工商行政管理部门可以申请人民法院强制执行。进行处理的工商行政管理部门根据当事人的请求，可以就侵犯商标专用权的赔偿数额进行调解；调解不成的，当事人可以依照《中华人民共和国民事诉讼法》向人民法院起诉。"

根据上述规定，工商机关受理商标注册人的投诉后，可以就涉嫌侵犯注册商标的行为进行查处，也可以进行调解，调解不成的当事人可以提起民事诉讼。对于工商机关的行政处理决定不服的，也可以自收到处理通知之日起15日内向人民法院提起行政诉讼。可见，我国法律并没有规定商标确权之诉或者其他民事诉讼具有阻却工商机关行政查处的效力。

另外，在深圳法院所审理的所谓的转让合同纠纷案件，与工商行政管理机关接受投诉查处商标侵权完全是不同的法律关系，两个案件之间也不存在依赖关系。深圳法院的案件审理不涉及苹果是否侵权的问题，而且明显可以看出苹果公司是在无理取闹，退一步讲，该案整个程序履行下来实际还要一到两年时间，在这期间，苹果公司的侵权行为仍应按照目前涉案商标的合法状态予以追究。如果仅仅因为侵权人随便在法院提起一个诉讼就可以不追究侵权责任,《商标法》岂不成了摆设?

九、关于香港法院禁止令的内容和效力问题

2010年6月3日,苹果公司和IP公司就其于香港提起的诉讼向香港高等法院申请禁止令,香港高等法院于2010年6月11日向我司和唯冠光电发出禁止令,表示我司和唯冠光电在未取得苹果公司和IP公司书面同意的情况下,不得将涉案商标进行出售、转移、处置或者转让,不得以口头或书面形式对他人表示我司对涉案商标享有任何权益、权利或者利益,并且要求我司在7日内向商标局撤回于2010年5月7日提出的商标转让申请。但是香港高等法院并未将上述禁止令送达至我司,而是送达给了唯冠控股,并且表示送达唯冠控股即视为送达我司。

我们认为,我司和唯冠控股属于不同法域的法律主体和诉讼主体,香港高等法院向深圳唯冠发出的禁止令应当送达我司才能发生法律效力,唯冠控股没有义务将禁止令转达我司;而且,我国大陆和香港地区之间没有关于互相承认和协助执行禁止令的规定及协议安排,香港高等法院关于涉案商标的禁止令并不当然对大陆公司法人和司法行政机关具有法律约束力。因此,香港法院的禁止令在大陆不具有当然的法律效力,我司依照大陆法律,享有涉案商标专用权,有权向工商行政管理机关提出维权申请,不受香港法院禁止令约束。

十、我司与台湾唯冠属于不同法域的独立法人,相互之间没有直接的法律关系

唯冠控股于1989年在中国香港成立。台湾唯冠,即唯冠电子股份有限公司,是一家根据台湾地区法律成立的公司,注册地址为台湾台北县。我司是一家于1995年6月16日根据中国法律注册登记成立的公司,注册地址为中国深圳市(见附件九:深圳市工商局出具的企业登记情况证明)。我司主要进行电子产品的研发、生产,股东为唯冠实业有限公司。我司系具有独立法人资格的有限责任公司。

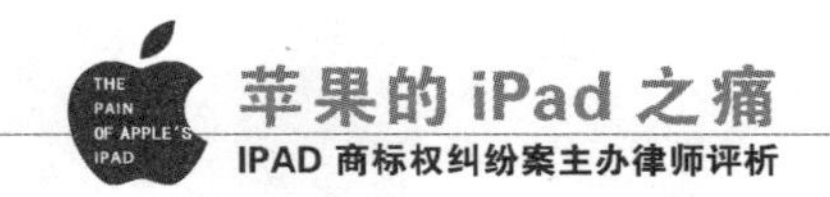

我司与台湾唯冠虽均与唯冠控股有着间接的投资关系，但是我司与台湾唯冠之间并不存在任何投资、控股关系，而是两个完全独立的法人。况且，我司与台湾唯冠分属不同的法域，我司受我国大陆法律管辖，而台湾唯冠受我国台湾地区法律管辖，将台湾唯冠转让涉案商标的行为视为我司的行为是毫无根据的。

以上为我司对贵局《限期举证通知书》所提问题的汇报，望贵局依法审查，批准受理我司的投诉。

此致

北京市工商行政管理局西城分局

汇报人：唯冠科技（深圳）有限公司

2011 年 4 月 20 日

在收到唯冠方的书面答复后，北京市工商行政管理局西城分局很快做出了行动。2011 年 5 月 4 日，北京市工商行政管理局西城分局对西单北大街 131 号的苹果电子产品商贸（北京）有限公司西单分公司，即苹果专卖店北京西单大悦城店进行了现场检查，并对 67 台带有 IPAD 标志的平板电脑采取了扣押封存措施。后来经工商局辨认，这些产品的确是侵犯了深圳唯冠注册商标专用权的商品。

在事实清楚、证据确凿的情况下，北京市工商行政管理局西城分局作出了拟处罚决定，并于 2011 年 5 月 26 日向苹果西单大悦城专卖店送达了行政处罚听证告知书。在告知书中，北京市工商行政管理局西城分局告知了以下查明的事实：2010 年 9 月起至 2011 年 5 月 4 日北京市工商行政管理局西城分局检查时止，西单大悦城专卖店共销售侵权 iPad 平板电脑 28 746 台，销售额共计 123 931 976 元，剩余 67 台尚未售出。售出及未售出平板电脑非法经营额共计 124 196 845 元。根据以上事实，北京市工商行政管理局西城分局作出处罚决定，决定没收 67 台 iPad 平板电脑，并处以非法经营额两倍的罚款，即 248 393 690 元。同时，西单大悦城专卖店被告知有权在收到该告知书 3 日内向北京市工商行政管理局西城分局申请听证。

随后，苹果公司和其西单大悦城专卖店就该处罚决定提出了听证申请。北京市工商行政管理局西城分局于 2011 年 6 月 3 日下达了行政处罚听证通知书，定于

2011年6月16日对苹果电子商贸(北京)有限公司西单分公司涉嫌销售侵犯注册商标专用权的商品一案举行听证。无独有偶,一年前的6月3日,正好是香港高院下达禁止令,禁止唯冠及杨荣山对外宣称对IPAD商标具有所有权。一年后的今天,在北京,中国工商管理部门又一次下达了行政处罚通知,只不过风水轮流转,这次受处罚的变成了苹果方。

2.4839369亿元的罚款实在是一笔巨大的金额。这些钱作为行政处罚,一旦实际被收缴,将收归国库,唯冠方从中得不到什么好处。而苹果各专卖店、经销商将因为销售侵权产品而遭受巨大经济损失。据相关数据显示,从2010年第4季度到2011年第3季度,苹果iPad系列平板电脑累计在中国销售了约362万台。若按照北京市工商行政管理局西城分局处罚计算标准每台约4 300元计算,苹果在中国iPad系列产品的销售额已经达到了156亿元人民币。若苹果败诉,全国工商局作出的最高罚款理论上可以超过300亿元。虽然这个数字只存在于理论层面,但无论如何,罚款数额一定是巨大的。

更令苹果担忧的是,这恐怕只是一个开始,该处罚决定为其他地区的工商局做出了榜样,接下来很可能会引发一股各地行政处罚的风潮,如此苹果的在华经销商将会遭到全面阻击。苹果iPad平板电脑在全国的销售渠道非常复杂,除了苹果的直营店,还包括电信运营商、3C卖场、苹果授权经销商和其他大量未经授权的商家。假如这些经销商纷纷被处罚,罚款总额将是一个天文数字。而经销商因产品商标侵权而支付罚款后,势必不能忍气吞声,这笔账最终要全部或部分地落到苹果的头上,何况这其中还包括中国一些通信业巨头。即使苹果帝国已成为全球实力最雄厚的电子产品经销商,怕也会伤在这一记重击之下,虽不至于遭受内伤,却也有筋断骨折之虞。无疑,这个压力是巨大的。

时不我待,苹果迅速接招,对该处罚决定立即提出了异议并要求举行听证会。出于种种考虑,北京市工商行政管理局西城分局的处罚决定没有被批准下达,巨额罚单被暂时压了下来,没有实际执行。

对于该巨额罚单没有被执行的原因,北京市工商行政管理局西城分局向唯冠代理律师的答复是:(1) 工商行政管理机关明确告知苹果公司已经构成商标侵权;(2) 给双方充足的时间,希望双方协商解决争议。

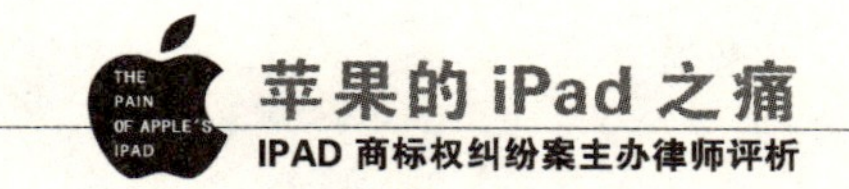

第六章
判决

2011年12月5日，深圳权属纠纷案件一审判决终于下达。苹果的诉讼请求没有得到深圳市中院的支持，被宣判败诉。

对于原告提出的各种理由，深圳市中院在判决中分析道：

> 对于表见代理，合议庭认为，根据《合同法》第49条的规定，表见代理是没有合同相对人或者合同相对当事人不明确，一方当事人以为代理人有权处分标的物，而与该代理人签订合同。而本案涉及的商标转让合同不是被告与原告订立，该合同有明确的相对人，被告人也没有任何书面委托或授权台湾唯冠及麦××，与原告IP公司进行谈判或订立合同转让商标，原告没有理由相信麦××对被告有代理权。此外，杨荣山同时为几家公司的法定代表人，并不代表在授权给麦××时履行了被告法定代表人的职责。授权书无可争议的是，台湾唯冠及其负责人杨荣山授权给了台湾唯冠法务部的负责人麦××。关于麦××的身份，原告提交的《南方都市报》的报道不确定其真实性，即便真实，该报道时间早于案件发生时间一年以上，不能证明在签订转让合同时其仍是被告的员工。在签订合同时，麦××明确其身份为台湾唯冠的法务部负责人，且其深圳法博智权专利商标法律事务所的名片也说明，麦××并不是深圳唯冠的职员。至于Huy Yuan，目前难以找到与之对应的确定的人，有可能是他人使用该邮箱。同时，也没有证据证明Huy Yuan代表被告与原告谈判了。电子邮件与书面合同内容一致，并不能证明表见代理成立。
>
> 对于集体交易的说法，合议庭认为该理由不成立。因为谈判过程并不是所有单位参加，而被告与海外的台湾唯冠又是不同的独立法人单位，授权订立商标转让合同的就只有台湾唯冠，实际签订合同的也只有台湾唯冠，因此不能认定这是一种集体交易行为。

而原告提出的赔偿,一来确权之诉中不能同时提出赔偿请求,二来原告主张涉案商标归其所有也不能成立,所以法院也不予支持。

综上,法院认为,原告要获取他人的商标,应负有更高的注意义务,应当按照我国的法律规定,与商标权利人签订商标转让协议,并办理必要的商标转让手续。而本案的商标转让合同是台湾唯冠与IP公司所签订,而且与深圳唯冠之间的表见代理也不成立。所以,苹果公司和IP公司的诉讼请求缺乏事实和法律依据,应当依据《合同法》第49条、第51条的规定予以驳回。

有位专家评论说,一审判决在对表见代理的认定上还是表述有误的,表见代理并没有强调没有合同当事人或合同当事人不确定,而是强调代理人使对方确信其具有代理权的客观表象。不过无论如何,判决最终在认定结论上是正确的。

就这样,深圳唯冠取得了第一轮的胜利。

第三部分

再　战

苹果上诉后，双方都铆足了劲儿为终局的二审做准备。深圳唯冠方面采取了多样化的诉讼策略，手段包括提起侵权诉讼、行政投诉等，如同海陆空联合作战。

在媒体这个战场上，双方的交锋也呈现了白热化。双方纷纷发表声明、召开新闻发布会，做足了舆论功夫。

2012 年 2 月 29 日，双方终于见了真章。

第七章
全面维权开始！

随着深圳唯冠权属案件一审的胜诉，事态开始向苹果所担心的那样发展：深圳唯冠开始了积极的维权行动。在维权策略上，深圳唯冠的律师团队采取了谨慎的策略，即仅仅针对苹果的经销商，而不是直接向苹果公司本身“开火”，在维权对象的选择上，也是由外围经销商入手，逐步向核心经销商深入。在形式上，深圳唯冠律师团确定了以侵权诉讼和工商投诉为主，以工商投诉先行“打击”外围经销商，然后再以侵权诉讼挑战核心经销商。

按照既定策略，律师团队开始行动，首先向全国多个城市和地区的工商部门发函投诉苹果经销商销售 iPad 平板电脑的商标侵权行为。工商部门积极响应，纷纷立案。

首先是江苏省徐州市工商行政管理局泉山分局，2011 年 12 月 31 日，深圳唯冠投诉徐州市世界电讯有限公司第三分公司的投诉书寄出，2012 年 1 月 5 日，案件立案，随后徐州市工商局泉山分局开始调查。

随后，一系列的投诉书开始雪片般发到全国各地的县级工商行政管理机关。

2012 年 2 月 8 日，石家庄新华区工商分局经济检查大队收到深圳唯冠代理律师的投诉函件，称苹果 iPad 平板电脑的商标侵犯其商标专用权。收到了深圳唯冠提供的商标权证书与相关证明等材料后，新华区工商分局立刻向国家工商行政管理总局核实相关信息，得到答复后，次日便对辖区内的苹果专营店及苹果产品销售门店进行了现场检查，查扣了苹果 iPad 平板电脑共计 45 台，全部为 iPad 2。行动开展之后，其他经销商闻风纷纷将 iPad 下架，不敢再公开销售。

当时据媒体报道，在石家庄太和电子城以及部分苹果产品销售门店里，柜台内已看不到有 iPad 2 平板电脑在销售。在太和电子城一家销售苹果产品的柜台前，其负责人对采访的报社记者说，想买 iPad 2，得随其去库房拿，因为在柜台摆放销售,如果被工商部门发现会被查扣。而电子城其余的几家苹果产品销售柜台也不敢明目张胆地售卖 iPad 产品。几位摊主被问及原因时,都说是由于该产品涉嫌商标侵权,工商部门正在进行查扣。同样,在河北保龙仓家乐福商业有限公司柏林店原有的苹果产品销售柜台内,也看不到有 iPad 2 销售。销售人员表示,"工商部门刚查过,iPad 2 暂时下架停售。"

此后没过多久,中央电视台财经频道《每周质量报告》栏目也对此作了报道。记者采访了北京的一些家电卖场,如国美、苏宁电器等,以证实是否还有 iPad 平板电脑在销售。国美和苏宁的相关负责人表示,这两家并没有对 iPad 作下架处理,仍在销售当中。随后记者又登录苏宁电器的网上商城,iPad 也在正常销售。而在国美电器网上商城,记者却找不到任何苹果公司的 iPad 产品。

随后,全国各地的工商部门闻风而动,纷纷就 iPad 商标权被侵犯一事与唯冠进行联系,希望唯冠方面提供 iPad 商标权被侵犯的证明,以便对苹果的侵权行为进行调查。最后,共有包括山东、河北、江苏、福建、湖南、广东、北京、上海、四川等十几个省、直辖市、自治区在内的近 60 个工商分局采取了相应行动。

图 7-1　河北工商部门查处 iPad 侵权产品(图片来源:河北青年报)

此时,许多地方的经销商们出于观望或者谨慎考虑,开始自动将 iPad 产品下架。截至 2012 年 2 月 15 日,北京中关村、上海、广州、济南、青岛等地的经销商纷纷将 iPad 产品撤了下来,但很多并非工商部门责令下架。

此后,产品下架逐渐蔓延到电商领域。人们在京东、亚马逊、苏宁易购、当当

图 7-2　福建工商部门查处 iPad 侵权产品(图片来源:福建工商网站)

网等知名电子商务网站搜索发现，iPad 平板电脑均显示无货。京东、亚马逊两家的负责人称暂停销售 iPad 平板电脑并非是由于工商查扣的原因,而是由于苹果销售策略的调整,希望增加线下实体店的销售量、减少线上销售量。这是否策略性的托词,公众不得而知,但苹果授意线上经销商下架产品确是事实。一时间,有记者甚至专门询问唯冠律师,工商机关是否有权查封 iPad 线上销售渠道?

在大型经销商将产品下架躲避风头时,却也为小经销商创造了机会。苹果的经销渠道分许多层级,许多渠道末端小经销商并不会受下架的影响,反而在此时出现了商机。部分小经销商趁此机会提高价格,还有部分专做“水货”的经销商也成了“受益者”。

由于苹果 iPad 平板电脑的销售极其火爆,各地电子产品专卖店几乎家家都有销售 iPad。如此一来,可谓断了他们的一大财路,商家纷纷叫苦不迭。有律师在网上质疑工商机关的下架行为,人们也纷纷提出疑问,此举到底是不是合适的呢?

其实,所谓下架只是一种临时性调查手段,是工商部门依据《商标法》对涉嫌侵权产品进行调查而采取的一种暂扣措施,这与作出最终的罚没处罚根本不是一回事。一位从事了多年行政执法工作的老工商在媒体上表示:在现有的证据下,苹果在内地使用 IPAD 商标的确是侵犯了深圳唯冠的注册商标专用权，工商部门查扣 iPad 平板电脑是依法履行法定职责。当然，这种行为属于实施行政强制措施，主要目的是为了控制侵权后果继续扩大，并非对涉案当事人的行为最后定性处理；如果有新的证据或理由，证明不应当查扣的，工商机关应依法及时解除查扣措施。不过，他也同时表示，如果深圳唯冠最近 3 年确实未曾使用过 IPAD 注册商标，工商机关也不宜对苹果作罚款处罚。此外，工商机关立案调查苹果 iPad 平板电脑经销商之后，在作出处罚决定前，如果深圳唯冠与苹果公司能够达成和解，并向工商机关申请撤回投诉的，工商机关宜对被投诉人作从轻处罚或不予处罚；如果在作出处罚决定前，苹果公司在民事诉讼中终审胜诉，并且法院确认涉案 IPAD 注册商标转让合同有效的，工商机关宜主动撤销案件。

第八章
上诉！

2012年1月5日，苹果公司和IP公司向广东省高级人民法院正式提起上诉。此前，人们已纷纷在猜测，认为苹果一定会上诉，一来获取翻盘机会，同时也为了拖延时间，以便获取更多的证据和支持。

两原告在上诉中请求法院：

1. 撤销深圳市中级人民法院一审判决；
2. 将本案发回重审或者改判，认定两涉案商标归上诉人所有；
3. 本案一二审诉讼费用由深圳唯冠承担。

在诉状中，苹果公司和IP公司首先叙述了基本的事实和理由：

一、基本案情

（一）本案当事人

本案上诉人一为美国苹果公司（简称"苹果公司"），系斯蒂文·乔布斯创办的IT领域的世界第一品牌的公司。美国苹果公司自2010年推出iPad电脑后，收到全球消费者，包括中国大陆消费者的高度认可和极大喜爱，该产品以超强的性能和卓越的品质风靡全球。

本案上诉人二为英国IP公司（简称"IP公司"），其直接与唯冠国际控股有限公司及其子公司（包括深圳唯冠在内）洽商购买"IPAD"商标的事宜。英国IP公司已将其所取得的"IPAD"商标转让权利转让给了美国苹果公司（包括本案涉及的两个商标）。

本案被上诉人唯冠科技（深圳）有限公司（简称"深圳唯冠"），曾经负责电子产品的研发和电脑显示器的生产。但据公开渠道获得的消息，深圳唯冠现在财务上已处于资不抵债的状态。深圳唯冠系香港上市公司"唯冠国际控股有限公司"

(“唯冠控股”)的间接子公司。

唯冠控股是香港证交所的上市公司,其在全球7个国家或地区有分支机构,包括中国大陆的深圳唯冠,台湾地区的“唯冠电子股份有限公司”(简称“台湾唯冠”),香港地区以及美国、巴西、荷兰和英国的分支机构(在英国的公司下称“英国唯冠”)。唯冠控股及其分支机构以下统称为“唯冠集团”(苹果方一直称唯冠公司体系为“唯冠集团”)或“唯冠方面”。

台湾人杨荣山(Rowell Yang)先生是唯冠集团的创始人,他不仅担任唯冠控股的董事局主席和首席执行官,还同时担任深圳唯冠的法定代表人和台湾唯冠的负责人和董事长。

(二)与IPAD商标权有关的交易

关于商标转让的协商开始于2009年8月。大部分协商通过邮件进行,其过程并不复杂。

通过以下往来邮件,可以还原当初进行商标转让的主要事实和过程:

- 2009年8月18日,英国IP公司的Jonathan Hargreaves向英国唯冠的Timothy Lo先生发出电子邮件,说明希望能够购买唯冠集团拥有的所有IPAD商标。(苹果公司一审中提交的证据三,第1号邮件)
- 2009年9月21日,Timothy Lo回信称,唯冠集团“在欧盟成员国及越南、墨西哥、泰国、韩国、印度尼西亚、新加坡和中国拥有IPAD商标”。(第3号邮件)
- 2009年9月22日,Jonathan向Timothy Lo回复邮件,说“我们已经考虑过你提供的信息,且希望能够购买所有唯冠拥有的IPAD商标,我们考虑到你们拥有权利的地域和保障这些权利的成本,我们提议购买这些注册商标的价格是20 000英镑”。(第4号邮件)
- 2009年9月22日,Timothy Lo对Jonathan回复邮件称:“我们会先问中国同事对这个出价有什么意见,对于此事,我不是经过授权的签署人……”(第5号邮件)
- 2009年10月21日,Timothy Lo回复邮件:“这件事已经达到一个需要你和我们中国同事直接沟通的阶段,我同事的名字是Ray Mai,他负责我们

的法务部，这封邮件也同时抄送给他了。从现在起，请你们直接沟通。”（第8号邮件）

• 2009年10月22日，Huy Yuan以深圳唯冠的邮箱huy_yuan@proview.com.cn给jonathan发邮件：“我是huy_yuan，是唯冠法务部的成员，唯冠仍有兴趣与你继续商谈这个交易，唯冠希望挽回之前的主要成本和相关费用，唯冠不仅仅在商标的设计、申请和维护上有投入，而且在某些产品中仍有应用这些商标，如果我们将这些商标转让给你，唯冠必须停止使用，而且会造成损失。”该邮件中签名显示是“唯冠科技（深圳）有限公司。（第9号邮件）

• 2009年11月6日，Huy Yuan给英国IP公司的Jonathan回复邮件：“我的老板同意接受你35 000英镑的报价，而且你公司应当承担转让商标的所有费用，请把合同发给我们，我会审阅。”（第15号邮件）

• 2009年11月16日，Huy Yuan给英国IP公司的Jonathan回复邮件：“就有商标注册的每一个法域而言，唯冠应当签署一份转让文件，IPADL（英国IP公司）可以将该等转让文件在该法域登记已证明商标的转让（国家转让合同），我不确定什么是转让文件以及如何签署，是否仅为唯冠与贵公司签字一份有关商标转让的证明？”（第16号邮件）

• 2009年11月20日，Huy Yuan给英国IP公司Jonathan回复邮件：“合同第二条应修改为：IPADL（英国IP公司）将在收到经唯冠适当授权的代表唯冠签署的本协议原件之日起七天内向唯冠指定的银行账户对唯冠支付对价。如你所知，我公司是一个跨国公司，且一致信守其诺言。我可以向你保证，我公司会在收到钱后即签署国家转让合同。”（第18号邮件，下划线上诉状为作者加）

• 2009年11月25日，Huy Yuan给英国IP公司Jonathan回复邮件：“商标是由我们台北公司注册的，而且公司公章也在台北。”（第20号邮件）

• 2009年11月26日，Huy Yuan给英国IP公司Jonathan回复邮件：“会议安排在唯冠台北如何？地址与合同上的一样。”（第22号邮件）

• 2009年12月1日，英国IP公司给Huy Yuan邮件中，将所有购买的IPAD商标制作两份列表，该附件列出了与IPAD商标转让的全部相关信息，

请唯冠确认，其中包括涉案的两个中国大陆商标：第 1590557 号及 1682310 号。（第 23 号邮件）

- 2009 年 12 月 2 日，Huy Yuan 确认持有英国 IP 公司邮件附件中所列的拟转让商标，包括涉案的两个中国大陆商标。（第 24 号邮件）

- 2009 年 12 月 7 日，Huy Yuan 给英国 IP 公司 Jonathan 回复邮件："以下为对你的电子邮件的回答：(1) 附件为所有已注册国家的证书副本。(2) 就我所知，唯冠在泰国没有关于 IPAD 的相关注册。(3) 唯冠电子股份有限公司和唯冠电子（台湾）有限公司为同一家公司。(4) 支票应开立给唯冠电子股份有限公司。(5) 因为我没有台湾护照，我的上司 Ray Mai 会与你在台湾会面。"在这份邮件中，Huy Yuan 还特别附上了所有其能够提供待出售给英国 IP 公司的商标注册证书，包括一份中国商标注册证书。（第 25 号邮件）

- 2009 年 12 月 14 日，Huy Yuan 给英国 IP 公司 Jonathan 回复邮件："我已经将您的支票交至我们的财务部门，以确认该支票是否可接受。另外，Ray Mai 在 12 月 22 日已有安排，他在 2009 年 12 月 23 日会有时间。如果我们的财务部门能接受支票的话，将会议安排在 12 月 23 日如何？"（第 29 号邮件）

经过四个多月的充分磋商，英国 IP 公司和深圳唯冠就以 35 000 英镑为对价购买 8 个国家和地区（包括中国大陆）10 件 IPAD 商标达成了一致。随后就合同的签订问题，深圳唯冠指定由台湾唯冠签署书面合同及其他为将商标由唯冠集团转让给英国 IP 公司而需要的文件，并指令支票开立给台湾唯冠。

因此，双方同意继续就书面合同进行讨论。深圳唯冠一直同意把两个中国商标包括在出售给 IP 公司的商标中，深圳唯冠自愿提供所有的出售给 IP 公司的商标登记证副本包括中国商标的登记证副本。双方准备并完成了所有保证根据 IP 公司和唯冠集团间协议向 IP 公司转让涉及 8 个国家和地区的 10 件商标，包括中国大陆商标所需的所有文件（合称"交易文件"），其中包括一份书面的商标转让协议（"书面 IPAD 商标转让协议"），8 个国家，各自的书面国家转让协议（"国家转让协议"），其中涉及中国大陆的国家转让协议的名称是《中国商标转让协议》，及其他为完成将 IPAD 商标由唯冠集团转让给 IP 公司所需的文件，还包括在中国大陆部分准备的为完成中国商标转让而准备的申请表。

唯冠集团的代表和深圳唯冠法定代表人杨荣山(Rowell Yang),法务部成员,包括法务部负责人 Ray Mai 和法务部成员 Huy Yuan 亲历该阶段全过程。

2009 年 12 月 23 日,在唯冠集团负责人及深圳唯冠法定代表人杨荣山的直接授权下,深圳唯冠法务部负责人 Ray Mai 以唯冠集团总顾问及台湾唯冠代理人身份签署了与 IPAD 商标转让有关的交易文件,包括书面 IPAD 商标转让协议、所有的国家转让协议,和其他为将商标转让给 IP 公司而需要的文件,其中包括其作为台湾唯冠的授权代理而签署的关于中国大陆部分的申请文件。

根据书面 IPAD 商标转让协议,任何一个商标注册涉及的法域,转让人应当签署一份国家转让协议,以使 IP 公司可以在相关法域进行商标转让的备案。

根据国家转让协议,转让人应当签署任何商标注册表格及其他一切文件,以保证商标权利能够转移并完成相应的注册登记手续。转让人同意,受让人或其法定代表人有权以转让人的名义签署必要的商标注册文件,以保证商标注册登记的生效。

麦××也签署了准备提交国家工商行政管理局下属的商标局(“商标局”)的涉及注册号为 1590557 和 1682310 的注册商标的注册商标转让申请表。(苹果公司一审证据五)

2010 年,IP 公司向苹果公司转让全部 IPAD 商标,包括本案的两个涉案商标。(苹果公司一审证据八)

(三)本案争议的发生

苹果公司的首席执行官斯蒂文·乔布斯在 2010 年 1 月 27 日向市场公布美国苹果公司将要推出 iPad 产品。2010 年 4 月 3 日,苹果公司正式在美国开始向公众销售 iPad 产品。该产品随后在全球各地,包括中国大陆陆续发售。由于苹果公司推出的 iPad 产品在技术、设计、全面用户体验方面的杰出表现及苹果品牌特有的标示性,使苹果公司的 iPad 产品在全世界范围内受到广泛的欢迎。

在 2011 年的 1 月份,苹果公司发现,虽然唯冠集团同意转让全部 IPAD 商标,包括两个中国商标给 IP 公司,但只有唯冠台湾签署了所有交易文件,包括中国国家转让协议。同时,深圳唯冠是在商标局登记的权利人。因此,IP 公司无法在商标局完成注册商标转让手续。

为此，IP 公司要求麦××重新更正相关文件，以保证中国商标转让的完成，但麦××拒绝了这一要求。

2010 年 2 月 9 日，IP 公司以深圳唯冠注册的第 1590557 号 IPAD 商标连续 3 年停止使用为由，向中国国家商标局申请撤销。6 个月后，即 2010 年 8 月 16 日，中国国家商标局出具了受理通知书。商标局尚未就此作出决定。

2010 年 5 月 20 日，英国 IP 公司及苹果公司为强制执行其对涉案的中国商标所享有的权利，以唯冠控股、台湾唯冠、深圳唯冠、杨荣山先生为被告向香港高等法院提起诉讼。2010 年 6 月 2 日，香港高等法院向唯冠控股、深圳唯冠和杨荣山发出临时禁令，该临时禁令在 2010 年 6 月 11 日和 2011 年 6 月 28 日被延长期限。2011 年 6 月 28 日，香港高等法院还出具了书面裁定，陈述了为何其认定苹果公司及 IP 公司针对唯冠控股、台湾唯冠、深圳唯冠即杨荣山提起的诉讼具有可诉性，以及为何作出临时禁令是有正当理由的。

在香港诉讼开始 4 天之后，2010 年 5 月 24 日，苹果公司和 IP 公司就商标权属向深圳中级人民法院（“深圳中院”）提起诉讼。苹果公司和 IP 公司要求法院判决苹果公司是涉案争议商标的真正权利人。

二、在第二部分，苹果公司认为一审判决认定事实错误

苹果公司在上诉状中称：本案案情由两个部分组成，深圳唯冠主持交易谈判、台湾唯冠签订书面合同；二者是本案唯冠集团 IPAD 商标集体交易不可分割的组成部分。这两部分案情涉及“合同对被告有无约束力”与“委托代理关系是否成立”（一审判决归纳焦点），于是对这两部分关系事实如何认定就成为本案的焦点和关键所在。

一审判决在五个方面存在事实认定不清或者错误

（一）关于通过被告电子邮箱完成的包括涉案两个商标在内的所有 IPAD 商标的转让谈判和交易。一审判决认定与事实不符

1. 一审判决虽查明但错误认定的事实

一审判决查明：Huy Yuan 用深圳唯冠的网址给第二原告发出所有关于 IPAD 商标转让的交易邮件，其中第一份说：“我是 Huy Yuan，是唯冠法务部的成员。”该

事实证明，被告邮箱是商标转让谈判邮箱，Huy Yuan 是深圳唯冠方的雇员。但是一审判决却认定 Huy Yuan 不能对应某一个具体的自然人，所以其电子邮件不能代表深圳唯冠。但是该事实没有任何已向一审法院提交的证据支持，该认定明显与被告的电子邮箱的专属性的事实不符、与 Huy Yuan 获得授权登陆被告深圳唯冠电子邮箱的事实不符。被告企业邮箱注册为 proview. com. cn，根据《中华人民共和国合同法》第 11 条、第 16 条对电子邮件作为书面合同的表现形式、收件人指定特定系统接收数据电文等的相关规定，proview. com. cn 就是深圳唯冠的数据电文主营业地，只有获得授权的人才能登录这一邮箱收发邮件。

而且，在以美国苹果公司、英国 IP 公司和深圳唯冠、唯冠集团和杨荣山为当事各方的香港诉讼程序中，杨荣山称“Huy Yuan 只是一个在深圳唯冠法务部工作的低级员工，Huy Yuan 在任何时候均没有在任何法域进行执业的资格。”因此，唯冠控股和深圳唯冠事实上已经承认了 Huy Yuan 是深圳唯冠的雇员而且在法务部工作，是 Huy Yuan 向 IP 公司提供了唯冠的所有注册商标的复印件。如果 Huy Yuan 不在深圳唯冠工作，不是法务部的工作人员，不可能有机会接触这些文件。因此，Huy Yuan 得到被告深圳唯冠的确认和授权，登录被告邮箱处理公司事务的事实是毋庸置疑的。

2. 一审判决已查明但没有认定的事实

一审判决查明，被告邮箱有如下的宣示：“本邮件由唯冠国际控股有限公司或其任何子公司所有。被告谈判邮箱签名栏注明了唯冠科技（深圳）有限公司的名称、地址、电话、负责部门及联系人。”该事实证明，被告邮箱代表唯冠集团及旗下各子公司，以及使用被告邮箱成员的身份真实性和授权性。

一审判决遗漏认定了该事实，即没有认定该事实与本案的关联性、合法性，反而认定该邮件与被告没有关系，显然其认定与其查明的事实不符。

3. 一审作出的“该邮箱可能有他人使用”的推测不符合事实

深圳唯冠邮箱作为本案的商标转让谈判用邮箱是无法改变的事实，一审判决作出了一个不合理的推测：“没有证据说明 Huy Yuan 对应哪个自然人，不排除唯冠控股国际有限公司或者台湾唯冠的工作人员在被告公司使用了被告公司的电子邮箱”，或“他人使用了被告公司邮箱”。（一审判决第 17 页第 16—17 行、第 20

页第3行)

一审判决用未经证实的推测来认定电子邮箱与被告没有关系,显然没有法律和事实依据。该推测成为本案事实不清的关键所在,彻底颠倒事实,导致本案的错判。

(二)事实:麦××是被告及深圳唯冠集团法务部负责人。一审判决在这个问题上的认定有误

1. 一审判决虽已查明,但以偏概全错误认定事实

一审判决查明,Timothy Lo(英国唯冠)回复邮件说"这件事已经达到了一个需要你和我们中国同事直接沟通的阶段。我同事的名字是Ray Mai。他负责我们的法务部。"(一审判决第8页第5—8行)

该事实清楚地证明事件发生当时麦××的真实代表身份。此后,麦××更是抄送了所有由Huy Yuan主导谈判转让IPAD商标的邮件,而麦××的邮箱地址都是深圳唯冠的公司邮箱地址。一审判决则以偏概全错误认定事实,以麦××未经核实的身份取代其被告的代表身份。

事实表明,麦××的代表身份与本案有密切的关系。但一审判决以非法定意义的身份标志"名片"来认定麦××深圳法博智权专利商标事务所经理的身份,并以此说明他与深圳唯冠没有关系,显然是对事实认定的错误。麦××作为一个中介专利商标代理的身份,与其在被告以及唯冠集团的代表身份是没有矛盾和冲突的,以他的一个身份而否认他的其他身份是与客观事实不符的。

2. 一审虽已查明事实但予以错误认定

一审判决查明,谈判负责人Ray Mai均使用了被告的以proview. com. cn为后缀的企业电子邮箱,该事实证明,麦××使用了被告的电子邮箱。

但一审判决却认定,并没有麦××收发邮件的证据。(一审判决第20页第1行)

一审判决的这一认定明显与事实不符。事实是,在交易初期,是英国唯冠将英国IP公司介绍给了深圳唯冠法务部负责人麦××的。随后,显然是麦××将具体工作安排给了深圳唯冠法务部的成员Huy Yuan,由他负责处理此事,才会有以后Huy Yuan与IP公司的邮件往来,而Huy Yuan的所有邮件,均抄送给了麦×

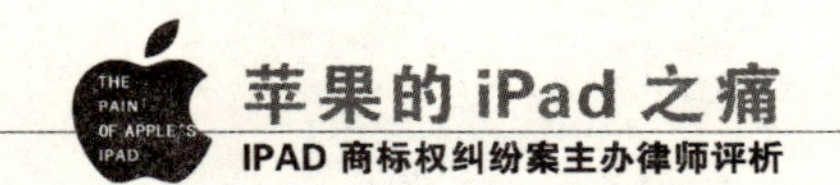

×在深圳唯冠的 ray_mai@ proview. com. cn 的邮箱。在交易的最后，也是由 Huy Yuan 发邮件，向 IP 公司说明代表唯冠去签字的人是麦××。因此，在没有相反证据的情况下，就是麦××用深圳唯冠邮箱收取了所有谈判邮件。麦××使用被告的电子邮箱恰恰能够表明其作为被告的代表身份。如前面所述，proview. com. cn 在法律上是被告的数据电文主营业地，只有获得公司授权的人才能登陆该邮箱地址收发邮件。因此，麦××是深圳唯冠的雇员并得到深圳唯冠的确认和授权登陆公司邮箱处理公司事务的事实，显然是毋庸置疑的。

此外，通过麦××作为签约代表的事实也可以看出，麦××正是通过使用被告的公司邮箱来了解、指挥、掌控谈判交易全过程的。

3. 一审判决漏查的事实

一审判决漏查了麦××在中国商标转让合同附件中以被告代表身份签署文件的事实。这个事实可以由一审中原告提交的证据“涉案商标国家转让协议”的附件“商标代理委托书”签名栏中签署的联系人“MAI Shih Hung，电话 86755××，邮编 5180××，地点深圳”得出。

这个事实可以清楚地表明麦××作为深圳唯冠的代理人的身份，同时可以说明，麦××以他的名义签署了中国大陆的涉案商标转让协议以及和协议相关的其他文件。

（三）事实：本案涉及的商标交易属于唯冠集团的集体交易，一审判决在这个问题上认定有误

1. 一审判决已查明事实

（1）被告谈判邮箱的宣示：“本邮件由唯冠控股国际有限公司或其任何子公司所有。”（一审判决第 9 页第 11—12 行）

可以证明，被告邮箱代表唯冠集团及其子公司的集体意思表示。

（2）原告向英国唯冠发出了要约：“希望能购买所有唯冠所拥有的 IPAD 商标。”随后英国唯冠通知原告：“我们在欧洲拥有 IAPD 商标，同时我们在下列国家也拥有 IPAD 专利，包括墨西哥、越南、泰国、韩国、印度尼西亚、新加坡和中国。”

这可以证明，原告要约购买的对象是唯冠集团旗下所有的 IPAD 商标，是一个集合的合同标的。

(3) 深圳唯冠给 IP 公司回复邮件说:"我的老板同意接受你提出的 35 000 英镑的报价。"(一审判决第 8 页第 15—16 行)

该事实证明,唯冠集团旗下 10 件集合商标承诺对价。

(4) 深圳唯冠给英国 IP 公司回复邮件称:"IP 公司将在收到经唯冠适当授权的人代表唯冠签署的本协议原件之日起的七天内向唯冠公司指定的账户对唯冠支付对价。如你所知,我公司是一个跨国公司,且一直信守其诺言。我可以向你保证,我公司在收到钱后会签署国家商标转让文件。"(一审判决第 8 页第 18 行—第 9 页第 1 行)

该事实证明,授权代表唯冠跨国公司,是唯冠集团跨国公司的集体交易行为。

2. 一审判决混淆概念错误认定事实

一审判决认定了并不是所有单位参与合同的谈判和签订,订立合同的只是台湾唯冠,故不能认为是唯冠集团的集体交易行为(一审判决第 20 页第 6—10 行),原因是:有关转让商标交易的谈判邮件一共有 29 份,但一审判决书的表达表明,法院仅仅审查认定了其中的 9 份,而忽略了其余 20 份,许多事实被遗漏,因此导致对事实认定的错误。

一审判决这种将不是所有单位参与认定为不是集体交易、只有台湾唯冠一家订立合同定义为不是集体交易的认识,显然是混淆概念。法院的这个认定与其查明的原告购买了唯冠旗下所有 IPAD 商标、包括被告(深圳唯冠)名下 8 个国家和地区的 10 个商标,以及承诺授权给唯冠的代表签署协议的这种行为是跨国公司的集体交易行为的真实事实不符。

(四) 事实:原告与被告通过电子邮件已成立合同并实际履行,一审判决在此问题上认定有误

1. 一审判决已查明的事实

(1) 英国 IP 公司发出了要约:"希望能购买所有唯冠拥有的 IPAD 商标。"英国唯冠通知英国 IP 公司、"我们在欧洲拥有 IAPD 商标,同时我们在下列国家也拥有 IPAD 专利,包括墨西哥、越南、泰国、韩国、印度尼西亚、新加坡和中国。"(一审判决第 7 页第 18 行至第 8 页第 1 行)

该事实证明,英国 IP 公司的要约包括被告的两件中国大陆的涉案商标。

（2）深圳唯冠给 IP 公司回复邮件："我的老板同意接受你提出的 35 000 英镑的报价。"（一审判决第 8 页第 15—16 行）

该事实证明，被告承诺对价包括被告两件中国商标的对价。

（3）深圳唯冠给英国 IP 公司回复邮件："IP 公司将在收到经唯冠适当授权的代表唯冠签署的本协议原件之日起七天内向唯冠公司指定的账户对唯冠支付对价。"（一审判决第 8 页第 18 行）

该事实证明，是被告深圳唯冠要求 IP 公司向指定账户付款的，其中包括深圳唯冠两件中国大陆商标的价款。

（4）深圳唯冠给 IP 公司回复邮件称："（4）支票应开立给唯冠电子股份有限公司。"（一审判决第 9 页第 5 行）

该事实证明，是深圳唯冠要求英国 IP 公司付款给台湾唯冠的，其中包括被告两件中国大陆商标的价款。

（5）英国 IP 公司已按照深圳唯冠的指令向银行购买记名台湾唯冠的对价汇票，实施了支付行为。

该事实证明，英国 IP 公司已经履行了合同主要义务，深圳唯冠作为一审的被告已经予以了接受。

2. 一审判决错误认定事实

根据我国《合同法》的规定，合同的成立有多种形式，如口头形式、书面形式以及实际履行形式。一审判决虽然查明原告与被告之间存在"实际履行"行为，但并没有认定双方通过"实际履行"的形式使合同成立，反而以没有签订书面合同为由否认双方的合同关系，显然与事实和法律不符。

事实是，整个交易的达成都发生在IP 公司和深圳唯冠之间，交易磋商的每一步都是在IP 公司和深圳唯冠之间进行的，是深圳唯冠与 IP 公司谈妥并同意转让所有与案件相关的商标，并审阅、修改了转让文件，最终确认了拟签署的合同条款，一切就绪后才安排台湾唯冠与 IP 公司签约的（由于深圳唯冠职员没有前往签字地点的签证）。需要特别指出的是，深圳唯冠还实际提供了其名下所有的在中国大陆注册的商标注册证书。因此，仅仅说合同事实是 IP 公司与台湾唯冠签署的，与深圳唯冠无关，一审法院认定显然错误。

深圳唯冠通过电子邮件的交换，已经与IP公司就转让IPAD商标达成了一致的意思表示。而在英国IP公司已经实际履行了其合同主要义务的情况下，深圳唯冠作为一审的被告拒不签订有关的书面文件转让其商标，其行为正是违反“诚实信用”原则的表现（见《中华人民共和国合同法》第36条、第37条）。

（五）事实：英国唯冠、被告、台湾唯冠之间存在委托关系。一审判决在此问题上判定有误

1．一审判决已查明的事实

（1）timothy lo（英国唯冠）回复邮件称“这件事已经达到了一个需要你和我们中国同事直接沟通的阶段。我同事的名字是Ray Mai。他负责我们的法务部”。（一审判决第8页第5—8行）

显然，英国唯冠将IPAD商标转让谈判事宜委托给了深圳唯冠。

（2）Huy Yuan用被告公司的邮箱地址给IP公司发送了邮件：“我是Huy Yuan，是唯冠法务部的成员。唯冠仍有兴趣与你继续商谈这个交易。”（一审判决第8页第9—11行）

该事实表明，深圳唯冠已受英国唯冠的委托承接商标转让的谈判。

（3）深圳唯冠给英国IP公司回复邮件：“合同第二条应当修改为：IP公司将在收到经唯冠适当授权的代表唯冠签署的本协议原件之日起七天内向唯冠公司指定的账户对唯冠支付对价。如你所知，我公司是一个跨国公司，且一致信守其诺言。我可以向你保证我公司在收到钱后会签署国家商标转让文件。”（一审判决第8页第18行—第9页第1行）

该事实表明，被告授权给签约代表是跨国公司行为。

（4）深圳唯冠在给IP公司回复的邮件中提到：“（4）支票应开立给唯冠电子股份有限公司。（5）因为我没有台湾护照，我的上司Ray Mai会在台湾与你会面。”（一审判决第9页第5—11行）

被告的行为完全构成委托台湾唯冠签约。

2．一审判决以偏概全错误认定事实

一审判决以没有书面形式委托台湾唯冠、麦××、Huy Yuan的理由来否认英国唯冠、被告、台湾唯冠的委托事实。（一审判决第19页第3—5行）依照《中华

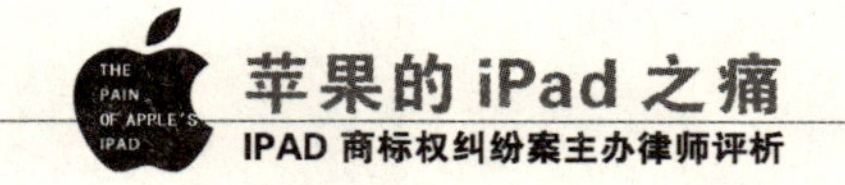

人民共和国民法通则》第65条的规定:“民事法律行为的委托代理,可以用书面形式,也可以用口头形式。”因此,一审判决的认定是主观片面的、与法不符,与已查明事实不符。

3. 一审判决漏查原告知晓被告是书面合同的委托人

原告在一审期间提交了证据“原告一与原告二之间的权利转让协议”。该证据清楚地表明“IP公司与唯冠集团旗下公司,包括但不限于唯冠电子股份有限公司,唯冠深圳(科技)有限公司和唯冠控股国际有限公司(以下合称‘唯冠集团’)达成协议,以购买唯冠在全球的IPAD商标。(权利转让协议第二段)”同时,该证据还确认“在中国的商标由唯冠科技(深圳)有限公司持有”。(权利转让协议第五段)

一审判决漏查该事实,致使本案商标是唯冠集团的集体交易、被告参加了商标交易和台湾唯冠代表被告签约等事实没有查明。

综上,一审判决认定事实不清,其中已查明事实被错误认定的有11宗、已查明事实没有认定的一宗、漏查事实二宗、虚构事实一宗,从而导致一审判决对事实的调查结果与向一审法院提交的证据显示的客观事实严重不符。

另外,一审法院只是有选择性的对部分邮件(第1、3、4、8、9、15、18、23、25号邮件)的内容予以了查明,对其他20份邮件的内容没有查明,而忽略这20份邮件,就等于改变了案件的基本事实。

三、一审法院排除适用约定的香港法没有法律依据

本案是一起由商标的国际转让引起的商标权属纠纷,相关的跨国法律关系等因素涉及不同的国家、地区,因而法律适用是案件审理的一个重要环节。依据《中华人民共和国合同法》的相关规定及当事人在合同中的有效选择,本案涉及的IPAD商标转让协议和其他国家商标转让文件应当适用香港法。

(一)合同约定适用香港法符合中国冲突法的规定

《中华人民共和国民法通则》第145条规定:“涉外合同的当事人可以选择处理合同争议所适用的法律,法律另有规定的除外。”

《中华人民共和国合同法》第126条规定:“涉外合同的当事人可以选择处理

合同争议所适用的法律,但法律另有规定的除外。”

《中华人民共和国涉外民事法律关系适用法》第48条规定:“知识产权的归属和内容,适用被请求保护地法律。”该法第49条规定:“当事人可以协议选择知识产权转让和许可使用适用的法律。当事人没有选择的,适用本法对合同的有关规定。”

同时,依照最高人民法院《关于审理涉外民事或商事合同纠纷案件适用法律若干问题的规定》第11条规定:“涉及香港特别行政区、澳门特别行政区的民事或商事合同的法律适用,参照本规定。”

有必要指出的是:本案IPAD商标不属于法律禁止性转让的标的,交易各方在书面协议中选择适用香港法不违反中国的法律规定。因此,本案商标转让合同的成立及效力应适用香港法。一审判决对本案不适用香港法没有提出理由和法律依据,其适用法律不当。

(二) 本案权属变动争议对中国法的适用不应取代香港法对商标转让合同的适用

一审原告提起的是商标权属纠纷案由,由于商标权属涉及商标转让合同,该合同已约定适用香港法,因此本案涉及两个法律关系的法律适用:商标权属法律适用;商标转让合同法律适用。前者适用中国法,后者适用香港法,二者没有冲突和矛盾,不违反中国冲突法的规定。

然而,一审判决在认定商标转让合同时以适用中国法取代适用香港法,显然适用法律不当。

(三) 适用香港法已获得无相反证据的证明

依据最高人民法院《关于审理涉外民事或商事合同纠纷案件适用法律若干问题的规定》第10条规定:“当事人对查明的外国法律内容经质证后无异议的,人民法院应予确认。当事人有异议的,由人民法院审查认定。”

一审期间,一审被告没有提出任何对香港法内容异议的证据,本案商标转让合同适用香港法已得到证明,一审判决不予适用,与法不符。

四、一审判决适用法律不当

由于本案商标转让合同适用香港法,因此,有关合同是否成立,合同效力均应

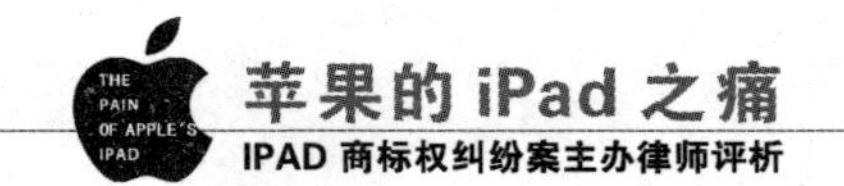

依据合同约定的香港法。一审判决在应适用何地法律和如何适用法律等问题上均有不当。根据香港法律,转让两个中国商标的协议对于被告同样具有约束力。就商标转让事宜,一审适用中国法而非香港法作出判断是不正确的。此外,退一步说,即使适用中国法,一审法院的法律适用也是不正确的。理由有以下几点:

(一)一审判决认定适用中国法没有法律依据

一审判决认为,“原告如果想要购买被告的商标,应当按照中华人民共和国相关的法律规定,与被告签订转让协议。”一审判决对本案签订转让合同要求适用中国法律没有法律依据。

需要指出的是,商标转让通常需要经过两个阶段:一是商标转让交易阶段;二是商标转让注册阶段。两者是两个不同的法律概念。前者是解决转让人与受让人交易的民事行为问题,当事人可以选择法律适用;后者是解决商标转让注册的行政管理问题,其注册行为应该遵守商标注册地法。本案纠纷发生在商标转让交易民事行为阶段,且转让合同约定了适用香港法,一审判决认定适用中国法,混淆了商标转让交易民事行为与商标转让注册行政管理行为的法律适用,属于适用法律不当。

(二)关于商标交易的适用法律错误

一审判决要求“商标交易负更高的注意义务”没有法律依据。(一审判决第20页第15行)

中国已入世10年,有关知识产权、商事的法律规定与各世贸成员国相关法律规定已趋于相近。为了正确理解本案,假设就是适用中国法,一审判决亦适用法律不当。

依照《中华人民共和国合同法》第13条、第14条、第21条之规定:当事人订立合同,采取要约、承诺的方式,内容具体确定,且意思表示真实。本案中,IP公司与深圳唯冠在谈判交易中均遵守了相关法律规则:双方要交易唯冠旗下8个国家和地区的10个商标,谈判交易内容与合同内容完全一致;同时指定台湾唯冠去签约;该商标转让交易自始至终体现的是原告与唯冠集团集体的真实意思表示。

事实上,本案涉及的商标转让协议已在IP公司和深圳唯冠之间成立:

深圳唯冠公司向英国IP公司发出指定付款指令:“支票应开立给唯冠电子股

份有限公司”;IP公司已按深圳唯冠指令向银行购买记名台湾唯冠的对价汇票、实施了支付行为。

2009年12月14日,Huy Yuan告诉英国IP公司:“我已将支票交到我们的财务部门,以确定是否可以承兑……我们为何不在12月23日召开一个会议,如果支票承兑没有问题的话。”正因为满足了深圳唯冠确认接收IP公司的汇票,书面协议才得以在2009年12月23日签署。

由此可见,不论是作为交易一方,还是作为唯冠集团集体交易的代表,是深圳唯冠要求IP公司向其支付对价,IP公司根据深圳唯冠的指示,履行了合同项下的主要义务,其中35 000英镑包含了涉案两商标的对价。依照《中华人民共和国合同法》第36条、第37条的规定,两者上述的行为已使合同成立。

一审判决提出商标交易应负更高的注意义务,更高的注意义务的标准是什么?法律依据又是什么?一审判决并没有提出。一审判决用更高的注意义务标准来衡量本案商标转让协议,属于于法无据、适用法律不当。

(三)假设应当适用中国法,就表见代理问题,相关的中国法律也没有被恰当适用

由于本案商标转让合同约定适用香港法,关于合同效力亦在香港法适用范围内。然而,即使假设适用中国法律,一审判决也未依据中国法对合同效力作出正确认定。

1. 一审判决认定无权代理

一审判决认定深圳唯冠未授权销售涉案商标是建立在“被上诉人与交易谈判过程和台湾唯冠签订书面合同”之间不存在关联性的错误事实认定基础上,从而认定台湾唯冠无权代理。由于是基于错误的事实,一审判决明显适用法律不当。

2. 表见代理

一审判决将表见代理增加了“没有相对人或相对当事人不明确”作为适用前提条件与法律规定不符。

依照《中华人民共和国合同法》第49条之规定,行为人就是合同表见代理一方,合同另一方则为相对人一方,合同双方是明确的。一审判决提出“没有相对人或相对当事人不明确”的标准与法不符。

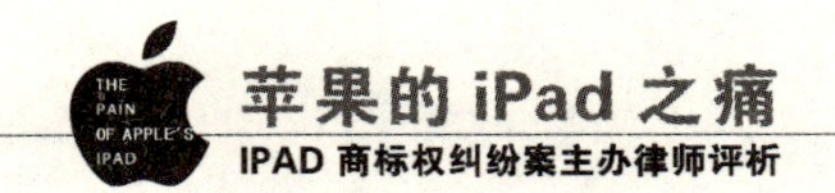

事实上，在本案商标国家转让合同中，麦××就是以台湾唯冠和被告名义的双重身份签订合同和合同附件，假设台湾唯冠没有代理权，麦××以被告名义签署合同附件就已经构成了表见代理。

五、即使再退一步讲，涉及 IPAD 商标的相关交易适用中国法，本案也应当按照以下几点适用中国法

（一）合同成立应适用实际履行地的法律规定

依照《中华人民共和国合同法》第 36 条之规定："法律、行政法规规定或者当事人约定采用书面形式订立合同，当事人未采用书面形式但一方已经履行主要义务，对方接受的，该合同成立。"

依照《中华人民共和国合同法》第 37 条之规定："采用合同书形式订立合同，在签字或者盖章之前，当事人一方已经履行主要义务，对方接受的，该合同成立。"

上述法律规定是基于保护交易安全的考虑、采取"实际履行"的合同成立原则。

本案英国 IP 公司与深圳唯冠之间的两件涉案商标交易符合实际履行合同成立的法律规定，其合法行为具体表现为：

1. IP 公司与深圳唯冠要约、承诺涉案两件商标与其他 8 件商标对价计 35 000 英镑；

2. IP 公司与深圳唯冠约定签订书面转让协议或商标行政法规规定应签订的商标注册转让合同；

3. 深圳唯冠指定商标转让款项（含两件涉案商标）支付至台湾唯冠；

4. 根据深圳唯冠指示，IP 公司履行了支付义务，而且该履行已为深圳唯冠所接受；

5. 深圳唯冠即使不认可台湾唯冠的签约代理，在深圳唯冠与 IP 公司单独签订书面合同或商标注册转让合同之前，由于相互交换的邮件达成了同意转让的意思表示，并且有实际履行合同义务的行为，涉案两商标已实际履行，合同已成立。

由于 IP 公司与深圳唯冠交换邮件和实际履行行为已使合同成立，因此双方行为完全符合《合同法》的相关规定，深圳唯冠不转让商标的行为，与法不符。

（二）合同效力应适用间接代理（隐名代理）的法律规定

从本案全面考察合同效力适用的法律来看，本案合同代理关系还可以适用《合同法》第402条之规定："受托人以自己的名义，在委托人的授权范围内与第三人订立的合同，第三人在订立合同时知道受托人与委托人之间的代理关系的，该合同直接约束委托人和第三人，但有确切证据证明该合同只约束受托人和第三人的除外。"

在本案商标转让合同交易中，深圳唯冠将其商标置于唯冠集团IPAD商标集体交易中，同时指定签约"安排在台湾台北"。故台湾唯冠成为唯冠集团及其各子公司指定的签署书面合同代理人。

深圳唯冠通过电子邮件安排台湾唯冠签署书面协议，委托关系已经成立。深圳唯冠在签订商标转让协议时显然是知道其与台湾唯冠的委托代理关系的（深圳唯冠安排台湾唯冠去签约的），故本案的商标转让协议也应当直接约束深圳唯冠。该事实确切反映了间接代理（隐名代理）法律关系，本案应适用《合同法》第402条之规定方为正确，深圳唯冠应承担不可推卸的商标转让合同义务。

（三）深圳唯冠法定代表人的行为应适用的法律规定

一审判决认定，涉案商标是深圳唯冠的财产，处分该商标应符合商标法的规定，杨荣山虽然是深圳唯冠的法定代表人，也无权随意处分公司财产。况且，在本案中杨荣山是以台湾唯冠的法定代表人身份出现，授权书的内容以及签名盖章的均是台湾唯冠，与深圳唯冠没有关系。

本案上诉人认为，一审判决对该事实的认定显然是错误的，理由如下：

1. 依据现行法律规定，公司法定代表人的行为即公司法人行为

《民法通则》第38条规定："依照法律或者法人组织章程规定，代表法人行使职权的负责人，是法人的法定代表人。"

该法第43条规定："企业法人对它的法定代表人和其他工作人员的经营活动，承担民事责任。"

《合同法》第50条规定："法人或者其他组织的法定代表人、负责人超越权限订立的合同，除相对人知道或者应当知道其超越权限的以外，该代表行为有效。"

《中华人民共和国合同法》第50条的规定是为了适应经济交易增加，保证交

易安全而在该法专门新增设定的条款。该条规定可称为“越权代表制度”，旨在维护交易安全，在法定条件下例外将法定代表人的越权代表行为或无权代表行为视为有权代表行为，并对其签署的合同赋予法律效力。这是因为，法人具有行为能力，通过自己的法人机关实现其意思表示，参加各项民事活动。法人机关在其权限范围内所为的一切民事行为，均为法人本身的行为，其行为后果由法人承担，而法定代表人是法人机关，对外有权代表法人为法律行为。

此外，在日常的经济活动中，法人的经济活动往往都是通过其法定代表人进行的，法定代表人代表其进行谈判，签订合同等。而法定代表人的权限不是无限制的，他们必须在法律的规定或法人章程规定的范围内行使职责。但是对于合同的相对人来说，他只认为法定代表人就代表法人，一般不知道也没有义务知道法定代表人的权限有哪些，法人的内容规定对合同相对方没有约束力。否则，将不利于保护交易安全，也不利于保护合同相对人的利益，对合同相对人也是不公平的，除非合同第三人并非出于善意。

2. 杨荣山是深圳唯冠的法定代表人，其行为对深圳唯冠有法律效力

本案中，杨荣山在台湾唯冠、深圳唯冠以及其他多家子公司担任法定代表人，以致法定代表人主体混同。虽然《商标转让协议书》是台湾唯冠与 IP 公司签订的，但其中涉及了两个深圳唯冠的注册商标。杨荣山对此完全知情，其作为深圳唯冠、台湾唯冠的法定代表人，授权麦××签署《商标转让协议》的行为应同时视为代表深圳唯冠。一审判决将杨荣山的多家公司法定代表人身份完全区分和隔离的做法是错误的，也不利于保护善意相对方的合法权益。根据《合同法》第 50 条的规定，杨荣山对外处置深圳唯冠注册商标的行为当然应当视为也代表了深圳唯冠，对深圳唯冠产生法律效力，即《商标转让协议》对深圳唯冠有约束力。

六、一审程序错误，台湾唯冠是本案的重要利害关系人，应依法追加为案件当事人

涉案《商标转让协议》是台湾唯冠与 IP 公司签订，台湾唯冠是合同签字方，对于法院查明案件事实意义重大。且台湾唯冠作为合同一方当事人，与本案的处理结果亦有重要的法律利害关系。因此，台湾唯冠应当作为必要共同诉讼人参加诉讼。

《中华人民共和国民事诉讼法》第 119 条规定:“必须共同进行诉讼的当事人没有参加诉讼的,人民法院应当通知其参加诉讼。”

最高人民法院《关于适用〈中华人民共和国民事诉讼法〉若干问题的意见》第 57 条规定:“必须共同进行诉讼的当事人没有参加诉讼的,人民法院应当依照民事诉讼法第一百一十九条的规定,通知其参加;当事人也可以向人民法院申请追加。”

根据上述法律规定,必须共同进行诉讼的当事人没有参加诉讼的,人民法院应当通知其参加诉讼。台湾唯冠作为本案共同诉讼当事人,理应参加诉讼,没有参加诉讼的,法院应当通知其参加诉讼。但一审法院并未追加或者通知台湾唯冠参加诉讼,最终造成本案一审事实认定不清甚至严重错误,直接导致了错误的一审判决。鉴于一审程序上出现的重大瑕疵,且已对本案一审判决造成了根本性的影响。根据《民事诉讼法》第 153 条第 4 项之规定:“原判决违反法定程序,可能影响案件正常判决的,裁定撤销原判决,发回原审人民法院重审。”因此,二审法院应将本案发回重审。

七、一审判决违背了“利益平衡”原则,有损社会公众利益

商标的基本功能就是识别商品来源,商标还具有商品的质量保障功能。保护商标权的根本出发点在于保护商誉和制止有损消费者的混淆。苹果公司的 iPad 产品进入中国大陆市场后,通过苹果公司的宣传、服务以及产品本身的优良品质,使 IPAD 商标与苹果平板电脑之间建立起了不可割裂的紧密联系。IPAD 商标发挥着独特地识别商品来源的作用,即消费者认为,IPAD 品牌的平板电脑就是苹果公司生产的电脑。IPAD 商标承载着苹果公司良好的商业信誉和产品质量。

一审判决不顾 IPAD 商标实际已经发挥的识别商品来源于苹果公司的作用,以及该商标与苹果公司的紧密联系,人为地将 IPAD 商标与苹果公司割裂开,不仅与客观事实不符,显然更背离了商标制度的本质和商标的基本识别功能。更为重要的事,如此判决,带来的后果必然是促使他人利用 IPAD 所承载的商业信誉和商品质量欺骗消费者,使消费者误认其购买、使用的平板电脑属于苹果公司的产品。最终受害的将是广大消费者。因此,如果一审判决得到支持,显然会损坏

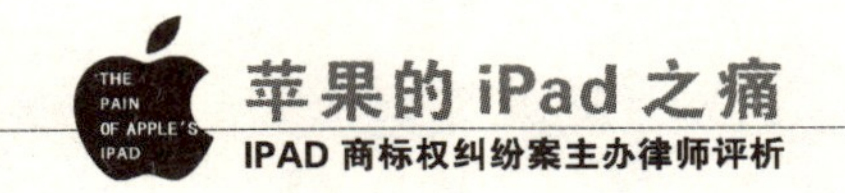

公共利益，背离保护商标权的基本价值。

另外，商标是一种使用在商业上的标识，商标的生命在于使用。没有使用的商标是对商标资源的侵占和浪费。深圳唯冠对于IPAD商标已经连续3年没有使用，根据商标法的规定应当予以撤销，对深圳唯冠而言，该商标在法律上对其已没有任何意义。这种所谓的权利人已经对商标没有实际使用的意图，只是将商标作为投机取巧的工具。一审判决无疑将助推这种丧失基本诚信行为的蔓延，损害中国社会基本的价值体系。

综上所述，一审认定事实不清，适用法律错误，上诉人特请求二审法院依法撤销一审判决，改判支持上诉人诉讼请求或将案件发回深圳中院重审，以保护上诉人的合法权益。

应当说，上诉状还是非常全面和充分地论述了苹果方的上诉理由。但也有以下几个微小瑕疵。一是重点不突出：每一个理由均是大段的铺陈，表达并不清晰，虽然论述很充分，但让人感觉不到焦点和要害；二是个别地方存在矛盾：最典型的例子即是表见代理与隐名代理的同时主张，令人疑惑。但瑕不掩瑜，上诉状很好地体现了苹果方律师的专业素养。

广东省高级人民法院受理了苹果公司及IP公司的上诉，并定于2012年2月29日开庭公开审理此案。

在广东省高级人民法院受理此上诉后，唯冠方面很快提交了答辩意见：

（2010）深中法民三初字第208、233号案二审
答辩状

尊敬的审判长、审判员：

就题述案件，本案上诉人IP申请发展有限公司和苹果公司（以下合称“被答辩人”）因不服原审深圳市中级人民法院（以下简称“一审法院”）作出的（2010）深中法民三初字第208、233号《民事判决书》（以下简称“一审判决”），

向贵院提起上诉。我方于2012年1月10日收到贵院送达的上诉状，我方唯冠科技（深圳）有限公司（以下简称“答辩人”）现依据相关法律提出以下答辩意见：

答辩人认为：被答辩人的上诉请求不能成立，请求合议庭依法驳回被答辩人的全部上诉请求，并由被答辩人承担本案诉讼费用。

第一部分　本案的基本事实

1. 涉案商标注册及使用

1.1　2001年6月21日，答辩人在商标国际分类号第9类获得“IPAD”注册商标专用权，商标注册号为1590557；2001年12月14日，答辩人在商标国际分类号第9类获得iPAD注册商标专用权，注册号为1682310（统称“涉案商标”）。

1.2　答辩人获得涉案商标专用权后即在其自行研制、开发的专业高清液晶彩色显示器上使用该商标，并将产品在市场上销售。同时，还有授权其他企业在不同类型的电子产品上使用该商标。

2. 涉案商标的流转

2.1　2009年12月23日，唯冠电子股份有限公司（以下简称“台湾唯冠”）与被答辩人IP公司签署协议。协议约定：台湾唯冠以35 000英镑对价向IP公司转让包括涉案商标在内的共10个商标以及商标所代表并附于商标之商誉、商标所述或所衍生的所有行为权利、权力及利益，包括向过去的侵权者追诉的权利。该协议的签署人为麦××和IP公司的董事Haydn Wood。

2.2　同日，台湾唯冠与IP公司签订《中国商标转让协议》（以下简称“《转让协议》”），约定台湾唯冠以1英镑的对价将涉案商标转让给被答辩人。该份协议的签署人仍为麦××和IP公司董事Haydn Wood。

2.3　2010年4月7日，两被答辩人签署协议，IP公司将其从台湾唯冠公司受让的包括涉案商标在内的10个商标及其相关权益以10英镑的对价一并转让给苹果公司。

3. 纠纷的发生

3.1 2010年4月被答辩人苹果公司在其生产的平板电脑产品上使用"IPAD"商标，并向包括中国大陆地区在内的世界市场销售上述商品。

3.2 答辩人获悉后向苹果公司提出，答辩人为涉案商标的真正权利人并要求苹果公司停止侵权、赔偿损失，但是苹果公司继续实施侵权行为。

3.3 2010年6月，苹果公司、IP公司向贵院提起诉讼，认为苹果公司依法取得了涉案商标的专用权，要求确认其为涉案商标专用权人，并以此为由申请查封保全了涉案商标。

第二部分　我们的答辩意见及理由

一、一审判决事实认定正确

一审判决正确认定，在交易谈判和《转让协议》的一方当事人都是台湾唯冠，而非本案答辩人，而且二者之间并无委托代理关系。

1. 答辩人不是《转让协议》的一方当事人

一审法院正确认定《转让协议》的当事人仅是台湾唯冠，而非答辩人。

《转让协议》第十一条约定："本协议及本协议提及的一切文件构成双方之间关于本协议标的的全部协议并取代先前关于该标的草案、协议、承诺、陈述、保证及任何性质的书面或口头安排。"由以上约定可知，《转让协议》为最终协议，之前任何有关的书面或口头安排全部作废。被答辩人所称转让协议签订前与英国唯冠及深圳唯冠员工进行商标转让的协商，基于该书面约定归于无效，所商议的任何内容以该转让协议为准。

《转让协议》明确宣示一方当事人是台湾唯冠，而且在签订该协议时麦××出具的《商标代理委托书》和《授权书》明确宣示授权人是台湾唯冠。因此，《转让协议》的一方当事人是台湾唯冠，而非答辩人。

2. 电子邮件证据缺乏证明力，需要通过司法鉴定确认其效力

一审法院对电子邮件证据的特性提出的合理怀疑，认为被答辩人未提出

邮箱使用人与商标转让过程中的自然人对应起来的证据，所以邮箱使用人不能代表答辩人。

答辩人认为一审法院的认定，适用法律是准确和严谨的，并且该合理怀疑是对认定电子邮件的证明力所必经的环节。电子邮件作为证据被采用，并不必然被采信，必须经过法官的认证后才能用作定案的根据。

首先，电子邮件缺乏证明力是由其自身的特点所决定的。电子邮件是以电磁或光信号等物理形式存在于各种存储介质上，这一特点决定了电子邮件可以被轻易地改变或删除，并且往往不留痕迹。电子邮件还能够无限制地、快速地复制。也正是由于这一特点，人们会对电子邮件及其电脑输出的书面材料所载信息的真实性提出疑问。电子邮件作为证据被认证时应审查以下几个方面：1. 电子邮件的生成；2. 电子邮件的存储；3. 电子邮件的传送；4. 电子邮件的收集；5. 电子邮件是否被删改。最难判断的是电子邮件的收发人是否与案件当事人具有关联性，电子邮件的保存，即是否被删节、修改过。对此法官不能仅凭自己的内心确信来评断，而应依据专业的技术鉴定综合衡量是否予以认定。

其次，电子邮件在诉讼中作为证据使用，与传统的书证有很大的区别，虽然其也是靠证据本身内容反映案件事实，但是其在真实性的认定上与传统书证有很大区别。电子邮箱地址与邮箱使用人难以确定唯一指向。在传统书证中，即使内容为打印件，也可以凭借当事人的签字和盖章基本确定其唯一指向；对于电子邮件而言，同一个人可以使用若干不同的邮箱地址，如果没有内容真实、准确的邮箱注册信息，很难确定邮箱地址和其使用人之间的唯一对应关系，使用人的邮箱地址并不能反映任何个性化、唯一性特征。另外，电子邮件作为以电子形式实现内容展示证据，很容易被增删、修改。例如，转发的电子邮件其内容是可以随意修改的，即使对于首次生成、发出的电子邮件，也可以通过技术手段在其传输、接受的过程中，甚至接受以后被篡改。

最后，被答辩人强行无理建立其与答辩人之间的关系。被答辩人为了达到其牟取答辩人涉案商标的目的，肆意曲解甚至无视IP公司与台湾唯冠之间签订的商标转让协议，强行无理建立其与答辩人之间有涉案商标转让关系。

时而通过莫须有的电子邮件主张其商标交易对象为答辩人;时而主张其交易对象是所谓的"唯冠集团"、"唯冠"。本案自始至终,被答辩人从未向合议庭明确其本次商标交易对象到底是谁。被答辩人为了自圆其说,甚至创造出"集体交易"的概念,对此,答辩人不知是否对独立法人制度有清晰正确的认知?

任何证据必须经过法官的认证后才能用作定案的根据。所谓认证,即法官对案件中涉及的证据加以审查认定,以确定其证明力或证据力大小,从而判断是否作为定案证据的一种诉讼活动。本案中,因电子邮件作为证据,具有上述天然缺陷,不能排除如一审法官提出的合理怀疑。因此,对于电子邮件的认定决不能仅凭对电子邮件打印件的公证,而应首先通过专门的技术手段确定其真实性,在确定其真实性的基础上分析其与案件之间的关联。

3. Huy Yuan 和麦××无权代理答辩人

再退一步讲,即使电子邮件有一定的证明力,被答辩人也从未提交任何有效证据证明 Huy Yuan 和麦××有权代理答辩人处分其商标财产。

被答辩人认为 Huy Yuan 有权使用答辩人的企业邮箱,就代表其有权处分答辩人的商标是不符合逻辑的。使用企业邮箱和授权处分商标是两个互相独立的授权内容,不能混为一谈。处分答辩人公司商标财产需要公司法人代表的特别授权,因被答辩人未提交任何 Huy Yuan 被答辩人授权处分商标的证据,所以 Huy Yuan 无权在商标转让事宜上代表答辩人。

同理,仅因麦××有权使用答辩人企业邮箱,并不能得出麦××就有权代理答辩人处分其商标,对此被答辩人不能提交任何相关证据。

所以一审法院仅能从《转让协议》和杨荣山出具的《授权书》、《商标代理委托书》所载内容推断麦××的代理权限。而上述法律文件均明确宣示该授权人为台湾唯冠,而非答辩人。所以,虽然《转让协议》中附有答辩人涉案商标注册证书,但不能反推麦××就拥有了答辩人的授权。另外,麦××在签订《转让协议》时提交的名片未显示他是答辩人的职员,行使台湾唯冠授权时与答辩人无关。

根据《中华人民共和国民事诉讼法》第六十四条的规定:"当事人对自己提出的主张,有责任提供证据……人民法院应当按照法定程序,全面地、客观地审查核实证据。”被答辩人仅以已经被《转让协议》宣告作废的邮件内容证明其主张，所以被答辩人未提交充分的证据证明 Huy Yuan 和麦××有代理答辩人处分其商标财产的权限。因此其主张答辩人通过授权上述二人的方式而成为交易谈判和签订合同一方当事人的事实根本无法成立。

4. 答辩人不是《转让协议》的履行方

被答辩人不仅不是《转让协议》的签约当事人，也未参与任何商标转让活动。被答辩人提交的35 000英镑转账证据明确宣示收款人只是台湾唯冠，而且被答辩人未提交任何证据证明答辩人收到过该笔款项，或者由台湾唯冠转付给答辩人。被答辩人上诉辩称答辩人委托台湾唯冠签订商标转让合同、收取商标转让款，毫无事实依据，也不符合逻辑。

《中华人民共和国商标法》第三十九条规定：“转让注册商标的，转让人和受让人应当签订转让协议，并共同向商标局提出申请。受让人应当保证使用该注册商标的商品质量。转让注册商标经核准后，予以公告。受让人自公告之日起享有商标专用权。”

根据上述法律规定可知，转让中国商标，除了应当以自己的名义签订书面的转让协议外，转让人和受让人还应当到商标局办理申请、备案等手续，这些都是商标转让的法定义务。被答辩人作为对中国知识产权法十分了解的跨国公司，不会认可答辩人委托台湾唯冠来签订大陆商标转让协议（包括国家转让协议）和办理商标转让手续吧，显然，被答辩人在上诉状中辩称的“委托关系”是自己都不会相信的谎言。

综上所述，答辩人不是《转让协议》和履行的一方当事人，被答辩人提交的电子邮件证据缺乏证明力，且答辩人也未授权 Huy Yuan 和麦××代表答辩人参与交易谈判。以上事实均证明，整个交易中被答辩人一直交易的对象是台湾唯冠，而非答辩人。一审法院基于此，并结合其他相关证据对本案案件事实作出认定是符合法律规定的，不存在被答辩人所谓的事实认定错误，甚至所谓颠倒事实的情况。

二、一审法院无需审理法律适用争议

答辩人与被答辩人之间并无法律适用协议，即使有，被答辩人也已放弃适

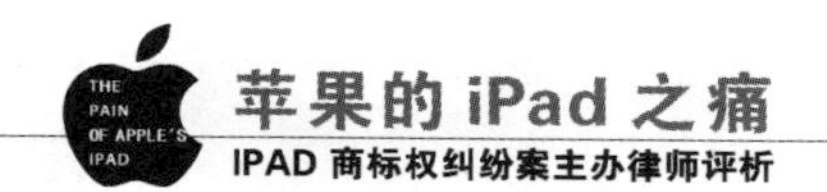

用香港法律，因此法院无需对该争议进行审理。

1. 答辩人、被答辩人之间没有关于法律适用的协议

最高人民法院《关于审理涉外民事或商事合同纠纷案件法律适用若干问题的规定》第三条规定："当事人选择或者变更选择合同争议应适用的法律，应当以明示的方式进行。"可见，关于境外法律的适用，当事人明示的选择优先。

如前所述，《转让协议》的主体为IP公司和台湾唯冠，而本案争议的当事人则是苹果公司、IP公司和答辩人。苹果公司和答辩人不是《转让协议》的主体，不受协议的约束。因此被答辩人提出要求适用《转让协议》约定适用的香港法律来解决其与苹果公司和答辩人之间的争议，毫无根据。

被答辩人在开庭时向法庭明确本案性质为商标确权纠纷，并且已经法庭确认。被答辩人提供的确权依据即商标转让协议，从形式到内容都是明确的，被答辩人并没有提出变更主体的诉讼请求，故无需就此进行审理，亦无需讨论商标转让协议的法律适用问题。

2. 即使双方有法律适用协议，被答辩人已放弃适用香港法律

被答辩人在其《起诉状》中就要求法院适用中国大陆法律审理本案构成对适用香港法律的放弃。

被答辩人在《起诉状》中表示："依照《中华人民共和国民法通则》第七十二条、第一百一十一条、《中华人民共和国商标法》第三十九条之规定"，请求法院依法判令涉案商标归其所有。被答辩人依据上述规定提起诉讼，表明被答辩人已主动要求法院适用中国大陆地区法律对涉案商标转让协议问题予以审理，而放弃适用香港法律。因此，应视为被答辩人同意本案适用中国商标法及相关法律进行审理。

3. 双方当庭同意本案确权纠纷适用中国大陆法律

本案一审庭审过程中，就本案的法律适用问题，法官征求双方意见，双方都当庭表示同意本案确权纠纷适用中国大陆法律解决。被答辩人上诉时又反悔提出要求适用香港法律，一方面证明了被答辩人知道适用中国大陆法律其诉求无法得到支持，另一方面则表明了被答辩人没有诚信、出尔反尔。

4. 本案应当适用中国大陆法律

如前所述，本案不适用《转让协议》的法律适用约定，且被答辩人放弃了适用香港法律。本案争议性质已经当庭明确为确权纠纷，并非商标转让合同纠纷，但商标转让取得的确权还是以商标转让行为为基础。本案应当按照"最密切联系地原则"适用中国大陆法律。

最高人民法院《关于审理涉外民事或商事合同纠纷案件法律适用若干问题的规定》第五条规定："当事人未选择合同争议应适用的法律的，适用与合同有最密切联系的国家或者地区的法律。人民法院根据最密切联系原则确定合同争议应适用的法律时，应根据合同的特殊性质，以及某一方当事人履行的义务最能体现合同的本质特性等因素，确定与合同有最密切联系的国家或者地区的法律作为合同的准据法……"

最密切联系地应该是商标注册地的法律。本案争议的标的物是中国大陆注册的商标，所以应当适用中国大陆法律。

综上所述，答辩人和苹果公司不是商标转让协议的主体，不受协议内容约束，被答辩人在起诉时已放弃适用香港法律。而且，本案作为中国商标确权纠纷，根据"最密切联系地原则"应当适用中国大陆法律。并且一审过程中双方已经明确表示同意本案适用中国大陆法律。因此，本案在法律适用问题上是没有争议的，因此法院无需对其效力问题进行审理。

三、台湾唯冠与答辩人之间不构成任何代理关系

一审法院认为台湾唯冠与答辩人之间不构成表见代理关系，事实清楚，法律适用正确。而且被答辩人也未提交充分证据证明二者之间有间接代理（隐名代理）关系。

1. 台湾唯冠与答辩人之间不构成表见代理

《中华人民共和国合同法》第49条规定："行为人没有代理权、超越代理权或者代理权终止后以被代理人名义订立合同，相对人有理由相信行为人有代理权的，该代理行为有效。"

最高人民法院《关于当前形势下审理民商事合同纠纷案件若干问题的指

导意见》第 4 条规定:"……合同法第四十九规定的表见代理制度不仅要求代理人的无权代理行为在客观上形成具有代理权的表象,而且要求相对人在主观上善意且无过失地相信行为人有代理权。合同相对人主张构成表见代理的,应当承担举证责任,不仅应当举证证明代理行为存在诸如合同书、公章、印鉴等有权代理的客观表象形式要素,而且应当证明其善意且无过失地相信行为人具有代理权。

人民法院在判断合同相对人主观上是否属于善意且无过失时,应当结合合同缔结与履行过程中的各种因素综合判断合同相对人是否尽到合理注意义务,此外还要考虑合同的缔结时间、以谁的名义签字……作出综合分析判断。"

根据上述法律可知,构成表见代理,应满足:

(1) 行为人实际无代理权;

(2) 被代理人有一定过失;

(3) 相对人善意(知道或应当知道)且无过失;

(4) 合同相对人负存在足以让其有理由相信行为人有代理权的举证责任。

分析本案事实,麦 × × 代表台湾唯冠签署《转让协议》的行为根本不构成对深圳唯冠的表见代理,具体如下:

首先,《转让协议》、《授权书》和《商标代理委托书》明确宣示该授权人为台湾唯冠,并非答辩人。因此,对于《转让协议》的合同双方是明确的,授权代表麦 × × 代表台湾唯冠也是明确的,甚至是 IP 公司的要求。表见代理的前提是行为人的代理权限不明确,致使合同相对人产生误认的情况,而本案中麦 × × 的代理权是明确无误的,IP 公司对此也是明知并完全接受的,被答辩人主张表见代理没有前提。

其次,即使表见代理前提存在,答辩人在商标转让过程中并未授权任何人作出任何转让行为,也不存在任何过错。而被答辩人恰恰相反,IP 公司明知或应知 IPAD 大陆商标为深圳唯冠所有,还和另一独立法人台湾唯冠签订内容明确的转让协议,不属善意相对人,若非故意也属重大过失。因此,本案根本不具备表见代理的主要条件。

最后,被答辩人没有尽到其举证责任。正如以上法律要求,被答辩人要至少证明“代理行为存在诸如合同书、公章、印鉴等有权代理的客观表象形式要素”,而本案《转让协议》白纸黑字清晰显示,是以台湾唯冠的名义签署,加盖台湾唯冠的公章,没有任何证据显示答辩人曾授权麦××签署《转让协议》,或者有足够表面特征使第三人相信其获得了答辩人的授权。

因此,被答辩人在上诉时坚持的表见代理根本不成立,无非是其理屈词穷时的一种说法。

2. 台湾唯冠与答辩人之间不构成间接代理(隐名代理)

答辩人注意到,被答辩人在上诉时不再就表见代理进行纠缠,转而提出一个新观点:间接代理。而被答辩人未提供任何证据证明台湾唯冠与答辩人存在间接代理关系。

我国法律对间接代理(隐名代理)的具体规定体现在《中华人民共和国合同法》第四百零二条,该条规定:“受托人以自己的名义,在委托人的授权范围内与第三人订立的合同,第三人在订立合同时知道受托人与委托人之间的代理关系的,该合同直接约束委托人和第三人,但有确切证据证明该合同只约束受托人和第三人的除外。”

被答辩人上诉时称:“深圳唯冠通过电子邮件安排台湾唯冠签署书面协议,委托关系成立。深圳唯冠在签订商标转让协议时显然是知道其与台湾唯冠之间的委托代理关系的(深圳唯冠安排台湾唯冠去签约的),故本案的商标转让协议也应当直接约束深圳唯冠。”

不难发现,被答辩人的所谓间接代理是建立在混淆法律规定第三人的指代基础上的。法律规定第三人为合同相对人,本案中应为《转让协议》中的IP公司,而被答辩人在上诉状中将第三人指代为深圳唯冠,这是与间接代理的法律规定根本不符的。

由上述法律可知,只有在第三人订立合同时知道受托人与委托人之间有代理关系,且无确切相反证明的情况下,委托人和第三人才受该合同的约束。本案中,间接代理的两个特征都不具备,第一,台湾唯冠并没有收到深圳唯冠的委托;第二,第三人IP公司在订立转让协议时并不知道深圳唯冠与台湾唯冠的委托关系(事实上根本不存在),因此,被答辩人主张的间接代理完全没

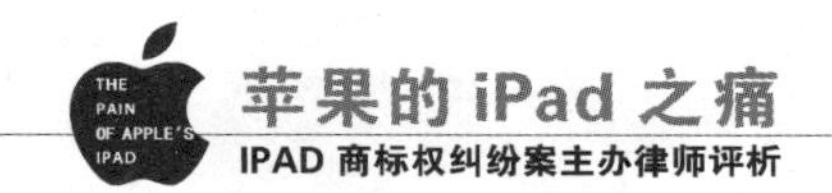

有事实依据和法律依据，纯属信口开河。

另一方面，若按照被答辩人上诉时主张其在协商商标转让时就知道深圳唯冠委托台湾唯冠签订大陆商标的转让协议，那么，理应要求麦××出示深圳唯冠的授权委托书，而不仅仅是台湾唯冠的授权委托书。

综上所述，被答辩人所主张的其与答辩人之间存在表见代理和间接代理，毫无法律根据，应当依法被驳回。

四、台湾唯冠不是本案必须参加诉讼的当事人

台湾唯冠与本案无关，且台湾唯冠是否参加诉讼与本案判决是否公正毫无关系。

《中华人民共和国民事诉讼法》第一百一十九条规定的“必须共同进行诉讼的当事人”，通常是指“必要共同诉讼人”——通常基于共有，即当事人的诉讼标的是共同的，人民法院必须合并审理的当事人。根据《民事诉讼法》、《民诉法意见》、《最高人民法院关于审理人身损害赔偿案件适用法律若干问题的解释》、《最高人民法院关于适用〈中华人民共和国担保法〉若干问题的解释》等规定，必要共同诉讼人主要包括下列情形：

(1) 挂靠关系中的挂靠者与被挂靠者作为共同诉讼人；

(2) 个体工商户与实际经营者不一致时应作为共同诉讼人；

(3) 个人合伙中的合伙人作为共同诉讼人；

(4) 企业法人分立的，应以分立后的法人为共同诉讼人；

(5) 借用业务介绍信、合同专用章等关系中出借单位与借用人应为共同诉讼人；

(6) 保证关系中的共同诉讼人；

(7) 继承关系中未一同起诉的其他继承人应当作为共同原告；

(8) 共同侵权案件中的共同被告；

(9) 从事住宿、餐饮等经营活动的纠纷；

(10) 帮工活动引起的纠纷；

(11) 动产质押引起的纠纷；

(12) 企业法人的分支机构保证引起的纠纷；

(13) 债务人和担保人作为共同被告等。

本案情形不属于上述法律法规所列举的任何一种必要共同诉讼的情形。又因为本案争议的标的是商标权属的法律关系，涉案商标的产权归属明晰，涉案商标归属答辩人所有，台湾唯冠只是《转让协议》的一方当事人，其与答辩人之间无委托代理关系，所以台湾唯冠与本案确权纠纷无任何法律关系，即台湾唯冠根本不是所谓的本案“必须共同进行诉讼的当事人”。

而且，作为一审原告的被答辩人本身也不认为台湾唯冠为本案的必须共同进行诉讼的当事人，否则，在起诉时被答辩人有权依法起诉其为被告。被答辩人在上诉时提出这个观点并认为一审法院没有追加属程序错误，纯属对法律的曲解和对一审法院的栽赃。被答辩人提出该程序问题，无非是为了拖延二审程序，给自己的侵权行为争取时间。

综上，台湾唯冠不属于本案的必要共同诉讼人，且其是否参与本案诉讼与本案的公正审理无关，法院没有必要追加其为必要共同诉讼人。一审程序正确，被答辩人上诉主张无理。

五、一审判决维护了法律的权威和公正，利益平衡之说是苹果公司为其强盗行径辩解

被答辩人上诉状辩称：“保护商标权的根本出发点在于保护商誉和制止有损消费者的混淆。苹果公司的 iPad 产品进入中国大陆市场后，通过苹果公司的宣传、服务及产品本身的优良品质，使 IPAD 商标与苹果公司的平板电脑之间建立起不可分的紧密联系。”因此，中国法律和法院应保护这种“紧密联系”。

从被答辩人的辩解不难发现，被答辩人要求法律保护 IPAD 商标与苹果产品之间的紧密联系，而不管这一联系是如何建立的。事实上，被答辩人的所谓紧密联系是建立在侵犯别人合法商标的基础上，其逻辑就是：我是跨国公司——我的产品有影响——我用了你的商标——你的商标就是我的了，否则，我制造的产品与你商标之间的紧密联系被侵犯了。这明显是贼喊捉贼，一个通过违法行为取得的利益不可能得到法律保护，否则，中国的知识产权法在跨

国公司和美国经济强权面前形同虚设。

而且,利益平衡原则通常用在商标使用者的行为对他人商标构成侵权的前提下,以保护消费者利益为由提出的一种免责事由。显然,在本案中苹果公司抛出该论点事实上表明苹果公司已经对其商标侵权行为供认不讳了。

苹果公司的贴有答辩人所有商标的产品虽然在中国大陆享有较高的知名度,但在中国法律面前,本质还是侵权行为,是践踏他人的合法权利的强盗行径。而今,被答辩人上诉就是滥用诉讼权利,以合法方式达到获得非法的利益的意图显露无遗。

我们在这里重申,在尊重事实和中国法律的前提下,本案的争议的起因与答辩人毫无关系。答辩人依照中国法律取得涉案商标的合法所有权。而被答辩人,作为国际知名的具有良好商业信誉的商业巨擘,主观上存在恶意抢夺他人商标的故意,客观上无视中国法律,在未按照我国法律规定取得商标所有权或所有权人同意的情况下,恶意在中国发售贴有答辩人所有的商标的产品。其行为已经构成了我国法律下的知识产权侵权,而该行为实质上是一种强盗行径,该行为不可能产生合法的法律后果。对此,作为真正受害者的答辩人,我们深表遗憾。同时,答辩表示保留进一步向被答辩人追究侵权赔偿的权利。

综上所述,为维护我国司法公正,树立法律权威,保护知识产权公平竞争的市场秩序,答辩人请求贵院依法驳回被答辩人的全部诉讼请求,维持原判。

此致

广东省高级人民法院

答辩人:唯冠科技(深圳)有限公司

二〇一二年一月十七日

苹果上诉后，各界对其胜算多加揣测。大多数人认为，苹果目前仍提供不出有力的新证据，苹果寄望终审翻盘的希望渺茫，还是寄希望于和解较为有利。而这时，深圳唯冠方面也在继续释放和解信号，比如谢湘辉律师就对媒体表示，相比于在法庭上“兵戎相见”，深圳唯冠更期望与苹果达成和解。他认为，深圳唯冠希望能保护自身权益，苹果也有和解的需要，“尽管距离终审开庭还有不到半个月时间，但和解是最佳方式，欢迎苹果正式提出和解谈判”。

第九章
其他行动

唯冠新闻发布会

就在二审开庭前,2012年2月15日,苹果首度打破沉默作出了声明,指责深圳唯冠不履行协议,同时曝光了此前声称的香港法庭在IPAD商标案中支持该公司的判决书,还有在一审时没有出示的众多疑似2009年时IP公司相关代表和唯冠科技工作人员的邮件。

这份所谓香港法院的判决书长达18页,主要判词内容如下:

> 所有被告的行为显示出,他们曾带着共同的意图联合起来违反协议条款,从而损害了苹果和IP Application的利益。唯冠控股、唯冠电子和唯冠深圳都明显处在唯冠CEO杨荣山的控制下,它们拒绝此前任何措施来确保协议规定被遵循,从而将IPAD中国商标正确地转让给苹果。它们反而尝试利用这一状况作为唯冠集团的商业机会,寻求从苹果那里获得1 000万美元。

这份判决书明显支持了苹果公司和IP公司,认为唯冠是想通过违约的方式获取一定的利益。而新公布的一些往来邮件也引发了一些猜测,有人甚至怀疑苹果是买通了深圳唯冠内部的员工搞到的这些邮件。新的变化似乎对深圳唯冠一方有些不利。

很快,深圳唯冠的代理律师们就作出了回应。肖才元律师表示,苹果的说法是根本不成立的,深圳唯冠没有出具授权手续,苹果公司连应该向谁购买这个商标权都没搞清楚。而对于中国香港法院判决支持一点,肖才元表示怀疑,他提到,目前中国香港法院连一次正式的开庭都没有。谢湘辉律师也提到,"苹果在香港起诉深圳唯冠的案件仍处于证据交换阶段,还没开庭,怎么能说法院支持苹果呢?”而马东晓律师回应称:“这个声明在两点上存在问题:首先,没有说清是哪个唯冠公司。因为实际上存在着数个唯冠,包括有台湾唯冠、唯冠控股和深圳唯冠、唯冠光电。其次,和苹果签订商标转移的是台湾唯冠,而深圳唯冠从未和苹果公司有过相关协议,这点在苹果一审败诉中就已经得到了法院确定。”此外,马东晓律师也认为,所谓的“香港法院支持”毫无根据。“2010 年时,苹果公司在香港高等法院起诉了我们,主要内容是要求法院颁布禁令,禁止深圳唯冠在苹果与唯冠谈判购买商标权期间转让或出售其拥有的 IPAD 商标权。但过去了近两年时间,这场官司甚至还没有进入庭审阶段,何谈法院支持苹果公司?而且实际上,这场官司的结果对内地毫无影响,苹果提到‘香港法院支持’既没有证据也没有意义。”第二天,和君创业总裁李肃在微博上回应称,美国前五大律师事务所急迫要求风险代理 IPAD 商标权纠纷案,并按欺诈起诉苹果索赔 20 亿美元,似乎是对苹果称香港法院已经支持的回击。

2012 年 2 月 17 日,深圳唯冠在北京召开了新闻发布会,唯冠总裁杨荣山首次公开接受了媒体的采访。

此次发布会就在国浩律师事务所北京办公室的大会议室中举行。与杨荣山同时出席发布会的还有和君创业总裁李肃和深圳唯冠代理律师之一马东晓。当日到场采访的媒体多达六十余家,将国浩律师事务所宽大的会议室挤得水泄不通,许多迟到的媒体甚至只能站在会议室门口旁听。

图 9-1　杨荣山在深圳唯冠商标维权新闻发布会上(图片来源:网易科技频道)

在此次新闻发布会上，由杨荣山、马东晓和李肃为到场记者介绍了IPAD商标的由来、与苹果的恩怨等一些此前没有详细公开的内容。由于当事人讲述的很多事为亲身所经历，为了尽量保留其中的信息，笔者将发布会录音整理如下，仅作部分删减：

发布会开始后，首先由杨荣山向媒体介绍了案件的情况。

杨荣山：

各位媒体大家好，很高兴今天在此跟各位见面。事实上我这次来北京不是为新闻发布会来的，我是来见我的投资人，刚好受李肃先生之邀，也趁这个机会在此跟各位以讲故事的方式让各位了解这个iPad事件的前因后果。

我们谈到这个iPad，它实际上是一个产品的名称，当然也是一个注册商标。为什么说它是产品名称呢？它的全名应该是叫Internet Personal Access Device(IPAD)，中文翻译叫网络个人接入设备。这个产品是唯冠在1998年下半年开始设计的，当时唯冠投入了巨大的资金，我们当时投入大概超过3 000万美金来开发这一系列的产品。IPAD实际上是在我们iFamily，就是i家庭的一项产品，我们除了IPAD以外，我们也有iSYSTEM、iWEB、iDVD等的产品。当时我们是跟美国国家半导体合作，在2000年，我们也在香港作了一个全球性的新闻发布会，当时的概念实际上就是因为网络的发达，有太多的功能我们都可以透过网络去达到它的目的，不需要把所有的功能都安置在目前的电脑里头。所以说当时设计这个产品，跟现在大家所喜好的iPad实际上是一样的，所以说它就是一个概念性的产品，我相信我们应该是属于很创新的一个。只是在1998年的时候，当时的平板显示还不那么普及，而且是非常的贵，所以说我们第一代的IPAD，实际上是CRT，就是阴极显像管做的，但一样会有触摸屏。

而当时的iPad产品，已经行销到了世界各地，我们当时在英国通过欧洲最大的联盟家电在欧洲销售。在美国，因为我们没有拿到IPAD商标，所以实际上我们在美国当时是以OEM的形态卖给了美国的惠普公司。在墨西哥，我们跟它的教育部合作，希望把这个iPad产品推及到所有的学生，让学生可以很便宜去使用到电脑，从Internet网络上得到学习。在巴西我们也是跟教育部，甚至跟它们的电信公司也有过合作。很遗憾的就是，我们当时应该是进入 iPad 产品比较早，所以当时在用 CRT 在操作的时候，因为 CRT 里头是用大概 22 000 伏的高压去显示本身的效果，在很多比较干燥的地区，像美国的达拉斯、德国这些干燥地区，很容易让触摸屏产生误动作。所以 iPad 对我们来讲没有很成功。

图 9-2　唯冠 iFamily 产品介绍一

当时我们也做了全球商标的注册，各位知道，我们这次跟苹果的商标交易里面，牵扯到欧盟，还有一些国家比如墨西哥，这些以国家算有 31 个，因为仅欧盟就二十多个国家。我们当时不能注册的地区，应该多是日本松下他们一些公司注册的，所以我预估苹果应该也是从这些公司买的其他 IPAD 商标。

从 2003 年以后，我们也不断去研究新一代 iPad 产品，2004 年，我们跟摩托罗拉合作的时候，当时我们唯冠还不是一个很大的公司，我们能够在摩托罗拉全球 50 个目标合作伙伴中脱颖而出，事实上，iPad 技术对我们是有很大加分的，因为我们当时跟摩托罗拉合作的内容就是一个智慧演绎家庭，实际上就是 iTV 这种概念。

我们跟苹果早就有过交手。在2003年当苹果去注册欧洲iPod随身听的时候,实际上唯冠就阻止过苹果的注册。我们历经3年的时间缠讼,也花费了很多,最终我们放弃继续跟他缠讼,我们撤销了对它的抗辩,这是我们第一次跟苹果的交锋。

紧接着,李肃对杨荣山所说的进行了补充。

李肃:

因为近似商标差一个字,一个是a,一个是o,当时在英国注册,(苹果)注册不出来,所以跟我们产生了诉讼,当时花了很多钱,最后打了这场官司。另外我加一句,就在它们1998年开发这个产品一直到卖,到跟它们打官司这个期间,是唯冠公司最快速发展的一个期间,最后发展到2002年、2003年的时候,已经是全世界前五强的电脑显示器制造商之一,应该说当年最高的时候已经到一百多亿元销售收入,做得相当好。所以实际上,唯冠公司的发展跟IPAD产品的开发过程一直是同步走的,一直到发展到前五强的制造商。

杨荣山:

没错,唯冠过去十几年的发展一直围绕着我们刚才讲的iFamily。我们刚才讲到和摩托罗拉的合作。到2005年的时候,我们合作在做液晶电视的时候,也开发了一系列的跟IPAD有关联的产品,我们当时叫iPOS,当时也应该算是全球创新。所以说,我们在快速的两三年时间里,就把液晶电视的代工做到全球的第三大。当时,对国内的基本上各位所知道的六大品牌,我们都曾经帮它们做过代工。很遗憾的是,在2008年金融风暴的时候,唯冠受了巨大的伤害。当然金融风暴是一个原因,主要是我们美国两个最大的客户发生的倒闭,因为当时每个月深圳厂应收达到2亿美元,我们手上库存有4亿—5亿美元,当时的液晶屏均价在250美元,就在短短的3—4个月时间,从250美元掉到均价140美元,等于就是60%存货叠加损失掉了。而在2008年这一年当中,我们给银行还款以及供应商还款,主要供应商的还款达到20亿元人民币。所以各位可以想象,我们在2008年一年里面,出现了非常大的现金流失,这是造成唯冠产生巨大财务问题的一个因素。

由于唯冠从1990年就来到中国，在中国也有了20年的基础，政府也很看重唯冠过去的贡献。所以在深圳市政府的支持下，召集了银行，一定要协助唯冠进行重整。实际上到今天为止，我们还在继续努力。在这个过程中，在2009年我们就因IPAD注册商标发生了和苹果之间的争议，我大概的把跟苹果的交易给各位作了一个说明。

在2009年8月左右，应该是他们精心设计的，苹果指定由他们的一些代理律师，在英国设立了一家公司，这个公司简称叫IPADL(即IP公司)。然后它就跟我们唯冠英国公司的同事托马斯(timothy lo——作者注)联系，说我们公司只设立了7天，得知你们有IPAD商标。因为你们IPAD商标跟我们公司的简称IPADL很相似，所以我们想要跟你们买商标。当时商谈的商标实际上是在欧洲注册的商标——原来是谈英国的注册商标，但英国商标注册在欧共体，所以商谈的时候谈的是欧洲注册商标。然后我们的同事问IPADL，你们做什么产品，他们说我们公司刚设立7天，商品的方向还没有定，但是我们跟你们保证，我们不会跟唯冠竞争，不竞争的承诺前后有三四次。跟我们接触的这个律师，也是用的假名字跟我们接触的，就是想要欧洲的商标。IPADL开始要求我们的同事提供关于唯冠在全球注册商标的详情，我们同事当然就把所有的资讯透露给了他。当时因为我们刚好处于2009年的财务危机中，所以整个公司的策略就是要把海外业务做一个收缩。我们当时在海外总共有将近20个工厂、办事处，在发生金融危机以后，我们意识到必须要把战线缩短，所以采取这样一个收缩的策略。就在这样一种情况下，我们在台北的一个麦律师跟我说，苹果要买IPAD商标，我就问他说这个商标是在哪里，由哪个公司注册的？他说是台北公司注册的。当时我就问台北公司有没有想继续持有这个商标，因为当时台北公司我们也是要收缩的。在这个过程当中，IPADL公司跟我们不断协商，开始时出价是2万英镑，当时这个同事来问我(价格是否合适)，被我骂了出去，我就说连注册费都不止2万。

后来IPADL公司写了一个邮件说："我们认为2万是一个合适的价格，如果你们再要求更多的话，我们会利用法律诉讼的方式去申请撤销你们的IPAD商标。"当时唯冠在2003、2004年跟苹果维护IPAD商标的时候，在阻止

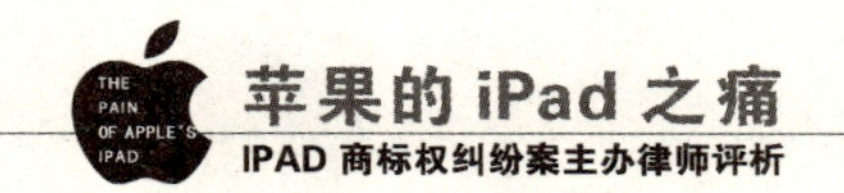

它注册商标的时候,实际上花了很多的钱,所以(既然)当时台北公司面临要收缩,又有这一种应该属于威胁的做法吧,(同事)他们就主张说卖了,卖了还有钱拿,如果继续的话不晓得会花费多少律师费,就(出于)这样的原因要卖掉。应该是在12月,在台北签了一个协议。

为什么今天会有这个争议呢?就是在签约里面,在一个附件里面的商标权证里,有把中国商标权证附在里头,这是我们整个的争议点所在。对于深圳唯冠来讲,第一,它还要使用(这个商标)。第二,它还有商标授权(许可使用——作者注)。所以事实上它没有表示出任何想卖的意图,也没有授权,也没有签约,种种都没有。

所以在2010年1月27号苹果举行了全球iPad产品的发布会以后,我们才知道,原来IPADL公司的背后实际上就是苹果公司,(心里)有一种被骗的感觉。这种事情从亚洲人的观点,他可能会认为你很傻,你没有好好把这个事情查清楚。但是作为一个美国公司(不应该这样),事实上,美国是有一个公平交易法的,虽然法律不是我的专长,但是同美国律师(交流过),他们认为苹果这种行为,事实上是触犯了美国的法律。这个事情就像我说的,我不熟悉法律,我们就留给美国的律师就这个事情去论证或者去寻求法律的途径,我要说的就是这样一个经过。

事情经过这一段时间媒体的报道,引起国内广大民众的关注,在媒体上我们也感觉到有很多的误解,所以今天我在这里跟各位说明一下这个IPAD产品的前因后果,以排除外面的疑虑。特别是唯冠凑巧处在财务困境的时候,很多人可能认为,唯冠就是要利用这个机会讹苹果一把。事实上,从唯冠公司的立场到今天为止,我们还没有公开说我们要求一个什么样的数字,我们只是在根据中国的法律,来维护我们的权益。各位也知道,当公司有债务的时候,我们的权益首先就是要保护我们的债权人,债权人他们就是最大的权益方。当我们能够把债务全部解决以后,才有股东的权益可言,所以这一点也要跟各位说明,深圳唯冠可以得到一个公平的待遇,仅此而已。

唯冠目前也在不断地寻求新的机会,在重新把它发扬光大。事实上,我们有完整的计划，也已经有投资人，我相信唯冠还是有机会再站起来的。也非常感谢所有的媒体朋友们的关注，谢谢你们的支持，谢谢各位。

李肃：

我稍微加一段，刚才杨总讲的有几个事实点，我稍微给他补充一下。

第一，我刚从美国回来，我跟三家美国律师事务所谈他这个情况的时候，大家关注一下。当年所有全球商标卖给这家小公司的时候，美国律师认为是欺诈，什么原因呢？第一，认为杨总受误导了，当时买的时候是说不跟你现在的IPAD这些产品相冲突，所以杨总认为卖掉的不是这个电子类的，是其他的东西，是不跟我冲突的，这是第一个概念，当时认为它是有误导性质的。

第二，认为有在中国显失公平的东西，就是乘人之危还说要告人家，所以就是在正常买卖的时候，还去说要告人家，这本身等于是在特定条件下，有用不公平的手段去取得成分。

第三，他认为当时授权没有说具体授权什么，只是授权他去谈判。特别是大陆中国这个东西没涉及过，也没涉及过授权。

第四，他们认为小公司实际上是苹果注册出来的虚假公司，最后35 000英镑买走以后，10美元卖给苹果公司，在深圳公司（指深圳唯冠）打官司期间，已经看得非常清楚，就是（苹果）他们自己注册（的IP公司），他们的美国律师还说这是正常的，（真正的）所有人注册一个假公司去买，这在全世界是通行的方法。但是其他美国律师认为这是有欺骗的，因为两家一直在英国打官司的时候，打过近似商标的官司，如果是苹果买不会是这么一个出价，因此现在这件事大体上（是这样一个）事实，我稍微做一些更正。

首先，为什么大家现在到处说唯冠这么凋零，已经到处长草了。我跟大家讲一下两个重要的现象。第一，当年显示屏突然落价60%。这是（由于）当时美国的一个显示屏的市场——一会儿可以听杨总说一下——作弊，号召大家一块来杀价，杀价的行为之后被美国政府起诉了，现在已经证明这种杀价行为是违法行为，但在当时是把它（唯冠）整个库存打掉了几亿美元，实际上形成的原因，美国法律已经也有定论，我们正在找美国律师要告该显示屏市场，这是第一个。

第二,2009年的时候,你们(唯冠)卖掉商标以后,我是代表一家公司,这家公司叫九州,现在这家公司是买了厦新电子所有手机和所有技术的公司。当时我代表这家公司跟你(指杨荣山)打交道的时候是要重组你(唯冠),当时它(唯冠)有一些财务危机,那家公司(九州)决定拿10个亿出来跟它(唯冠)合作干。当时合作想做的东西是因为苹果2007年已经推出iPhone了,我发现,iPhone所有的概念都是它(唯冠)2000年(已经推出)的,所以IPAD这个东西非常值钱,我们当时就想干这个。但是由于苹果欺诈性地买走了这个(IPAD商标),最后我们那个东西没法干,2009年我们那次重组的时候,就主张这件事还要打回来。当时曾经探讨过,所以我只是讲讲现实,就是它到最后在显示屏上怎么死的,是与美国公司做了各种各样的弊,导致它陷入困境有关。而它后来重新崛起,重新调整,跟苹果欺诈性的买走商标也有关。

杨荣山:

谢谢李肃,好像在替我没做好(这些事)解围,我不会因为我没做好去找借口,没做好就是没做好。但是有一点是肯定的,我们会尽我们的力量,再把它做好。谢谢各位。

接下来马东晓律师向媒体由法律角度介绍了本案的一些争议点。

马东晓:

各位媒体的朋友你们好,我是国浩律师事务所的马东晓律师。国浩律师事务所受聘唯冠科技深圳有限公司就苹果公司侵犯IPAD商标权的事情进行维权。我想向各位声明一下,我们受聘的只是深圳唯冠公司,所以下面我所提到如果不是特指的话,所有提到唯冠的地方都是指深圳唯冠公司。

我们的责任是代表公司用最专业的服务,采取一切法律手段来制止这个侵权行为,维护公司的合法权益。同时受聘于唯冠公司的还有我们国浩所其他的同事,包括我们深圳办公室的律师,包括国浩其他办公室一些律师及其团队。我们(团队)还有广东广和律师事务所肖才元律师,我们共同组成一个律师团,为整个唯冠商标权被侵犯的这个事情做维权。我想和大家强调的一点是，在香港以及和未来美国的诉讼当中，并不是由我们来负责。

就双方的争议而言，我想跟大家介绍这样一个情况，双方其实现在有好多场的纠纷在处理，我按照时间顺序给大家做一个介绍。

首先提出诉讼的是美国苹果公司，并不是唯冠公司。大家知道，2010年4月份苹果公司在美国首先推出iPad产品，当时这个产品还没有进入中国。但是在当年的4月份，苹果公司就在深圳向深圳市中级人民法院提出一个权属诉讼，把台湾唯冠、深圳唯冠等告上了法庭，这是整个一系列诉讼的第一场。紧接着，一个月以后，苹果公司在香港向香港高等法院也提起一个诉讼，那个诉讼主要是就台湾唯冠和IP公司交易合同方面提起了一系列诉讼请求。之后各位都知道了，在深圳法院开了3次庭，在去年的12月份作出了一审判决。

实际上在2011年3月份，也就是苹果公司起诉了差不多一年以后我们才采取行动，我们第一个行动，是向北京市西城区工商局提出了一个投诉，因为我们认为，在商标没有作出转让之前，深圳唯冠是IPAD商标毫无争议的权利人，在这种情况下，苹果公司公然大肆使用这个商标，构成了商标侵权。所以我们在2011年3月份向北京市工商局西城区分局提出了这样一个投诉。基本上在2011年六七月份，北京市工商局西城区分局经过调查作出一个拟处罚的决定，并且在6月16号举行拟处罚听证会，大家可能知道在行政程序当中，如果是行政机关对侵权人或者是行政相对人作出一个数额较大的处罚的时候，被处罚人可以要求听证。6月16号的听证会也是应苹果公司的要求召开的，我们都参加了听证会。之后据我们所知，西城区工商分局开出的罚单是248 393 690元人民币，也就是外界盛传的2.48亿，它的准确数字是248 393 690元。

但是在作出这个拟处罚决定之后，苹果公司希望和我们谈一下，也是想和工商局提出一个要求，希望双方能谈一下。所以工商局这个事情一直停在这儿。一直到2011年12月份，苹果公司正式从美国来了一个代表和唯冠公司见过一次面，据我所知，（双方）正式的见面只有这一次。之后这个案件一直没有结案，再往下发展大家就知道了，就是深圳中院作出了一审判决。唯冠公司在（从最开始接触）等待苹果的回应差不多有接近两年的时间的情况下，没有办法再等下去了，所以在2012年的1月份采取了多项法律措施，其中之一是在深圳福田法院起诉了顺电连锁，在广东惠州法院起诉了国美电器，以及在上海浦东法院起诉了苹果的上海经贸公司，同时在其他的一些工商部门进行了投诉。

在后来这一系列的行动当中，其实我想和大家说明的是，所有的诉讼以及所有的投诉没有一起是针对美国苹果公司的，全部的行为都是针对它在中国的经销商，其中最直接的就是在上海浦东法院对苹果上海的经贸公司，其他的全都是它的下线，二级、三级更是二三线城市的经销商，这是我想向大家说明的一点。

另外一点，就是在所有行动当中，深圳唯冠没有向苹果提出一分钱的商标侵权的索赔，我们唯一的索赔请求是在上海浦东法院，索赔10万元，但这10万元 仅仅是律师费、调查取证费和差旅费等合理的费用，因为在知识产权诉讼当中法律有规定是可以请求这些费用的。在这里面，这10万元并不包括苹果公司侵权给唯冠所造成损失的费用，在其他两场诉讼当中也没有提。大家知道，在工商行政程序当中更不会发生这个问题，因为行政投诉不涉及民事赔偿问题。至于工商机关要处罚多少钱，这是工商机关的事情，而且这个处罚和唯冠没有关系，最终的处罚是收缴到国库的。所以大家可以看到，唯冠在采取一系列法律行动当中，其实目的只有一个，就是要求苹果公司停止侵权。

借此机会我还想和大家说一下最新的一些进展，到目前为止，有这样一些纠纷正在处理当中：首先在国家工商总局商标局有一个关于撤销3年不使用的一个纠纷，根据我们的经验，这个纠纷解决时间会很长，这是一个。另外一个，大概到目前为止，全国有四十多家工商局正在查处这个事情。刚才提到在司法系统当中，现在有4家法院介入，除了在深圳法院权属纠纷之中，苹果公司是原告之外，其他三家法院都是唯冠作为原告，我刚才已经说过了，在深圳、惠州、上海。其他在香港还有一场诉讼，详细情况因为不是由我们代理，我们没有权力对它发表评论。未来可能还会在美国提起诉讼，这是截止到目前整个诉讼各场官司的一个情况。

下面我想和大家着重介绍两个问题，可能很多人对这个案件有很多疑问，我也注意到，在网上有很多同行或者一些对法律有兴趣的人在这方面的评论。我想借此机会也向新闻界朋友说明一下。

在深圳权属诉讼当中有一个关键的问题，就是IP公司，对于苹果叫“白手套”公司或者叫什么样的公司，总之苹果设立这样一家公司，它要购买的到底包不包括中国大陆的商标，以及台湾唯冠能不能卖掉中国大陆的商标，这是一个核心问题。关于这个问题，深圳法院已经有判决，但是可能很多人不明白里面到底是怎么回事。我今天向大家展示一份证据，这份证据是一个授权书，什么授权书呢？这是苹果公司声称的杨荣山先生授权麦先生去签字这个授权书，这个可能是整个商标交易最核心的问题。现在给大家讲一下为什么这是一个最核心的证据，大家知道，IP公司和台湾唯冠签这份合同的时候，杨荣山并没有在上面签字，在上面签字的是谁呢？代表台湾唯冠在上面签字是麦××，而麦先生到底是什么身份呢？这份授权书有非常清楚的表述。授权书是这样写的，授权人唯冠电子股份有限公司，也就是台湾唯冠，负责人杨荣山。今为向台湾台北地区法院所属民间公证人重庆联合事务所办理商标移转合约等相关文件，公证事件，因事不能到场，兹依台湾“公证法”第4条及 第76条之规定，同意并授权本公司法务部处长麦××，身份证号码×××××××××，代为签署与本事件相关之文书，特立此书为凭，授权人唯冠电子股份有限公司，代表人杨荣山，公司统一编号××××××××，地址台北县永和市宝生路1号20楼，被授权人麦××签字，职称法务部处长。重要的是下面的盖章，盖了两个章，一个章是唯冠电子股份有限公司，另外一个章是杨荣山先生的私章。根据我们了解，台湾律师也给我们出具了相关法律意见书，指出，在台湾一家公司如果对一个人进行授权，是需要这个公司的公章和公司法定代表人私章同时在，在台湾所谓有大小章。从整个授权书和内容上来看，毫无疑问是唯冠电子股份有限公司授权，而不是杨荣山先生的授权，而且我相信，IP公司谈这个事情，所有涉案的商标，全球这么多IPAD商标不是在杨荣山先生名下，而是在台湾唯冠电子股份有限公司名下。在这里，已经非常清楚地说明，当时签订这个合同以及授权有权签署这个合同全都应该是台湾唯冠，而实际上不是。这是我想和大家说的第一个问题。

第二个问题，是一个法律问题，在这种商标合同签订了之后，如果没有办理权利转让的时候，在法律上是一种什么状态，或者商标权转让应该是一种什么样的法律规定。我们知道商标权是一个财产权，民法上有一个物权转让独立性原则，什么意思呢？就是关于财产交易合同只是财产转移的一个因，而不是果，这个话非常专业，我举一个例子大家就明白了。大家都有自己的房子，大家要把自己的房子卖掉，去和别人签合同，签了合同交了款只是你这个房子房产转移的一个原因，而不是你房产转移的结果，就是说你房产并未实际转移，结果是什么？结果必须是你拿到这个合同，你们两个人到房产局办过户，只有房产局给你办了过户之后，才意味着房产的转移，这就是所谓的物权转让的独立性原则，知识产权、商标权也一样，我们国家商标法也有相应的规定，《商标法》第 39 条的规定写得非常清楚，对商标转移，转让人和受让人要共同到商标局办理申请，申请被商标局核准之后，才进行公告，公告之日起权利转移，公告之日是权利转移之日。所以说仅仅签了一个合同，并不导致权利的转移，后面还有很多事情要做，首先双方要共同到商标局办理申请，其次这个申请要经过商标局的核准，核准完了之后还有公告，只有公告那一天，也就是公众看到公告的那一天才意味着商标权转移，这是我想和大家说的法律问题。

台湾唯冠和 IP 公司签订了一个一揽子的商标转让协议，其中杨荣山先生刚才也讲到了，我们也看到了，在这个协议的合同后面有一个附件，附件里面列了若干国家的商标，确实是有中国大陆这两个商标，在这个合同当中附件上是有这两个商标，但是现在，合同效力到底怎么样，正在深圳法院以及广东省高级法院审理。我们现在退一万步讲，即使是这个合同生效了、合法了、有效了，或者法院支持了你与深圳唯冠公司可以签这个合同，承诺要转让这两个商标，退一万步讲已经是合法了，我们知道这也仅仅是 IPAD 商标转让的一个原因，并不导致转让的结果，只有深圳唯冠和苹果公司或者 IP 公司一起到商标局递交这样一个转让申请，并且经过商标局核准，商标局还有一个审查批准的程序，如果是申请了不批准，仍旧不行。批准完了之后还有一个公告程序。只有这些程序全部履行完了之后，这个商标转让才生效，换句话说，到这一天，苹果才有权使用这个商标，但是我们看到的情况是什么呢？苹果从一开始就在使用，到今天还在使用，我刚才讲过了，到今天为止，这个商标转让仅仅有一个因没有果，没有果的情况下竟然还在这样使用，这是在侵权使用。实际上此类的事情作为我们专业的律师事务所处理了很多，侵权人可能都没有今天遇到的事情影响更大，在所有以往的案件当中，没有人可以在没有拿到商标证的情况下公然使用，但是我们今天看到苹果公司确实在这样使用。所以我告诉大家，在今天这个情况下，工商局对它进行查处没有任何问题，为什么？因为没有发生商标权转让的果，网上有人说好像二审没有出来，工商局这样介入是不恰当的，我想这是对法律的不了解，是对物权变动独立性原则不了解。我刚才已经给大家讲了，我希望各位能够通过你们的媒体向你们的观众、读者把这个事情讲清楚。

在这种情况下，其实作为唯冠公司和我们也探讨过这个问题，认为在中国法律上非常明确的一个东西，为什么制止不了呢？当然我跟大家讲这个事情很复杂，中国有中国复杂的国情。实际上如果说工商局介入是不恰当的，我觉得这是不了解我们国家的法律。实际上相反，我们甚至觉得工商局在这种情况下如果不处理，反而是一种行政不作为。

最后我还想谈两点看法：在这个事情上，跳开我们作为代理人的身份，站在更高的角度，对这里面的事情，对这里面的经验和教训我想谈一个看法。

第一个，苹果其实在这里面犯了非常低级的错误，在整个交易当中犯了非常低级的错误。这个错误导致引发了另外一个问题，就是所谓知识产权交易当中尽职调查是如此重要，所以我希望所有的企业在未来涉及知识产权的这种交易时，一定要咨询专业的知识产权律师，不要再出现苹果这样的错误，苹果这么伟大的一家公司，出现这种低级错误我觉得很遗憾，它的律师可能在整个交易当中策划，（特别是）商业当中策划得非常好，但是知识产权一个

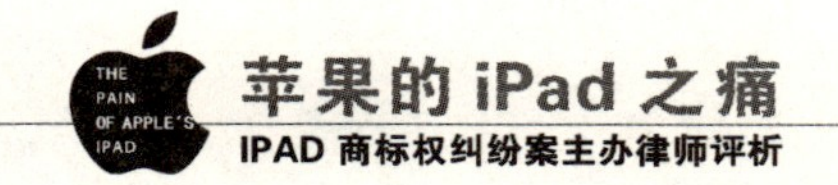

环节疏漏了，没有做尽职调查，到底要购买的这个商标权归谁，这是一个很惨痛的教训。

第二，其实这个事情的发生，也并不偶然，改革开放30年以来，中国企业在海外不断遭遇各种各样的商标纠纷，远可以讲同仁堂、联想的商标被抢注。近的可以讲三一重工，在德国被奔驰提出商标争议。里边有恶意的，也有非恶意的，我们商标被恶意抢注的也有，像王致和。也有不是恶意的，撞车的。恶意抢注有一个很明显的例子就是海信。撞车的也有像联想、《读者》，我们原来叫《读者文摘》，后来跑到美国去，人家有一个《读者文摘》，这是由于不知道而造成的。但是不管哪一种情况，其实最后对中国企业来讲都遭受了非常惨痛的教训。但是无论如何，这些惨痛教训其实都和道德没有关系，我现在看到很多人，包括网上提到唯冠是多么的不良，我觉得这都和道德没有关系，这其实就是一个商业行为。到今天这个案件也是，跳开我做代理律师的身份，我始终认为，这就是两个商人之间的一个商业行为，或者是一场商战。唯冠所做的，其实杨荣山先生刚才讲了，我刚才也介绍了，仅仅是依法维护自己的合法权益，在这种情况下，其实作为唯冠来讲，没有必要从大的层面去指责它，作为苹果来讲，也没有必要从道德层面上指责说它多么高或者多么低，实际上这个问题就是一个商人之间的商战而已。

李肃：

我现在发表一个声明。最近苹果公司发表了声明：IPAD商标早在几年前就已合法卖给苹果公司；但唯冠不承认大陆商标部分已转让；香港法院已支持苹果的主张；而且双方的诉讼还在进行，中国工商执法是不合适的。

对此，我们作为IPAD商标诉讼与公关的总协调公司，特发表声明如下：

第一，唯冠公司从2004年到2006年为iPod商标与IPAD商标近似，而在英国与苹果公司诉讼，从这一诉讼之后从来没有也不可能与苹果谈判出让IPAD商标。苹果公司设立的虚假小公司花3.5万英镑买走IPAD商标，是用不正当的欺诈手段取得的，我们委托美国公司正在准备起诉苹果公司。

第二，IPAD中国商标没有卖给苹果公司是当年苹果公司承认的事实，双方进行了长时间的转让谈判，2010年，8家银行查封唯冠深圳公司后，苹果还派律师与八家银行协调有偿转让商标，现在是苹果公司强行使用IPAD商标后，不承认当年的谈判。至于IPAD商标是不是卖给苹果，和苹果能不能在大陆使用IPAD商标，根本不是唯冠公司承认不承认的问题，是中国法律容许不容许的问题。当年娃哈哈与达能签署合同出让商标，被国家工商总局驳回，而IPAD商标这个既有欺诈之争，又根本不是商标持有者深圳唯冠签署的合同，苹果公司现在和将来都根本不可能被中国的商标法承认。

第三，香港法院对双方的合同纠纷根本还没有开庭，苹果公司公然称香港法院支持它们拥有商标权，这是欺骗舆论的行为，是对法律常识的违背。

第四，苹果公司以双方诉讼正在进行为由，并引证香港法院的临时禁止令，阻止中国工商部门执法，是对中国司法的蔑视，当年娃哈哈与达能诉讼期间，达能在BVI法院拿到对娃哈哈的禁止令，由某中介组织挑衅中国司法主权，被娃哈哈诉讼法律责任，以对方承认错误告终。中国工商部门按中国法律执法是正当的执法，不认真执法的部门应该以不作为而被我方律师起诉。

这是我们整个的声明。我想跟大家再大概介绍一下这个案件的整个背景。这个案件大体的背景分为几部分：

第一部分，我现在刚从美国回来，几家美国（律师）公司，是看到国际上各种报道以后找上门来的，所以我们谈了三家美国的律师事务所，谈完之后我得出了结论：当时作为苹果公司注册一家虚假的小公司，用3.5万英镑买走商标绝对有欺诈的成分，刚才我已经讲了，这个美国律师大体上是一个什么样的判断思维，大体上准备用什么样的东西起诉。从这个意义上讲，目前这个案件就当年所说转让全球商标这个问题，实际上我们一直在跟苹果谈，如果你要想好好谈判，大家共同协商结果，我们是愿意不在美国从根上去报你全球买IPAD这件事上的法律问题的，我们是希望跟它妥协谈判的。但是苹果公司这次发表的声明，根本没有任何继续谈判的诚意，为此我们跟美国律师也进行了接触和谈判，所以从根源上看，这个商标实际上是带有欺诈性质被买走的，所以我们认为，如果苹果在近期内不愿意妥协，不愿意谈判，我认为这场诉讼是不可避免的，这是第一个问题。

第二部分，我们认为，整个苹果公司之所以要花这么大的代价不择手段

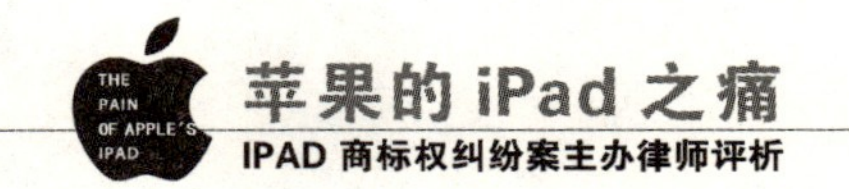

地去买这个东西，实际上，苹果对唯冠当年设计出来的一个购买商标行为也有偷窃的成分。什么意思呢？就是说到底，我们认为当年的IPAD，实际上是一个完整的整体，它是一个网络电脑的概念，而且当时已经作为手控的体系已经有很多方便操作的各种因素。所以实际上它是一个Internet网，就是在网上可以去操作的一个终端设备，所以它的4个字合起来的时候大体是这么一个概念。所以我这次跟美国公司探讨的时候，他们认为当年(2000年)我们推出这个概念的时候，苹果公司根本没有这个概念，当时在2001年的时候它刚开始做iPod，iPod是什么呢？是一个音乐机，所以，在当时(2004年)他们开始要注册iPod的时候，发现近似商标的东西竟然是一个网上的终端显示器、阅读器一种类型电脑的概念，这种概念既是4个字母完整的一个组合，而且它有很多概念，包括手控操纵便捷性，网上读取信息的各种能力，这个公司当时的产品已经具备了这些东西。因此后来出现的iPhone和iPad，实际上在这个概念上都跟我们当年的概念相似，所以美国律师也认为这里面实际上也有苹果为了偷这个概念而不择手段去买这个商标的含义，这是我想讲的大体的背景。

其他在法律诉讼上，刚才我们律师已经都把这个过程都谈了，大体上我们认为有几个点要跟大家讲一下。这件事出来以后，我们等于是受8家银行的委托。我认为，苹果之所以犯这个低级错误，很重要的问题在于当时它跟我们在谈判IPAD商标的时候，从1 000万美元开价一直谈，双方还有一定的协议，如在谈判期间不能转让等，所以这些细节都能说明，苹果当年就知道中国的商标没有转让成，所以才跟我们谈判，而且是长时间的谈判，而且价格怎么谈的，都有各种各样的记录。在这样一种情况下，它为什么敢于公然这样突然翻脸不承认当时所有签的东西，突然敢于强行去卖iPad产品呢？实际上是与8家银行查封唯冠公司直接相关。当时8家银行把唯冠的资产查封，重点查封的是IPAD商标，8个银行全部把这个商标查封。这是一个误导，既然银行查封它了，唯冠同意将来会卖我(苹果)，我(苹果)现在卖iPad平板电脑，也没有人来追究我。当时他(苹果)突然推出(iPad平板电脑)以后，你仔细看，iPad这个产品从国际上卖到中国持续了半年，这半年时间就是苹果公司在中国活动的半年。在半年之前还都承认我们，后来因为苹果在全球开始热卖，所以中国的问题变成大问题，苹果就压迫律师事务所赶快解决，所以它当时也是受到了误导，所以就开始卖。开始卖以后，当年是8家银行开了一次联席会，杨荣山也参与了，就在这次会上，8家银行正式决定形成联盟，共同由我们总协调，组成一个律师团共同去告他们。大体上这是起因的部分。

说了起因的部分以后，再说第二个重要的东西，就是苹果在卖的过程中，它知道自己是违法的，所以他做了保护性措施，实际上就是在深圳法院起诉我们，说要确认当年买那些商标的时候把这个商标也买了。所以这场官司，当时他们是作为自己保护自己的一个措施做出来的。我们跟苹果谈的时候已经告诉他们，这是律师误导你，你做的法律措施还不足以让你去卖（iPad平板电脑），因为任何一个商标都可能有争执，假如我去针对海尔的商标起诉，只要立了案我就可以使用海尔的商标？这会是很荒唐的行为。所以从这个意义上讲，它的律师做的这个防范措施实际上根本就是对中国法律常识的违背。这个措施最后也失败了，我们在一审已经打赢了，中国不可能承认这个东西。因此在一审败了以后，就形成了全国工商的处理潮。

第三个现象跟大家讲一下，工商系统查封这些事是我们代表8家银行发了声明以后，西城工商分局主动找到我们的，主动找到我们问这件事到底是怎么回事，让我们提供一些资料，我们是委托马律师去办的，跟西城工商分局就谈了我们所有的想法。所以从那天起，西城工商分局就禁止我们炒作这件事，我们之所以这么长时间一直没向媒体公开这个事，就与此有关系。去年年初，我们在北京市西城区工商分局进入听证程序，在听证会的现场，我们认为在法理上、情理上对我们非常有利。苹果的律师最后提出的最主要的主张是应该管辖权提升，要到北京市或者国家工商总局去，所以在法理上，那次听证会上他是完全没有理的，因为这个东西不是你的，你为什么要用，你再有诉讼也不能用，这都是常识。当时在整个诉讼现场，以及听证会现场，他们提出的主要是程序问题。而当时北京市西城区工商分局在听证会上明确表示此事已经请示过北京市工商局和相关的上级工商局，一致认为在整个程序上，西城工商分局有权处理。因为当时，大悦城这个店正在卖 iPad，正处于西城工商分局管辖范围内，我们有权利请求西城工商分局查封，如果西城工商不查封就是违法的，是行政不作为。所以当时就定下来举行听证了，听证之后北京市工商局已经明确发出了罚单，罚单 2.48 亿元，这个罚单当时是按税务部门算出来的非法收入，按工商法律 3 倍罚款最高额计算出来的数字（西城工商分局按销售额的两倍计算，得出上述罚款数额，而非 3 倍）。这个罚款都不是我们从西城工商分局获悉的，是苹果的律师拿了这个东西（行政处罚通知书）跑到深圳法院，在深圳法院一审庭审的时候，他们就出示了，而且他们的律师还在庭上大讲了一通，提到北京市工商局某个处长支持他们，后来我们律师就问你干什么来着，你是不是行贿去了，你怎么能知道这些事，然后他们的律师就赶快退下去不说了。所以从这个意义上讲，其实这件事工商处罚单已经发出去了，但是苹果用了各种各样的公关手段，最后把这件事又提到北京市工商局，现在还没有真正最后去处罚。

在这样一种基础上，一审法院判我们赢了之后，全国工商局都开始全面介入，都开始罚它的款，所以现在具体到底应该赔多少的问题上，我们跟苹果公司讲得很明白，我们认为你在没有违法使用的时候，这个商标只是一个商标的买卖权，也就是说到底值多少钱是商标的权利（本身的价值）。而你在违法使用它的那一天你就要做好准备，你要支付的各种各样的成本已经带有违法使用的成本了。所以从这个意义上讲，我们当时推算全国大体上要罚它 300 亿元人民币，在 300 亿元人民币基础上来谈的时候，我们当时说 100 亿元人民币跟你要也根本不算过分。而美国律师提出来 20 亿美元以上打这场官司，是因为他说整个违法欺诈这些东西已经足以让它赔这么多。而中国的赔偿是不可能赔这么高的，但是只要我们不让它用（我们申请商标侵权处罚），继续罚下去，全中国现在该罚的罚款就是 300 亿元人民币，所以从这个意义上讲，就苹果到底应该出多少钱来买 IPAD 商标这个问题，杨荣山一致认为，我们公司没有提出具体的数字，但是我认为比照这些信息，它不应该是一个小数目，以上是简单介绍了一下我们谈判谈到目前这个程度是一个什么情况。

最后我想讲一下，这件事是反映中国的知识产权保护的一个重要的转折节点，历史上我们都在谈我们中国在侵别人的权，乱用各种各样的东西，在商标问题上也是一样，我们中国实际上在商标问题上一直是吃亏的，像联想到了美国，到了国外，被人家先注册了联想商标，联想公司就不能再用，就得改一个莫名其妙的名字。而现在，我们中国知识产权保护的问题已经到需要保护我们本土企业的重要转折点了。所以中国现在在知识产权保护上，已经在发生全球性的扭转，随着中国的崛起，中国的发展，在这个领域里面，中国企业维护自己的知识产权，应该成为整个中国现在的经济发展过程中的一个重要现象。所以很多舆论认为，要它 100 亿元就是讹诈，我认为根本不是这回事，就在这种诉讼过程里，美国律师说起来，就这种欺诈性的买走东西，而且公然违法地使用人家的东西，在美国赔偿都不会是小钱的。所以从这个意义上讲，我们现在正在进行的诉讼带有全中国的共性问题，所以我们希望舆论界支持我们，对苹果的这种违法行为进行追究。我们对法院和工商系统，我们也在各个地方主张我们自己的合法权利，我要补充的就是这些。谢谢大家。

以上就是唯冠北京发布会的内容，因为涉及许多“内幕”，所以本书基本对其原汁原味地进行了呈现。其中提到的许多经过、细节固然是一家之言，但也为看似扑朔迷离的案情解开了些许迷雾。

苹果的回应

事隔 3 天之后，苹果针对唯冠的新闻发布会迅速作出了回应。苹果公司的代理律师向唯冠总裁杨荣山发送了一封律师函，针对深圳唯冠在新闻发布会上公布的多个细节，一一作出回应，并表示，希望深圳唯冠停止继续发表不实言论。

本函经电子邮件及特快专递送达

致：　杨荣山先生
唯冠科技（深圳）有限公司董事长
深圳盐田区沙头角保税区21、23栋北518081

孙敏授权代表
唯冠控股国际有限公司
香港湾仔港湾道6-8号瑞安中心2708
广东五维律师事务所
深圳市福田区商报路奥林匹克大厦20层东侧

关于：中国大陆境内IPAD商标争议

尊敬的杨先生：

就美国苹果公司（以下简称"苹果公司"）与唯冠科技（深圳）有限公司（以下简称"深圳唯冠"）之间存在的商标争议，金杜律师事务所（以下简称"我所"）已接受苹果公司委托，代表该公司处理相关事宜。应苹果公司指示和要求，我们现就您、您的代理人及贵公司在中国大陆境内针对IPAD商标采取的有关行为致送本函。

如您所知，苹果公司的控股公司，即IP申请发展有限公司（以下简称"英国IP公司"）已然合法购买了唯冠控股国际有限公司及其各子公司（以下合称"唯冠集团"，包括深圳唯冠）拥有的十项IPAD商标，其中包括深圳唯冠于中国大陆注册的两项商标。

就我们所知，作为唯冠集团的实际控制人和负责人，以及深圳唯冠的董事长和法定代表人，您知悉并授权深圳唯冠就前述商标转让与英国IP公司进行磋商并最终达成协议，其法律总顾问麦世宏先生在您的指示下于2009年12月23日签署了《商标转让协议》和其他转让文件。

但是，深圳唯冠却未能履行协议，这已然背离了诚实信用和公平交易的原则。此外，深圳唯冠及其代理人持续向公众发布有关苹果公司的不实陈述，这包括：

- 苹果公司的关联公司"误"与并未持有中国大陆境内IPAD商标的唯冠电子股份有限公司（以下简称"台湾唯冠"，唯冠集团内另一子公司）进行交易；

- "深圳唯冠对商标转让毫不知情"；

- 苹果公司的关联公司仅与台湾唯冠的代表进行交易磋商，而此磋商"与深圳唯冠毫无关系"；以及

- IPAD在中国大陆的商标"不包括在出售的一系列IPAD商标之中"。

现有证据，特别是部分一审程序中深圳中级人民法院并未获得的证据已然证明，深圳唯冠向媒体和政府提供的前述信息与事实并不相符。此外，如深圳唯冠所知，苹果公司已然依据该等证据提起上诉，该案已由广东省高级人民法院受理并确定了开庭日期。

因此，我们在此善意地提醒您：有关诉争两项IPAD商标的权属问题尚未经中国法院生效判决予以确认。因此在终审判决作出之前，您、贵司及贵司代理人均应尊重中国法律和中国法院的司法程序，不宜也不应向中国媒体披露任何与事实不符的信息，特别是有损于苹果公司声誉的信息，否则您需要就此承担相应的法律责任。

实际上，深圳唯冠所持有的证据业已能够反映以下事实：

- 2009年8月至2009年12月期间的多封邮件表明，深圳唯冠出售唯冠集团（包括各子公司）于全球注册的IPAD商标，其中包括深圳唯冠于中国大陆注册的两项商标。因此，当英国IP公司善意询问IPAD商标购买事宜（该等商标已然停止使用三年以上）时，其被要求与深圳唯冠的代表直接联系，随后双方就此进行了历时数月的洽谈。

- 2009年10月21日，英国唯冠的Timothy Lo先生向英国IP公司的Jonathan Hargreaves先生介绍了唯冠集团"总部"的麦世宏先生，称其在中国"负责我们的法务部"（其名片也表明其为深圳唯冠法务部总监）。该邮件同时抄送了深圳唯冠的袁辉先生。第二天，袁先生回复邮件，介绍自己为法律部成员，并将该邮件抄送麦世宏先生和深圳唯冠的其他人员。在邮件签名中，袁辉先生的公司始终显示为"唯冠科技（深圳）有限公司（即深圳唯冠）"。

- 深圳唯冠直接参与协商商标转让事宜，并于2009年11月6日书面同意"接

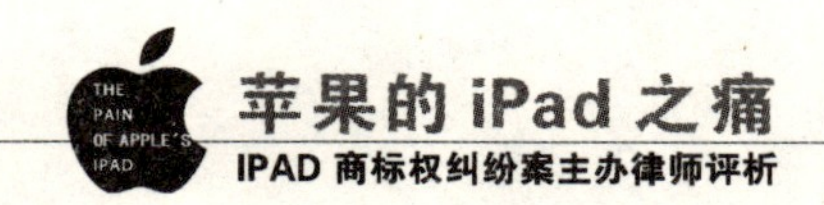

受[英国IP公司]35,000英镑的报价。”

- 深圳唯冠对台湾唯冠称其为全部IPAD商标持有者一事毫不知情，以及英国IP公司“误与台湾唯冠交易”的说法与事实不符。而与此相反的是，深圳唯冠在2009年12月15日的邮件中表示：“麦世宏先生和我在深圳，但是商标不属于深圳公司，而是台湾公司，因此我们选择将会议安排在台湾召开。”

- 深圳唯冠参与协商并同意转让的IPAD商标中始终包括于中国大陆注册的两项商标。Jonathan Hargreaves先生于2009年11月10日向深圳唯冠发送的第一份转让协议稿的“附件A”中已然包含了在中国大陆注册的商标内容（包括注册号码）。深圳唯冠确认转让唯冠集团于各国持有的IPAD商标，其中包括深圳唯冠所持商标，并于2009年11月20日的邮件中强调：“如你所知，我公司是一家跨国公司，且一直信守诺言”，并表示“我公司会在收到钱后即签署国家转让合同”。麦世宏先生于2009年12月23日所签署的转让文件附件A中也同样注明了在中国大陆注册的商标及其注册号码，麦世宏先生还为此签署了中国大陆注册商标的转让协议。

- 前述证据同时表明，杨先生作为唯冠集团各公司，特别是深圳唯冠的董事长和法定代表人，知晓并特别授权深圳唯冠和麦世宏先生出售在中国大陆登记注册的两个IPAD商标及其全部权利，而目前贵司方面的公开言论与此并不相符。

如您亲自参加香港法院庭审所知，2011年6月，香港特别行政区高等法院原讼法庭已然根据苹果公司申请签发了临时禁令，禁止深圳唯冠，及其董事（包括您本人）、代理人和律师以任何方式使用、出售该等争议商标，或作出深圳唯冠拥有IPAD商标的任何口头或书面表示。您和您的代理人目前所采取的行为实际上已然违反了前述禁令。虽然香港法院尚未对苹果公司提出的诉讼请求做出最终判决，但临时禁令已然在一定程度上反映了香港法院目前对此所持的基本态度。

既然唯冠集团作为一家“跨国公司”，其理应尊重香港法律和香港法庭的裁定、命令，并对律师和代理人的不当行为予以约束。实际上，利用媒体来渲染此案将不利于各方当事人就本案寻求合理的解决方案。

同时，我所客户苹果公司在此保留对任何个人或实体进行就其任何损害苹果公司业务、业务关系的表述和行为采取进一步法律措施进行索赔的权利。

顺祝业祺！

图9-3　苹果公司的律师函

苹果在律师函中指出,2009 年 8 月至 2009 年 12 月期间的多封邮件显示,台北唯冠当时出售的是唯冠集团(包括各子公司)在全球注册的 IPAD 商标,其中包括深圳唯冠在内地注册的两项商标。

同时,律师函还描述了深圳唯冠参与 IPAD 商标转让的过程,并列出了一些细节。比如,最初沟通 IPAD 商标转让协议的员工麦××、Huy Yuan 都是深圳唯冠员工;麦××还签署了 IPAD 内地注册商标的转让协议等。

针对此前杨荣山在新闻发布会上透露的,关于深圳唯冠并没有参与商标转让的交易过程,对于这项交易并不知情的说法。律师函指出,杨荣山的上述言论与事实不符。深圳唯冠的 Huy Yuan 在 2009 年 12 月 15 日的邮件中表示:"麦××和我在深圳。但是商标不属于深圳公司,而是台湾公司。因此我们选择将会议安排在台湾召开。"

律师函中还解释称,深圳唯冠、杨荣山在 2009 年 11 月 6 日署名同意接受英国 IP 公司 35 000 英镑的报价。而且在唯冠新闻发布会上出示的合同上,杨荣山的私章出现在其中。

律师函件同时指出,深圳唯冠及代理人对外发布有关苹果公司的不实陈述已经违反了香港法庭的临时禁止令,唯冠方面应该对律师和代理人的行为予以约束。

对此,唯冠方也在媒体上作出了回应。针对杨荣山署名的事实,唯冠律师表示,这并不证明杨荣山对台湾唯冠同时出售深圳唯冠注册商标事宜是知情的。

而李肃则发表了一份声明对苹果公司的声明进行了驳斥,以下为声明的内容:

> 1. 香港法院禁止令的前提是苹果公司承认商标归深圳唯冠,是双方转让商标谈判中的承诺纠纷(合同纠纷)。
>
> 2. 2010 年时深圳唯冠违背承诺转让商标,是将商标从负债严重的主体转入无负债的关联公司,是在为合法出售该商标积极准备,但由于苹果公司当时的愚蠢阻挠,使该商标被 8 家银行查封;也就是说,深圳唯冠的这次转让是香港 2010 年那次禁止令发出的原因,没有那次转让(违背双方协议中承诺因出售价格谈判而不转让),就不会有这个禁止令。反之,如果转让成功,8

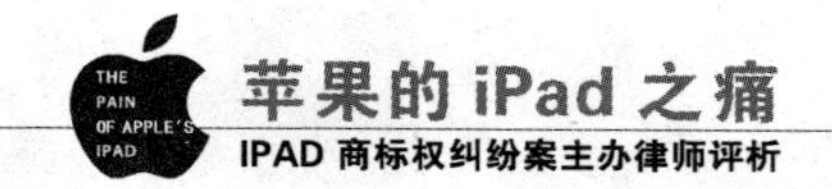

家银行也查封不了IPAD商标。

3. 目前，根本颠覆和完全违背香港法院临时禁止令的是苹果公司自身，只许州官放火，不许百姓点灯——“州官”明火执仗开始公开出售iPad，竟然对“百姓”叫屈行为(“点灯”)，大动律师函干戈。

4. 香港法院临时禁止令绝不代表法院对商标归属的倾向，苹果公司被其律师欺骗发表的声明是天大的法律笑话。

5. 和君创业咨询集团既是深圳唯冠的代表，更是作查封IPAD商标的8家银行的代理人(民生等银行支付了代理费用)，我们在代理的中国企业依中国法律行事，我们发表的所有言论都在8家银行联席会议上通报，苹果公司对我们的言论的威胁是对中国司法主权的挑衅，苹果如不收回威胁，我们将起诉苹果及误导苹果的中介机构。

6. 昨天苹果公司律师函公布的证据及案情，都是一审开庭中的陈年老调，根本未见所谓“新证据”。审判将以苹果的败诉告终。

7. 目前，中国大陆法院此案二审正在进行之中，苹果公司及其律师通过媒体断章取义地公布案情，不仅是对司法公正的错误干预，而且是对舆论和大众的荒谬误导。

暂且抛开双方的口水战，苹果的这份律师函却透露给了公众一个信息——苹果的代理人更换了。

在此之前，苹果的代理人是广东深大地律师事务所律师和北京英特普罗知识产权代理有限公司的商标代理人，而苹果的幕后操刀手一直是贝克麦肯锡的香港事务所。一审结束后，苹果在没有采取其他方式向外界公布的情况下，以金杜律师事务所署名律师函的形式悄然向公众宣示了代理人的变化。

金杜律师所是国内最著名的律师事务所之一，在多个业务领域有着最佳的法律实践，在知识产权诉讼领域中，金杜律师事务所也具有一流的专业水平。据金杜律师事务所官方网站上的资料显示，目前其知识产权律师团队除了多名具有丰富经验的律师外，还聘请前最高人民法院民事审判第三庭(知识产权庭)庭长蒋志培以及前北京市第一中级人民法院知识产权庭副庭长作为顾问。

据媒体报道，有“知情人士”介绍说，其实金杜律师所早在一审败诉后，苹果提起上诉时,就已经介入,甚至说苹果的上诉状就是由金杜的律师起草的,此说法难辨真伪,却也有可能性。不过金杜律师所的加入或许代表着苹果诉讼策略的转变。因为二审可以提交的证据已然有限,如果依照一审的思路继续进行下去,终审改判的机会较小。因此,代理人的更换意味着苹果公司或许决定改变诉讼策略,以期出奇制胜,从而提高胜诉率。

另据媒体调查,表面上苹果的代理人更换为金杜律师事务所,但实际上背后有一个由5家律师事务所组成的豪华律师团队。一位知情人士向媒体透露,在苹果的律师团队中,包括国际知名的贝克麦肯锡国际律师事务所、金杜律师事务所、北京天驰律师事务所、北京英特普罗知识产权代理有限公司以及广州深大地律师事务所。这些事务所的律师各有分工,有的负责诉讼准备,有的负责公关等,协调作战,共同来准备该案的二审诉讼。此外,苹果还聘请了国内多所法学院的知名学者作为顾问,参与案件的分析和论证。

且不谈更换代理人对诉讼策略、诉讼的成败有何影响。在二审马上就要到来这一时间节点上,这个事件的确为案件的发展带来了一些变数。鉴于金杜所背后的强大实力,唯冠方对下一步苹果如何行动也不能清晰推测,也不清楚苹果还能使出什么杀手锏,总之,一切都要等到开庭那天才能揭晓。

针对唯冠的破产申请

就在双方积极准备第二轮交锋时,一个名为富邦产物保险股份有限公司的台湾公司跳了出来,该公司以债权人名义向深圳市中院提出了破产申请,要求法院裁定深圳唯冠进入破产程序。这有些让人疑惑,在几大债权人都没有声音和动作的情况下,这个公司怎么会跳出来?这是一家什么来历的公司?会不会又是苹果的“白手套”公司?

唯冠在2009年遭遇金融风暴导致债务危机后,负债高达38.4亿元人民币,另对8家银行负债1.8亿美元,此外还有几十家无担保小债权人,共负债3.6亿多美元。其中,民生银行和中国银行是深圳唯冠最大的两个债权人。

2009年底,8家银行申请了对深圳唯冠资产进行查封,包括其厂房等资产,以及IPAD注册商标等,其公章、营业执照等也均收归法院保管,并成立债权人委员会。这时,由于唯冠已经资不抵债,甚至连员工工资都难以继续发放,欠薪现象严重。于是,部分工人采取了上街抗议的形式要求补发他们的工资,深圳市政府出于维护稳定的考虑,由市金融办出面召集了深圳唯冠的主要债权人召开协调会。会议最终决定不对深圳唯冠进行破产清算,而是进行债务重组,并由中国银行垫付了部分工人工资,随后将工人全部遣散,此后,深圳唯冠的资产就由以8家银行为首的债权人委员会托管。此时,和君创业公司作为深圳唯冠的债务重组顾问进入。

台湾富邦产物保险股份有限公司(下称富邦保险)原是深圳唯冠的供货商的保险人,其债权份额极少,尚不足8家银行的5%。2010年11月,深圳市中院判决深圳唯冠应向富邦保险支付867.97万美元,在富邦申请强制执行之后,深圳市盐田区法院查明,在执行过程中查封、处理的深圳唯冠的财产,基本都已经被用于抵押贷款即负担有担保债权的清偿,8家银行享有优先受偿权。所以,此时的深圳唯冠已经没有多少财产可供台湾富邦执行了。

之后,在2011年6月27日,富邦保险向深圳中院提出申请,要求宣告深圳唯冠破产并进入破产清算程序。

根据《破产法》的规定:债权人提出破产申请的,人民法院应当自收到申请之日起5日内通知债务人。债务人对申请有异议的,应当自收到人民法院的通知之日起7日内向人民法院提出。人民法院应当自异议期满之日起10日内裁定是否受理。如无异议,人民法院应当自收到破产申请之日起15日内裁定是否受理。在特殊情况下,经上一级人民法院批准可延长15日。

但此案显然没有遵循法律规定的时限。不过一般情况下,法院在决定某企业是否进入破产程序时,除了要考虑提起破产申请的债权人的意见外,也会考虑企业、其他债权人及员工等的意见。法院也可能是出于上述考虑才没有遵循法定期限。而且,此时深圳市政府已与8家债权银行达成一致,对深圳唯冠进行债务重组,而不进行破产清算,资产也由债权人委员会托管。这时是不可能任由一小债权人提出破产申请就可以进入破产程序的。

直到2011年12月27日,深圳中院才就此案召开了破产听证会,此时IPAD

商标权属案一审已判决，唯冠胜诉。在这次听证会上，深圳唯冠法定代表人杨荣山承认，目前企业剩余资产约在20亿元人民币，而对外负债则高达20亿美元，企业已经严重资不抵债。但同时他又表示，深圳唯冠正在与苹果公司就IPAD注册商标归属进行诉讼，未来有可能用诉讼获得的赔偿金偿还债务。富邦保险则对此表示异议，认为此商标权属诉讼判决还没有过上诉期，并没有最终生效，二审结果如何尚未可知。深圳唯冠用未来不可预知的赔偿款来证明自身的债务清偿能力，缺乏说服力。但法院当时没有裁定深圳唯冠进入破产程序。

2012年2月20日，也即在苹果公司上诉后，富邦保险再次向深圳中院递交了《关于尽快裁定受理破产申请的请求》，试图催促法院尽快受理。然而事与愿违，3月27日，深圳市中院下达了对该破产申请的民事裁定书。深圳市中院在该裁定书中表示："本院认为，IPAD商标注册登记在唯冠公司名下，在未有相反司法认定的情况下，被申请人唯冠公司仍系IPAD注册商标的权利人。唯冠公司名下无形资产之一的IPAD商标未作评估，商标价值尚未确定，无法认定唯冠公司资产不足以清偿全部债务或者明显缺乏清偿能力，故对申请人的申请不予受理。"

富邦保险此次的努力没有成功，但其积极申请破产的动机却遭到多方质疑。

和君创业的一个公关负责人认为，富邦保险提出破产清算申请的动机非常可疑，因为深圳唯冠即使破产清算，也是先还银行的钱，富邦保险作为小债权人拿不到多少钱，"这家台湾公司有可能得到某些授意，希望通过让深圳唯冠破产让局面进一步复杂化，但这些举动不会对IPAD商标权的诉讼造成任何实质性影响。"他说。

紧接着，和君创业向公众发表了一份声明，重申了在苹果诉深圳唯冠案中的立场，也对此次破产申请作出了回应。

> IPAD商标之争的本质是苹果公司对抗(深圳)唯冠的8家银行债权人，挑战中国法律制度，制造诉讼借口引起商标争执，借机强卖没有IPAD商标权的违法侵权产品，并单方引发全面诉讼。目前，苹果靠自己的强势地位，利用中国执法机关在操作上的一些顾忌，以及国人对本国企业知识产权的某些误解，持续销售违法产品达1年之久，获得的非法利益约100亿元人民币(按北京西城工商分局对一个苹果专卖店拟罚款2.48亿元人民币推算)，仅工商

罚款一项，苹果公司将为挑战中国法律付出300亿元以上的代价。关于破产问题，早在2009年初就有债权银行申请深圳唯冠破产，8家银行在深圳市政府金融办主持下，与深圳唯冠共同协商，组建了以中国银行为主席、民生银行为副主席的债权人委员会，对深圳唯冠进行大债权人的模拟破产的协议式监管重组整合，也使其他债权人的权益有所保障。正是在这个背景下，我们受部分银行之托进入深圳唯冠推进债务重组。

但是，大量事实证明，还在2009年12月，苹果公司指使IP公司购买了台北唯冠的IPAD全球商标之时，他们不仅明知中国商标不在台北唯冠手中，而且知道深圳唯冠公司从未承认中国商标的出售，也清楚地知道8家国内银行对该商标的控制权。为此，苹果公司派人与8家银行轮番谈判，并被多家银行明确告知：早在2009年3月(即在苹果指使的IP公司购买台北唯冠商标前9个月)，深圳唯冠的资产已被银行的债权人委员会监管，深圳唯冠的任何人已无权出售IPAD商标。同时，民生银行还明示了商标第一查封人的文件。苹果这时与银行债权人的多边谈判始终围绕IPAD商标转让价格进行，双方没有为商标归属进行争执。

但是，2010年4月，iPad产品在全球热卖后，中国市场因商标争执迟迟不能启动，苹果的中国事务律师承受了巨大的压力，并迫不得已于2010年9月走出了违法强卖产品的险棋，他们无理挑起深圳法院的商标权诉讼并输掉了一审官司。而这场诉讼的违法目的十分明显，就是借口商标权争执，无视全世界商标法的基本常识，违法强卖无商标权的iPad产品，不是被人误导，而是有意蓄谋。更加令人震惊的是，在其输掉深圳一审诉讼、全国工商部门开始了查禁风潮后，苹果公司竟然公开挑战中国的司法制度，发表声明谎称还未曾开过庭的诉讼中香港法院已经支持他们，并把程序性的禁止令硬说成是“判决”，企图用香港法律戏耍中国的立法、司法与执法尊严。时至今日，苹果还在明目张胆地继续着他们的侵权行为，不管二审结果如何，8家债权银行完全有权力直接向国家商标局提交申请，重申债权人的监管权与查封权，制止中国知识产权的流失。

关于最近的破产诉讼，不过是一个小债权人的行为，根本没有进入程序，而且为8家银行的债权人委员会坚决反对。因为，中国的IPAD商标的争执，在本质上就不是苹果公司与深圳唯冠股东权的争执，而是苹果公司与债权人监管权与查封权的争执，我们在近期内将发出征集小债权人委托的法律文件，更好地代表债权人对IPAD商标的合法权益。苹果公司违法强卖其侵权产品的最大受益人和对手，将是以8家银行为首的深圳唯冠债权人。

且不谈富邦保险的主观动机如何，如果其申请破产成功，的确会造成这样一个后果：

依据《企业破产法》及《民事诉讼法》的规定，一旦法院裁定受理此申请，深圳唯冠与苹果之间的IPAD商标权诉讼将依法中止。待法院指定的管理人接管深圳唯冠财产后，该管理人替代唯冠的诉讼地位再重新进行审理。这样一来，广东省高院正在审理的IPAD商标诉讼的判决时间会被拖延。

但这一后果作为诉讼对手的苹果公司和深圳唯冠应当都不愿意看到。尤其是深圳唯冠背后更有着8家银行的影子。如果深圳中院对深圳唯冠进行了破产清算，将成立清算小组来接管唯冠资产，为保护债权，首先8家银行应该就不会同意深圳唯冠进行破产清算。更何况目前深圳唯冠在与苹果的商标权案中已经取得了一审胜诉，而二审似乎也会很快可以审结，假如案件二审依旧胜诉，债权人可以顺理成章地向法院申请拍卖商标折抵深圳唯冠的债务。所以，是否进入破产，IPAD商标都是债权人的囊中之物，大多数债权人显然不希望诉讼节外生枝地受到拖延。

对于苹果公司来说，案件审理被再次拖延也不是有利的事。因为新一代的iPad平板电脑马上就要上市，如果苹果公司在广东高院终审败诉，还可以立即在中国换个名称销售其新产品，至少新产品不存在商标侵权问题。但如果案件久拖不决，他们就必须考虑新的iPad产品是否更名的问题。这有些纠结：如果主动更名，等于向全世界告知他们在和唯冠的IPAD商标诉讼中认输；但是如果不更名，未来广东高院一旦判决其败诉，就可能面临更高额的“侵权处罚”。要知道，依据我国《商标法实施条例》，对侵犯注册商标专用权的行为，罚款数额为非法经营额3倍以下；非法经营额无法计算的，罚款数额为10万元以下。而本案对商标侵权赔偿的数额，最高会达到苹果销售iPad产品的侵权所得利益的3倍。按照此标

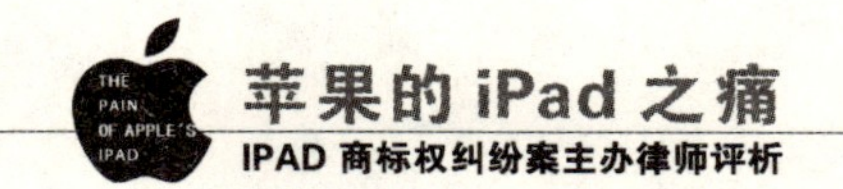

准计算,一旦败诉,苹果将面临的侵权赔偿和行政处罚金额将会高达300亿元人民币。从这一角度来说,因为目前iPad仍然在全国各地销售,此案拖得时间越久,这个赔偿数额也将变得愈发巨大。

总之,富邦保险在此敏感时期采取的行动相当的耐人寻味,为整个案件的发展平添了一丝悬疑。

至破产纠纷过后,唯冠整个诉讼团队内部似乎开始出现了一些不和谐的迹象。一方面,加上北京新闻发布会,和君创业及李肃个人已经发表了数次声明,言论极具战斗性,发表了诸如"唯冠起诉苹果胜算八九成"、"诉讼战打10年都不怕"、"越到最后苹果赔钱越多"的言论。甚至表示"这个官司我们奉陪到底。即使苹果放弃在内地使用IPAD商标,我们也得要求追赔"。这与律师团队谨慎表达的作风差别很大,与深圳唯冠总裁杨荣山也不能同步。而另一方面,就在李肃积极发表战斗宣言的时候,杨荣山却频频放出欲与苹果和解的信号,多次表示这个案件和苹果达成庭外和解是最好的解决方式。而在最新的声明当中,李肃又声称,IPAD商标已被债权人查封,深圳唯冠及其任何人已无权处置,与苹果的争斗体现的是债权人的利益。似有将杨荣山排除在外之意。

这些信息使得人们对李肃本人和其立场产生了浓厚的兴趣。李肃,公开的个人简历如此介绍:"和君创业咨询集团总裁,我国著名的管理咨询专家,历任北京市社会科学院经济研究所副所长、美国休斯敦大学亚美研究中心高级研究员、中国社科院社会发展中心特邀研究员等职务。是我国最早介入管理咨询和投资银行领域的专家之一。一直倡导并实施'管理咨询+投资银行'的联合模式,在企业的投资、转型、整合、运作等方面有着丰富的理论和实践经验,曾主导和参与几十个产业转型、收购兼并项目的策划实施,在投行业务的中国本土创新上独树一帜。"他曾代理过娃哈哈与达能之争、天府可乐与百事可乐之争等涉知识产权案件,可以说在这方面是有丰富经验的。此外据悉,李肃的另一个身份是唯冠控股的股东。

此次作为唯冠债务重组和诉讼的总顾问,唯冠的命运可以说与李肃是紧密相连的,甚至可以说是互为唇齿。唯冠需要利用李肃的专业知识和能力助其摆脱难关,利用与苹果的博弈解决当前的债务危机,同时也像杨荣山和李肃共同对外宣称的一样，没有放弃重振唯冠的希望。而李肃对唯冠也是有其诉求的，不仅仅因为他是唯冠的股东，而且受托处理深圳唯冠与苹果公司的IPAD商标纠纷，显然也会有服务费用。

或许只有如此解释，才能搞清楚双方在表态上的细微差别。对于杨荣山来说，迅速找到一个合适的价码与苹果和解，尽早处理唯冠当前的一系列问题是其考虑的重点。而对于和君创业来说，或许争取炒大此事，抬高价码，才有利可图。所以从开始站在债权人立场上公开提出的100亿人民币，到后来借美国律师之嘴提出的20亿美元，都在对舆论释放一种信息，即IPAD商标的确是非常值钱的，赔个上百亿元完全有依据。当然这也是商务谈判中惯常使用的技巧：狮子大开口，先抬高双方谈判的底线。但和君同时也要找到一个平衡点，不能令苹果认为完全无法谈拢，从而放弃和解的想法。于是，李肃又提出了一个较低的数额，即4亿美元，这与20亿美元相差不可谓不大，但作用是向苹果放出了一个信号：我们谈判的空间还是存在的。同时，再以其他手段辅助给苹果制造压力，比如在工商的投诉、对经销商的起诉，包括在美国的诉讼、申请海关扣押等。这些手段都是围绕着一个核心，就是倒逼苹果回到谈判桌，接受和君提出的价码。几轮攻势下来之后，苹果终因其低级错误守不住法理、情理的阵脚，渐渐处于下风。反而是杨荣山在这中间态度略显暧昧，数次表示，对于赔偿额，唯冠没有提出一个具体的数字。律师团队的策略似乎支持了杨荣山的态度，针对苹果经销商的侵权诉讼都没有提出赔偿数额，仅仅要求停止侵权行为和承担相应费用。这与和君创业的宗旨是有出入的。这样，不和谐的怪象顺理成章就出现了。

不过从另一个角度而言，这样做也有可能是唯冠方的一个策略。李肃冲在前唱黑脸，硬撼苹果，而杨荣山等则采取怀柔手段，一硬一软，使尽浑身解数诱苹果就范。毕竟归根结底，李肃及杨荣山都有同样的诉求，在争取与苹果和解的筹码上，自然是多多益善。

当然，这些都只是猜测，一切还要等二审结果出来才见分晓。

美国诉讼

2012年2月24日，唯冠向外界公布：作为整个维权作战的一环，以台湾唯冠

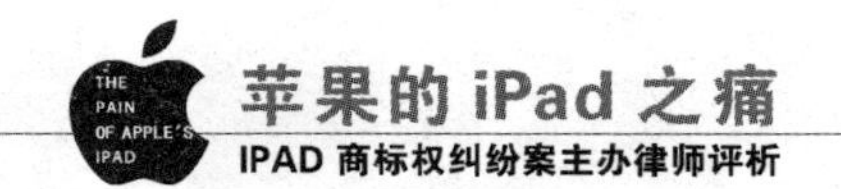

为主体，在美国加州圣克拉拉郡的高等法院向苹果发起诉讼，指控该公司在购买IPAD商标时存在欺诈，索赔55 000美元。台湾唯冠要求法院判定苹果商业欺诈罪名成立，并撤销IPAD商标的使用权。

这起诉讼是2012年2月17日提交给美国加州高等法院的。在这一天的新闻发布会上，各发言人也有提及，只是没有透露具体的行动细节。此外，在美国的诉讼由台湾唯冠聘请了美国当地的律师作为代理人。这一行动与李肃之前提出的美国前五大律师所与其商谈代理，诉苹果欺诈这一声明相吻合。看来唯冠方面终采其建议，进行了索赔20亿美元的尝试。

在起诉中，台湾唯冠称，苹果于2009年12月23日通过由其聘请的一家律师事务所成立的IP Application Development公司，斥资3.5万英镑（约合5.5万美元）从台湾唯冠手中购买了IPAD注册商标，但这一过程中并未解释购买该商标的真正目的，这是种“压迫的、欺诈的和恶意的”行为。台湾唯冠要求苹果进行赔偿，并希望法院解除双方此前就IPAD商标签订的协议，禁止苹果继续在产品中使用该名称。

针对台湾唯冠在美国的起诉，苹果发言人称，苹果公司已经通过正当渠道从深圳唯冠手中购买了IPAD商标，并表示：“唯冠科技拒绝遵守在中国与苹果签订的协议，而香港法院已经在这一问题上站在苹果一边。”

深圳唯冠的发言人拒绝对此发表评论。

这起诉讼是唯冠方面直接针对苹果公司的反击，使得唯冠与苹果之间的法律大战进一步升级。如能像美国律师所说那样挫败苹果，不但是为赢得中国大陆的诉讼增加筹码，甚至有可能推翻所有唯冠方面卖给IP公司的IPAD商标。但是此案从合同欺诈角度，或许有可能使双方的商标转让协议生效，但禁止苹果在其产品上继续使用iPad标识，似乎找不到什么依据。众所周知，商标专用权具有地域性，即便苹果没有能够得到大陆的商标，也不影响它的产品在美国使用该商标。况且，美国的商标制度采取的是使用在先原则，苹果iPad标识在美国的使用无可争议地取得了商标权。因此，这一诉讼请求怕是难以得到支持。

第十章
侵权诉讼

2011 年底，作为唯冠方面全面维权行动重要的一部分，深圳唯冠的代理律师分别在上海浦东法院、深圳福田区法院和广东省惠州市法院，以苹果的经销商为被告提起了商标侵权诉讼。这 3 家经销商分别是上海的苹果贸易（上海）有限公司、深圳的国美电器和惠州的深圳顺电连锁股份有限公司惠州家华分店。正如北京新闻发布会上所透露的，对这 3 家的起诉都没有提出侵权赔偿的金额要求，只是要求被告停止侵权行为，只是在上海的诉讼中提出了由被告承担全部诉讼费用和为制止被告侵权行为而产生的合理开支的诉讼请求。

在这里，我们还是先要理清在深圳的诉讼和这三地诉讼的关系。在深圳的诉讼是商标的权属诉讼，解决的问题是商标到底归谁。而在三地的侵权诉讼，解决的是在商标明确归深圳唯冠的情况下，针对苹果的不法使用提起的诉讼，二者的诉讼性质完全不同。在案件进行过程中，有人提出了这样的疑问：侵权诉讼的前提是商标权明确，而目前商标的权属尚在争议之中，这三地的法院是否应当以广东高院最终的审判结果来认定？

我国《民事诉讼法》第 136 条第 5 项规定，本案必须以另一案的审理结果为依据，而另一案尚未审结的，应当中止诉讼，即假如另一案的结果会直接影响本案的审理结果，本案应当暂停诉讼，直到另一案审结后继续进行。在我们的 IPAD 商标案中，广东省高院的判决是否可以成为三地侵权诉讼案的依据呢？假如是，三地的法院必须中止诉讼，等待广东省高院的判决。从程序角度来讲，答案是肯定的。不管未来在实体法上如何认定，深圳市中院已受理了该案件，而且这一确权之诉的结果——商标属于谁，直接影响到侵权诉讼的认定，毕竟如果判决苹果胜诉，IPAD 商标归其所有，是不能认定苹果商标侵权的。虽然深圳市中院一审判决深圳唯冠胜诉，但苹果在上诉期内已经提起上诉，一审判决还没有最终生效。因此，受理侵权诉讼的法院应当裁定中止审理，待广东省高院判决后再另行决定是否恢复审理。

惠州侵权诉讼

在深圳中院权属诉讼一审尚未结案之前，深圳唯冠就已经向广东省惠州市中级人民法院（以下简称惠州中院）起诉了顺电连锁，2011 年 11 月 10 日，惠州中院受理了此案。之后，惠州中院分别在 2012 年的 1 月 6 日和 2 月 13 日进行了两次开庭审理，审理过程中法庭依法追加苹果电脑贸易（上海）有限公司为本案的第三人。

深圳顺电连锁股份有限公司惠州分店成立于 2004 年，在苹果网站上查询到是其优质授权经销商，一直经营各种苹果的电子产品，自 iPad 在中国大陆上市以来也一直销售 iPad 平板电脑，业绩良好。

深圳唯冠为这个侵权诉讼也做了许多准备工作，委派了工作人员联合公证处一起查询了苹果的网站，获取了相关的授权经销商信息，并制作了公证书。然后律师与公证员一起来到顺电惠州家华分店购买了 iPad 2 平板电脑一台、屏幕保护膜和触控笔各一个作为侵权证据，购买过程也由公证处进行了公证。在各项准备工作充分的情况下，才向惠州市中院提起了诉讼。

原告深圳唯冠诉称：原告系一家外商投资企业，是注册号 1590557 号注册商标的合法注册商标权人。注册商标核准保护期限为 2001 年 6 月 21 日至 2011 年 6 月 20 日（现已核准续展至 2021 年 6 月 20 日）。上述注册商标注册类别为第 9 类，核定使用商品为：计算机、计算机周边设备、显示器（电子）、光通讯设备、电视机、收音机、照相机（摄影）、电子防盗装置、摄像机、电池。

原告经调查发现，被告深圳市顺电连锁股份有限公司惠州嘉华分店（简称顺电惠州嘉华分店），未经注册商标人许可，擅自于 2010 年 9 月开始销售带有“iPad”商标标识的掌上平板电脑产品，在机体等显著位置均清晰标注“iPad”商标标识。被告销售的商品上使用的“iPad”商标标识，与原告前述在相同商品上的注册商标完全相同。被告在相同商品上使用与原告注册商标完全相同的“IPAD”商标标识，已经构成了商标侵权行为，严重侵犯了原告注册商标专用权。

被告明知侵犯了原告的注册商标专用权却毫无顾忌地继续销售，构成恶意侵权。因为原告系IPAD注册商标的注册人一事，此前媒体已广为报道。被告之所以如此漠视中国法律，无非是认为自己系苹果公司的授权经销商，自认为有一实力强大的跨国公司为其撑腰。

原告认为，被告销售商标侵权产品，误导了消费者，扰乱了市场秩序，侵犯了原告注册商标专用权。为维护中国法律尊严、维护注册商标权人的合法权益，根据《中华人民共和国商标法》第52条，《中华人民共和国民事诉讼法》第29条之规定，恳请人民法院依法及时判决，判令被告立即停止商标侵权行为。请求法院依法判令：

1. 被告立即停止侵犯原告注册商标专用权的行为，停止销售iPad系列平板电脑产品；

2. 判令被告立即销毁侵权产品标识和包装；

3. 判令被告立即停止iPad系列产品的广告宣传活动；

4. 判令被告承担原告为制止被告的侵权行为所支付的合理开支，包括进行调查、取证等合理费用人民币7 580元；

判令被告承担本案全部诉讼费用。

被告顺电嘉华分店进行了答辩，称：

1. 涉案iPad电脑是从第三人苹果电脑贸易（上海）有限公司处授权经销而来，这个应当由第三人说明。

2. 被告认为，iPad平板电脑不属于计算机，属于潮流的电子产品，而且被告销售商品的商标与原告的商标有大小写的区分，原告商标用的是大写，被告的商标具有显著性，与原告的商标有很大的差异，并且消费者能够清楚地辨认，所以被告认为其商标与原告的IPAD商标不构成相同或者相类似，所以被告没有构成侵权。

在庭审时，第三人苹果电脑贸易（上海）有限公司作了如下陈述：

1. 本案的商标权属已发生买卖的权属变化，这个权属变更在2009年6月份，我们认为，2009年2月23日权属就已经转移（此处为笔误，实应为12

月23日——作者按),原告滥用诉权,不诚信。

2. 我们讨价还价是同唯冠集团的集体交易行为,原告的委托关系也是十分清楚的,按照《合同法》第402条,就是间接代理行为,尽管原告没有出现,原告仍受制于合同。成交后,原告拒绝签订合同,违反了诚信原则,所以我们认为本案原告没有权属。本案应予中止,本案权属不明,且深圳法院判决未生效,根据民诉法的相关规定,我们认为,本案符合相关情形,应当予以中止。如果真是发生了侵权,按照很多消费者所知,都知道iPad是苹果公司的产品,而不是唯冠的产品。我们认为这个知名产品是苹果创造的,这种侵权不存在。

法院经过审理,在第二次开庭3天后,于2012年2月16日作出了判决。次日,也就在唯冠召开新闻发布会的当天,深圳唯冠的代理律师肖才元就拿到了惠州中院下达的判决书。

法院在判决中认为:

首先,深圳唯冠作为IPAD注册商标的专用权人,享有上述注册商标的专用权,本案注册商标处于有效保护期内,深圳唯冠有权禁止他人在未经许可的情况下将"IPAD"标示用于商标注册类别所指明的商品或服务上。

其次,本案是否存在侵权,需从两个方面判定:一是确定注册商标核定使用的商品。IPAD商标申请注册的类别为第九类,包括了"计算机、计算机周边设备、显示器、光通讯设备、电视机、收音机、照相机"等一系列商品。第二是要判定被控商品和注册商标核定使用商品的关系。法院认为,被控iPad平板电脑与注册商标核定使用商品类别相同。第三要对比被控侵权商品使用表示与注册商标是否构成相同或近似,从而判定是否造成相关消费者的混淆。按照商标法的规定,判定是否造成混淆,应以相关公众的一般注意为标准。在对比对象隔离的状态下,对商标进行整体对比及对商标主要部分进行对比。法院认为,由公证保全的商品来看,iPad平板电脑上使用了注册商标"IPAD"全部的英文字母,原告注册商标的字母和排列顺序相同。同时,原告确认,该平板电脑并非原告或由原告授权许可的任何一个厂商制造的产品,而是属于假冒原告注册商标的产品。涉案平板电脑在商品外包装及商品上使用“IPAD”注册商标的标志，以及在该商品上直接使用IPAD商标作为商品名称的重要组成部分，足以使消费者对商品的来源产生混淆。被告和第三人作为涉案平板电脑商品的销售者或者授权经销商，理应承担法律责任。其行为违反了《商标法》第52条第（一）、（二）项的规定，属于侵犯原告注册商标专用权的行为。由于深圳顺电连锁股份有限公司在与第三人签订《苹果中国授权零售商协议》时，未尽到应尽的审查义务，没有对第三人是否取得了涉案商品的注册商标专用权以及第三人取得授权的真实性、合法性作进一步的审核。被告在庭审中仅仅提供了一份《苹果中国授权零售商协议》作为证据，并依此进行抗辩是不足的。尽管该证据说明了涉案产品的提供者是第三人，但是被告没有能够证明在销售侵权产品时有审查的行为和已完全履行审查的手续并尽到应尽的审查义务。因此，被告不能依据《商标法》第56条第3款的规定，即“销售不知道是侵犯注册商标专用权的商品，能证明该商品是自己合法取得的并说明提供者的，不承担赔偿责任”来免除自己的赔偿责任。而第三人虽然主张享有注册商标专用权，并没有侵犯原告注册商标专用权的行为，但是没有提交相应的证据予以支持，因此由被告和第三人共同承担举证不能的不利后果。因此，被告和第三人应当立即停止侵权行为，并赔偿原告的合理损失。

依据以上观点，法院判决如下：

1. 被告深圳市顺电连锁股份有限公司惠州家华分店在本判决生效之日起，立即停止侵犯原告第1590557号注册商标专用权的行为；

2. 被告深圳市顺电连锁股份有限公司惠州家华分店在本判决生效之日起5日内，赔偿原告为制止侵权行为所支付的合理开支7 580元。本案受理费50元，由深圳市顺电连锁股份有限公司惠州家华分店负担。

惠州案是第一起苹果的经销商被判侵权，但根据上述《民事诉讼法》第29条的规定，惠州中院不待广东高院的判决径行作出判决，实际上是违反民事诉讼程序规定的。不过不管怎样，在当时看来，此案的胜诉对唯冠具有重大意义，也为马上到来的上海之战注入了信心。

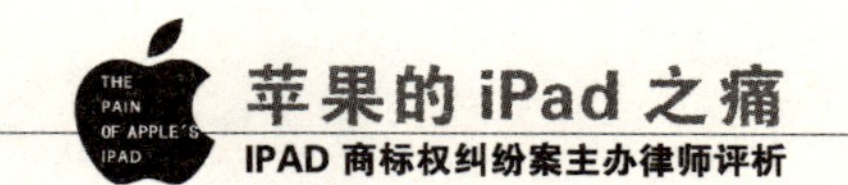

上海浦东之战

图 10-1　庭审当日，上海浦东新区人民法院门口（图片来源：新浪微博）

与惠州案相比，上海诉讼则吸引了更多的关注。此次在上海的诉讼也是针对苹果 iPad 平板电脑商标侵权的诉讼，被告是苹果贸易（上海）有限公司[以下简称苹果上海，与苹果电脑贸易（上海）有限公司非同一公司，不是惠州诉讼中的第三人]。这个公司注册地在上海浦东，因此受上海浦东区法院的管辖。苹果上海是 iPad 在整个大陆地区的总经销商，处于苹果经销体系的顶端。如果它败诉，有可能导致 iPad 平板电脑在整个中国大陆因商标侵权而不得不停止销售。

上海诉讼其实在 2011 年 12 月 15 日就已提起，法院排期至 2012 年 2 月 22 日开庭审理。

本案的独特之处在于，深圳唯冠在起诉的同时申请了诉前禁令，要求法院颁布，在此案件宣判前禁止苹果上海销售 iPad 平板电脑，并愿意为可能对苹果造成的损失提供担保。诉前禁令申请书原文如下：

申请书

申　请　人：唯冠科技（深圳）有限公司

法定代表人：杨荣山

住　　　址：中国深圳市盐田区沙头角保税区 21、23 栋北座

被 申 请 人：苹果贸易（上海）有限公司

地　　　址：上海市浦东新区世纪大道 88 号 31 楼 3164 室

法定代表人：PETER LEE OPPENHEIMER

上列当事人间，因商标侵权纠纷，欲向贵院提起法律诉讼。在提起诉讼之前，为了维护申请人合法的专利权益，避免因被申请人不断销售侵权产品而给申请人带来更大的损失，申请人特向贵院提出诉前责令被申请人停止侵权行为的申请。申请的事实根据和理由如下：

申请人，唯冠科技（深圳）有限公司，是一家享有20年历史的以专业电脑显示器研发、生产、销售为主的综合性国际知名IT企业，申请人所属的唯冠集团属下有两家分别在中国台湾和香港地区的上市公司及分布在中国、美国、欧洲、南美洲的16家分支机构，2002年，唯冠集团的显示器销量排名全球第五。

2000年1月10日，申请人向国家商标局提交了IPAD商标申请。2001年6月21日，商标局核准该商标在第9类商品上予以注册，注册号为第1590557号，核定使用的商品为“计算机、计算机周边设备、显示器等”。2011年10月11日，商标局核准了该商标续展申请。目前，该商标的有效期为2011年6月21日至2021年6月20日止。

2000年9月9日，申请人向国家商标局提交了iPAD商标申请。2001年12月14日，商标局核准该商标在第9类商品上予以注册，注册号为第1682310号，核定使用的商品为“计算机、计算机周边设备、显示器等”。目前，该商标尚在有效期内。

2010年始，申请人相继发现被申请人在上海设立的三家直营店大肆销售带有“iPad”标志的平板电脑。2011年12月8日，申请人的委托人在上海南京东路300号苹果直营店购买了一台平板电脑产品及其软包产品，在该平板电脑和软包产品的包装上，均有明显“iPad”标识。显而易见，被申请人在平板电脑上使用的“iPad”标志与申请人的已注册商标已经构成类似商品上的近似商标。根据《商标法》及其相关规定，被申请人的行为已经构成对申请人注册商标专用权的侵害。

鉴于上述情况的紧急性和严重性，申请人认为，如不及时制止被申请人的侵权行为，会使申请人的合法商标权益受到难以弥补的损害，并扰乱了正常的市场秩序。对此，根据《中华人民共和国商标法》、最高人民法院《关于审理商标民事纠纷案件适用法律若干问题的解释》、最高人民法院《关于诉前停

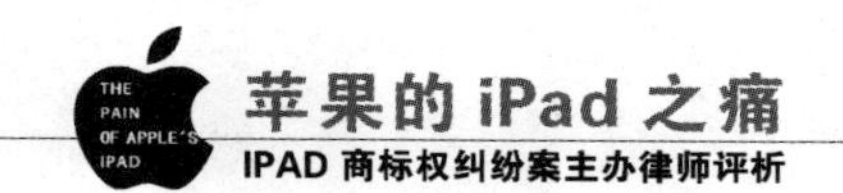

止侵犯注册商标专用权行为和保全证据适用法律问题的解释》,以及《中华人民共和国民事诉讼法》的有关规定,申请人特向贵院提出诉前责令被申请人停止侵权行为的申请。

请求目的:

请求人民法院责令被申请人立即停止销售侵犯申请人注册商标专用权的行为。

此致

上海浦东新区人民法院

申请人:唯冠科技(深圳)有限公司

2011 年 12 月 15 日

诉前禁令是我国知识产权司法制度中的一项措施,类似于英美法上的临时禁令,其正式名称为"诉前停止侵犯注册商标专用权行为",实务中简称"诉前禁令"或者"诉中禁令",是指为及时制止正在实施或即将实施的侵害权利人知识产权或存在侵害可能的行为,而在当事人起诉前,根据其申请,由人民法院作出裁定,要求行为人停止从事某种行为的强制性命令。诉前禁令被形象地称为诉讼中的核武器,权利人申请临时禁令一旦获得成功,不仅可以及时制止侵权行为,在判决前直接取得判决的效果,使对方立即停止其商业活动,影响其商业声誉,而且可以获得诉讼中的优势地位,迫使对方投降,从而省去繁琐的诉讼。

这一制度在我国的法律渊源见于《商标法》第 57 条:"商标注册人或者利害关系人有证据证明他人正在实施或者即将实施侵犯其注册商标专用权的行为,如不及时制止,将会使其合法权益受到难以弥补的损害的,可以在起诉前向人民法院申请采取责令停止有关行为和财产保全的措施。人民法院处理前款申请,适用《中华人民共和国民事诉讼法》第九十三条至第九十六条和第九十九条的规定。"

这一条文是 2001 年商标法修订时,根据世界贸易组织《与贸易有关的知识产权协议》(以下简称 TRIPS 协议)对知识产权执法要求以及我国加入世界贸易组织所作的承诺,而增加的关于诉前临时禁令和保全证据的规定。

申请禁令程序上的处理适用民事诉讼法的规定,即参照诉前保全的相关规定。《民事诉讼法》第93条规定的可以提起诉前禁令的主体较广泛，包括权利人和利害关系人，比如许可合同中的被许可人。

根据《关于诉前停止侵犯注册商标专用权和保全证据适用法律问题的解释》第9条的规定："人民法院接受商标注册人或者利害关系人提出责令停止侵犯注册商标专用权行为的申请后，经审查符合本规定第四条的，应当在四十八小时内作出书面裁定；裁定责令被申请人停止侵犯注册商标专用权行为的，应当立即开始执行。"第4条规定："申请人提出诉前停止侵犯注册商标专用权行为的申请时，应当提交下列证据：（一）商标注册人应当提交商标注册证，利害关系人应当提交商标使用许可合同、在商标局备案的材料及商标注册证复印件；排他使用许可合同的被许可人单独提出申请的，应当提交商标注册人放弃申请的证据材料；注册商标财产权利的继承人应当提交已经继承或者正在继承的证据材料。（二）证明被申请人正在实施或者即将实施侵犯注册商标专用权的行为的证据，包括被控侵权商品。"也就是说，法院在接到申请后，通常只对所提交证据的真实性和合法性作出审查，只要依据该证据，可以认定有侵权存在即可作出裁定。

但学界对此也有不同的看法：一种看法认为，对侵权或侵权可能性的证据只作形式审查即可，即审查申请人是否符合权利主体资格以及被申请人是否正在实施或即将实施被控侵权行为即可。因为认定侵权是否成立必须通过完整的诉讼程序才能作出。对于申请人而言，要求其在诉前就提供能证明侵权行为成立的证据过于苛刻；而对于法官而言，要求其在48小时之内从申请人提供的初步证据即判断出侵权行为是否存在，难度显然也较大。另一种观点认为，应对证据作实质性审查。理由在于，要求申请人提供的证据能够初步证明有侵权行为存在，一方面可以有效地防止申请人权利滥用，造成司法资源的浪费；另一方面如果没有初步证据能证明侵权存在的可能性就采取诉前禁令，无疑是对被申请人基本民事权利的侵犯。

从上面的分歧可以看出，对于如何认定"侵权或存在侵权可能性"，并没有一个严格的标准，对于法官而言存在较大的自由裁量空间。而这对于申请人来说则存在较大的风险，申请极有可能被驳回，从而面临利益被侵害的危险。2011年最高人民法院《关于充分发挥知识产权审判职能作用推动社会主义文化大发展大繁荣和促进经济自主协调发展若干问题的意见》对此作了进一步的指引，《意见》提

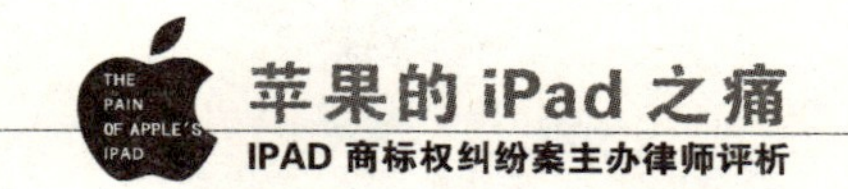

到:“妥善处理保护专利权与防止权利滥用的关系,依法规制滥用专利权及滥用诉前禁令制度。在依法保护专利权和保障当事人诉权的同时,注意防止专利权人明显违背法律目的行使权利,不正当地损害竞争对手,妨碍公平竞争和扰乱市场秩序。……适度从严把握法律条件,加强程序保障,依法慎重采取诉前停止侵犯专利权措施。坚持把事实比较清楚、侵权易于判断作为采取诉前停止侵权措施的前提条件。对于需要进行比较复杂的技术对比才能作出侵权可能性判断的行为,不宜裁定采取责令诉前停止侵权措施。”该规定虽然是针对专利而言,但从中可以看出,最高人民法院对于知识产权诉前禁令的适用还是比较谨慎的,似倾向于对侵权证据作实质性审查,从而防止权利滥用。

而在实践当中,申请诉前禁令的成功案例极少,尤其是近几年各地法院出于谨慎,法院很少颁发,据悉,北京法院十几年来从未颁发一件,上海似乎也是,至少在上海浦东新区法院,尚没有裁定适用诉前禁令的先例。但不管怎么说,采取这样一步行动,一方面在配合部分地区工商查处、iPad 下架的说法,给苹果制造压力,因为一旦禁令成功颁发,会造成消费者的紧张,这一效果其实很好地达到了。此外,也可以试探法院对此案的态度,假如能够成功,更是在胜利的道路上前进了一大步。对于浦东法院来讲,能否按照法律规定公正地作出裁定也是对司法创新的一次尝试,即便裁定不颁布禁令,只要能在程序法和实体法上给出令人信服的理由,就十分有意义。因此,定于 2 月 22 日的庭审值得瞩目。

2012 年 2 月 22 日上午,在上海浦东区法院,唯冠科技(深圳)有限公司起诉苹果贸易(上海)有限公司侵害商标权案开庭审理。当天,上海细雨蒙蒙,但却不能使媒体的热情有一丝的减弱。早上 7 点多就开始有媒体到场等待采访。其中,既包括有上海的、也有外省市的,甚至还有法国、日本、美国等境外的媒体。安检通道处排起了长龙,安检室里更是挤得水泄不通。法庭里的旁听席一共有 44 个席位,法院允许每家媒体最多只能进去 1 个人。即使这样,开庭时仍有几十名记者,十多台摄像机在外面等候,难以进入。现场还有许多各校法学院的学生专门请假过来旁听,但是由于旁听的人太多,很多人并未能够进去。

此次庭审是这起侵权诉讼案件一审的第一次开庭,从上午 9 点开始,共进行了约 4 小时的时间。原告深圳唯冠委托了马东晓律师出庭,被告苹果上海委托了广东深大地律师事务所的胡晋南律师和北京金杜律师事务所的瞿淼律师出庭应诉。

庭审开始后，首先由原告深圳唯冠方马东晓律师宣读了起诉书。起诉书原文如下：

起　诉　状

原　　　告：唯冠科技（深圳）有限公司

法定代表人：杨荣山

住　　　址：中国深圳市盐田区沙头角保税区21、23栋北座

被　　　告：苹果贸易（上海）有限公司

地　　　址：上海市浦东新区世纪大道88号31楼3164室

法定代表人：PETER LEE OPPENHEIMER

案　　　由：侵犯注册商标专用权

请求事项：

1. 判令被告立即停止销售带有原告注册商标的平板电脑产品；

2. 判令被告立即拆除其店面中带有原告注册商标的标识和徽标；

3. 判令被告立即销毁其印刷的带有原告注册商标的宣传品；

4. 判令被告在全国发行的报纸上登报消除因其违法使用原告注册商标而在消费者中造成混淆的不良影响；

5. 判令被告承担本案全部诉讼费用和原告为制止侵权行为所支付的合理开支。

事实和理由：

原告，唯冠科技（深圳）有限公司，是一家有20年历史的以专业电脑显示器研发、生产、销售为主的综合性国际知名IT集团企业，属下有两家分别在中国台湾和香港地区的上市公司及分布在中国、美国、欧洲、南美洲的16家分支机构，2002年，唯冠集团的显示器销量排名全球第五。

2000年1月10日，原告向国家商标局提交了IPAD商标申请。2001年6月21日，商标局核准该商标在第9类商品上予以注册，注册号为第1590557号，核定使用的商品为“计算机、计算机周边设备、显示器等”。2011年10月

11日,商标局核准了该商标续展申请。目前,该商标的有效期为2011年6月21日至2021年6月20日止。

2000年9月9日,原告向国家商标局提交了iPAD商标申请。2001年12月14日,商标局核准该商标在第9类商品上予以注册,注册号为第1682310号,核定使用的商品为“计算机、计算机周边设备、显示器等”。目前,该商标尚在有效期内。

自2010年始,原告相继发现被告在上海设立的3家直营店正大肆销售带有“iPad”标志的平板电脑。2011年12月8日,原告的委托人在上海南京东路300号苹果直营店购买了一台平板电脑产品及其软包产品,在该平板电脑和软包产品的包装上,均有明显“iPad”标识。显而易见,被告在平板电脑上使用的“iPad”标志与原告的已注册商标已经构成类似商品上的近似商标。

综上,原告认为,根据《商标法》及其相关规定,被告的行为已经构成对原告注册商标专用权的侵害。鉴于此,原告特向贵院提起诉讼,请贵院支持原告的各项诉讼请求,依法维护原告的合法权益。

此致

上海市浦东新区人民法院

原　告:唯冠科技(深圳)有限公司

代理人:国浩律师集团(北京)事务所

马东晓　律师

北京国浩锐思知识产权代理有限公司

程学琼　商标代理人

2011年12月15日

针对深圳唯冠的诉讼请求,被告苹果贸易(上海)有限公司的代理律师发表了如下答辩意见:

一、答辩人销售的平板电脑有合法来源,且在销售时并无过错,不应当承担侵权责任

答辩人作为美国苹果公司指定的授权销售商通过合法渠道代为销售美国苹果公司的产品,其销售的产品均来源于美国苹果公司。而且,美国苹果公司的 iPad 电脑在中国大陆公开销售前已在全球数个国家公开销售，各种媒体均已有充分的报道，答辩人从美国苹果公司合法取得 iPad 电脑销售，其主观上并无过错，不应当承担侵权责任。

二、美国苹果公司已通过合法途径受让了涉案商标，其使用涉案商标有合同和法律依据

早在 2009 年 8 月份，英国 IP 申请发展有限公司（以下称“IP 公司”）即同包括被答辩人在内的唯冠集团联系购买唯冠集团旗下所有的 IPAD 相关商标，初步谈判由英国唯冠负责，随后转由被答辩人（深圳唯冠）进行进一步的磋商，经过被答辩人同 IP 公司的多轮协商，确定了交易标的、交易价格、支付方式、合同条款。随后 IP 公司根据被答辩人的安排以支票的形式向“唯冠电子股份有限公司”足额支付了转让款。被答辩人确认支票无误后最终安排 IP 公司在台湾签订了 IPAD 商标转让协议。由此可见，在签订书面转让协议前，包括被答辩人在内的唯冠集团实际同 IP 公司就转让所有 IPAD 有关商标达成了合意，IP 公司亦足额支付了对价，合同已实际成立。而被答辩人实际主导了唯冠集团转让商标的整个过程，对包括涉案商标在内的所有商标转让给 IP 公司不仅完全知情，而且自始至终均无异议。故，IP 公司取得涉案商标显然有合同和法律依据。苹果公司随后同 IP 公司签订协议受让了涉案商标，并将其使用在自己生产的平板电脑上是合法使用，并不构成对被答辩人商标权的侵犯。

三、本案被答辩人与美国苹果公司就涉案“IPAD”商标的权属存在重大争议且未有最终司法裁决，本案应当依法中止审理

首先，被答辩人与美国苹果公司就涉案商标的权属存在重大争议，各方均主张享有 IPAD 商标的专用权。而该权属纠纷的案件深圳中院虽已作出了（2011）深中法民三初字第 208、233 号判决，但该判决由于美国苹果公司提出上诉目前未发生法律效力。IPAD 商标专用权最终属于谁，目前尚无定论。

其次，本案答辩人销售的涉案产品均来自于美国苹果公司。所以本案的侵权纠纷实际是对美国苹果公司在其平板电脑使用 IPAD 商标是否构成侵权进行判断。本案的争议实际也是发生在被答辩人和美国苹果公司之间，答

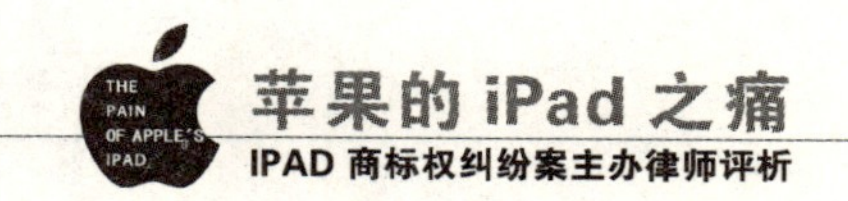

辩人只是作为美国苹果公司的授权销售商介入其中的一个销售环节。因此，本案的审理将不可避免地涉及对 IPAD 商标权属的判断，由于 IPAD 商标权属已由另案审理，且未有最终判决的情况下，若本案直接对 IPAD 权属进行实质性审理，将不符合法律的规定。

最后，因本案系被答辩人针对同其商标权有权属争议的美国苹果公司授权销售商提起的商标权侵权诉讼，所以 IPAD 商标权属是否清晰明确，实际已成为本案审理的前提和关键，如果最终广东省高级人民法院判决认定涉案 IPAD 商标归美国苹果公司所有，答辩人所谓销售侵权产品的行为就是一个授权合法销售的行为。

根据《中华人民共和国民事诉讼法》第 136 条的规定："有下列情形之一的，中止诉讼：……（五）本案必须以另一案的审理结果为依据，而另一案尚未审结的……"为此，答辩人申请中止本案的审理，待广东省高级人民法院就 IPAD 权属纠纷作出最终判决后再恢复本案的审理。

四、被答辩人在明知涉案商标权属存在争议的情况下，避开涉案产品的生产者，只选择授权的销售商提起诉讼，明显存在恶意且浪费司法资源

被答辩人明知其同美国苹果公司存在商标权属纠纷，答辩人是美国苹果公司的授权销售商，销售的平板电脑系美国苹果公司授权生产，但在本案中不对美国苹果公司提起诉讼，只针对授权合法销售美国苹果公司产品的答辩人提起侵权诉讼。被答辩人的目的十分明确，即避免直接起诉美国苹果公司导致案件中止审理，另一方面通过起诉销售商对美国苹果公司施加压力，并通过媒体舆论的宣传影响商标权属纠纷的最终判决，其诉讼存在明显的恶意。

另外，被答辩人在权属纠纷未有定论的情况下，只针对销售商提起侵权诉讼，若相关诉讼没有中止，将直接导致侵权判决结果具有不稳定性，有可能造成相关侵权诉讼的判决事后需要再审甚至执行回转。类似诉讼若不及时中止审理，客观上会造成被答辩人更进一步的滥用诉权、浪费更多司法资源。

综上所述，请求法庭依法中止本案的审理。

随后，双方进行了证据交换和质证。正是在这个环节中，深圳唯冠首次出示了两组实物证据，证明其早在2000年以前就已经开始研发和销售使用IPAD商标的产品，而苹果制造销售iPad平板电脑是侵权行为。一组实物证据是由深圳唯冠授权深圳一家科技公司生产的iPad产品实物。该iPad产品装在一个黄色常用包装纸箱子里边，上面印着红色的4个大写的字母IPAD，箱子上注明的产品名称是“超薄液晶显示器”，显示里面所装的是电脑显示器，而并非是像苹果平板电脑那样的产品。

对此深圳唯冠方面解释说：“对IPAD商标的使用主要在两个方面，一是授权深圳越腾科技有限公司生产了使用IPAD注册商标的产品，这是一种可用于车载的GPS导航产品；一是唯冠工厂自己在超薄高清液晶彩色显示器上使用。这些产品目前仍在生产销售，原告可提供这些企业的联系方式予以证明。苹果没有征得我们同意就使用IPAD商标，就是侵权。”同时，马东晓律师在庭上介绍，早在2000年的8月，在香港上市的唯冠国际公司就与美国国家半导体公司合作研发iPad商品，同年9月的《香港商报》对此还作过报道。

对于唯冠公司出示的证据，苹果公司的代理律师认可IPAD商标当时的确为深圳唯冠所有，但对其出示的宣传册证据的真实性却不予认可。对于原告方展示的“IPAD”显示器，被告方律师称，该IPAD显示器生产日期显示为2009年10月，但2008年深圳唯冠就陷入了财务危机，生产已不能正常进行；至2009年深圳唯冠的工人解散，八大债权人已托管其资产，连IPAD商标也被保全，不可能还有此类产品生产。这只能说明这件证物只进入法庭并未进入市场，没有销售就不能视作使用，作为证据的显示器很可能是为诉讼而做，希望唯冠公司等提供他们生产的“IPAD”产品的制作记录、销售证明和纳税记录等证据。

接下来，深圳唯冠为了证明自己拥有商标权，提供了中国商标网的网页等，证明自己拥有IPAD商标的所有权。“我们早在苹果生产出iPad前就注册并生产相关产品，苹果用我们的商标就是侵权！”

对此被告方回应：“苹果对商标在唯冠名下没有争议，但是对其证明的目的不认可，因为之后该商标已经发生转让，苹果通过合法途径，已经获得iPad商品使用的授权，是唯冠不讲诚信。”此外，被告认为，唯冠绕开产品生产者而直接告销售商，存在恶意行为，要求停止诉讼。

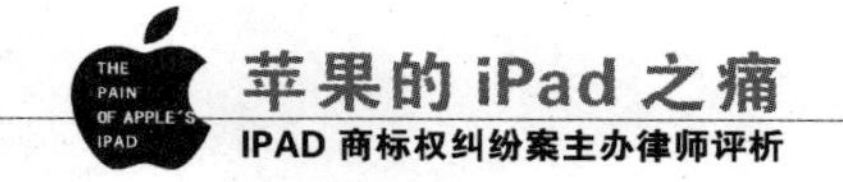

随后被告出示了一项证据，是 IPAD 商标中国大陆的转让协议呈批表，上面有深圳唯冠的负责人杨荣山批的一个“准”字，用以证明深圳唯冠参与了商标转让。这个证据其实在前两天苹果公司对媒体公开的律师函上就已提到过。

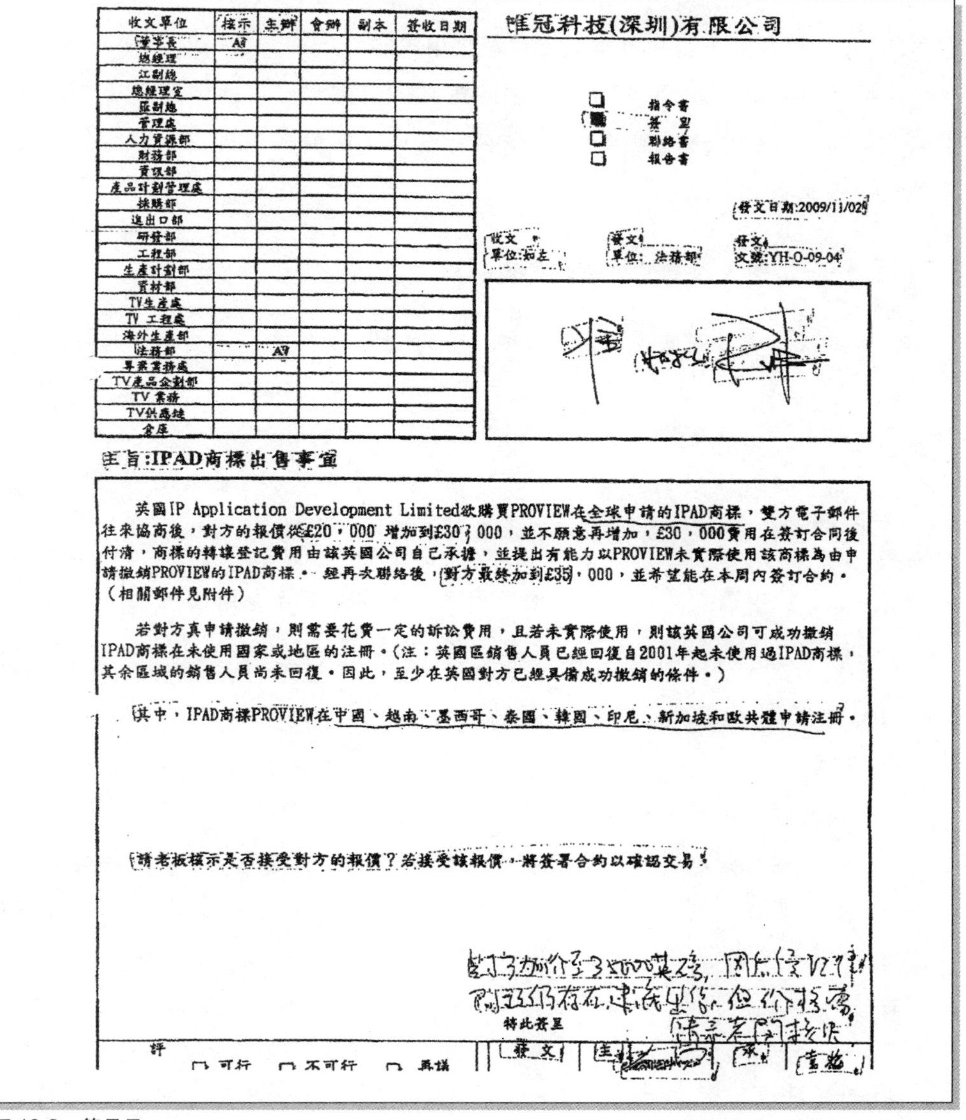

收文單位	核示	主辦	會辦	副本	簽收日期
董事長	A?				
總經理					
江副總					
總經理室					
區副總					
管理處					
人力資源部					
財務部					
資訊部					
產品計劃管理處					
採購部					
進出口部					
研發部					
工程部					
生產計劃部					
資材部					
TV生產處					
TV 工程處					
海外生產部					
法務部		A?			
事業業務處					
TV產品企劃部					
TV 業務					
TV供應鏈					
倉庫					

唯冠科技(深圳)有限公司

□ 指令書
■ 簽 呈
□ 聯絡書
□ 報告書

發文日期:2009/11/02

收文單位:如左　發文單位:法務部　發文文號:YH-O-09-04

主旨:IPAD商標出售事宜

英國IP Application Development Limited欲購買PROVIEW在全球申請的IPAD商標，雙方電子郵件往來協商後，對方的報價從£20，000增加到£30，000，並不願意再增加，£30，000費用在簽訂合同後付清，商標的轉讓登記費用由該英國公司自己承擔，並提出有能力以PROVIEW未實際使用該商標為由申請撤銷PROVIEW的IPAD商標。經再次聯絡後，對方最終加到£35，000，並希望能在本周內簽訂合約。(相關郵件見附件)

若對方真申請撤銷，則需要花費一定的訴訟費用，且若未實際使用，則該英國公司可成功撤銷IPAD商標在未使用國家或地區的注冊。(注：英國區銷售人員已經回復自2001年起未使用過IPAD商標，其余區域的銷售人員尚未回復。因此，至少在英國對方已經具備成功撤銷的條件。)

其中，IPAD商標PROVIEW在中國、越南、墨西哥、泰國、韓國、印尼、新加坡和歐共體申請注冊。

請老板核示是否接受對方的報價？若接受該報價，將簽署合約以確認交易！

特此簽呈

評　□ 可行　□ 不可行　□ 再議

發文　主　承　審核

图 10-2　签呈函

对此马东晓律师发表质证意见称:“这是今天法庭上苹果展示的唯一的新证据,但由于是复印件,而苹果又提供不出原件,法院当庭没有鉴别真伪,所以无法评价。”这件证据最终也没有被法院采纳。

在质证环节,双方就已争论激烈,火药味十足,审判长不得不多次提醒双方注意语气,并要求双方不得在证据交换阶段展开辩论。

质证环节结束后,深圳唯冠要求法院按其诉请判定被告商标侵权成立,并请求法院依前日申请下达诉前禁令,责令被告在审结前停止销售侵权产品。对此,马东晓律师发表了7点代理意见:

一、申请人享有无可争辩的商标权

申请人作为国家商标局第1590557号商标注册证上记载的商标注册人,依《中华人民共和国商标法》享有商标专用权,即,有权制止他人未经许可在核定的商品上使用核准注册的商标,这是商标法的基本要义。

由申请人提供的中国商标网商标查询结果显示,截至2月20日,第1590557号商标仍然登记在申请人名下,申请人有权主张权利。

二、被申请人的行为正在侵犯申请人的注册商标专用权

被申请人销售的产品带有“iPad”标识,该标识与原告的已注册商标“IPAD”(第1590557号)构成相同商品上的相同商标。被告的行为构成《商标法》第52条第1款第(二)项“销售侵犯注册商标专用权的”商品的行为,属于侵犯注册商标专用权。

(1)被控侵权产品与原告核准注册商标指定使用的商品属于相同商品;

(2)根据最高人民法院《关于审理商标民事纠纷案件适用法律若干问题的解释》第9条、第10条规定,被控侵权产品上使用的标识“iPad”与申请人的“IPAD”商标相比,在隔离状态下,对商标进行整体比对,以及对商标主要部分进行比对,二者在视觉上差异不大,字母组合的整体形态和排序结构基本相同,可以认定为相同商品上的相同商标。

三、台湾唯冠与IP公司的商标交易与申请人无关

我国《商标法》第39条规定:“转让注册商标的,转让人和受让人应当签订转让协议,并共同向商标局提出申请。受让人应当保证使用该注册商标的商品质量。转让注册商标经核准后,予以公告。受让人自公告之日起享有商标专用权。”

众所周知,知识产权是准物权,除了形态无形外与物权其他特征完全相同,其转让也当然遵循物权变动的公示原则和公信原则,具体即物权变动的合同行为和登记行为相区分原则。《商标法》第39条即是对商标权转让行为区分了合同效力和登记效力,并规定了商标权转让自登记公告生效。

本案中,申请人从未与任何人共同向商标局提起过转让申请,更没有经过商标局核准公告,何来涉案商标的转让?甚至,申请人都没有和任何人签署过商标转让协议,因此不要说申请人没有登记行为,申请人实际上也没有合同行为。台湾唯冠与IP公司之间的约定不能对合同之外的申请人发生效力。

四、台湾唯冠与申请人之间不存在表见代理关系

我国《民法通则》第66条规定了表见代理的内容,所谓表见代理,简单说就是“以假乱真,姑以真论”。其必须具备本人、代理人和第三人之间的代理要件,其核心是无权代理人以本人名义对外订立合同,使第三人信以为真。

本案中,无论是台湾唯冠与IP公司的合同,还是台湾唯冠给麦××出具的授权书,均是两个主体,从未出现本人(即深圳唯冠);而麦××更未以深圳唯冠名义行事,何来IP公司信以为真?此观点已经深圳中院一审予以否定。

因此,就台湾唯冠与IP公司之间的合同提出表见代理,恐怕是误解了这一概念的本意。

五、自平板电脑推出前至今,申请人商标一直在使用

多份证据均证明了涉案商标自2009年6月至今一直在使用。

六、被申请人的侵权行为构成反向混淆

所谓反向混淆，是指一些在后的大公司故意使用一些小公司的在先注册商标，在大量的广告促销后，消费者可能反过来认为小公司的商标来源于大公司，小公司因此不可能再自主地使用其商标，甚至这些小公司被剥夺了名誉和商誉。

关于反向混淆，美国法院最早在1977年的“固特异轮胎案”中就有判决认为此举构成不正当竞争，之后1988年的“班夫”案正式确立了反向混淆的概念。我国的浙江省高级人民法院在2007年的蓝野酒业诉百事可乐的“蓝色风暴”案中，也认定构成商标侵权。

被申请人的母公司苹果公司是全球市值最大的公司，拥有巨大的市场影响力，但却在明知不拥有涉案商标的情况下，故意通过大规模的广告宣传和市场营销将申请人商标据为己有并大肆使用，从而使消费者误认为涉案商标与苹果公司有关，使申请人与涉案商标之间的特定联系被人为割裂，使涉案商标失去表明其来源的识别功能，导致申请人寄予商标谋求市场声誉、扩展发展空间、塑造企业形象的努力受到抑制，最终直接丧失将来可能有的市场扩展的空间。

从互联网上一些网友对申请人的评论中，可以看出反向混淆对申请人的影响已经非常明显。

七、被申请人的侵权行为已经给申请人造成难以弥补的损害

被申请人的侵权行为，不仅湮没了申请人的在先商标，而且使申请人丧失了注册商标的价值，丧失了对自己商誉和名誉的控制，丧失了重新进入市场的能力。

自金融危机以后，申请人资不抵债，基本处于歇业状态，为生产自救，申请人一直在当地政府的支持下重组债务，盘活资产。但是被申请人及其母公司苹果公司持续、饱和、高调地使用涉案商标，使得申请人的重组多次流产，至今不能有效偿还债务，恢复生产。如果人民法院再不能责令被申请人停止侵权，将有可能使申请人永远丧失重组的可能性，直接进入破产程序。代理人认为，此种损失确属法律规定之“难以弥补的损害”。

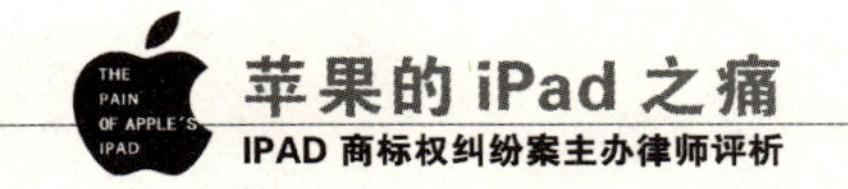

香港法院在苹果公司并未有现实损害发生的情况下，都能够以“难以弥补的损害”为由下达禁止令，唯冠已经有重组失败的现实损害发生，现在也应得到禁售令。

综上所述，本案在侵权事实清楚、申请人面临现实的难以弥补之损害，且已经有其他法院判决被申请人的上级公司停止侵权的情况下，完全符合作出责令停止侵犯注册商标专用权行为，申请人此陈此请，望法院体察体恤。

在这一环节，被告则提出，唯冠 iPad 产品未进入市场，不能证明其使用过 IPAD 商标。此外，权属纠纷案件已上诉至广东省高院，目前商标权归属还不确定，特向法院申请中止本案的审理，并且驳回原告要求下达“禁售令”的申请。作为驳回“禁售令”的理由，苹果方律师胡晋南提出，如果实行销售禁令，不仅仅损害了苹果的利益，还会波及公众利益、国家利益乃至国家形象，比如因苹果代工均在中国，围绕苹果产品在中国已形成完整产业链，禁售可能导致产业上下游很多企业停产、大量员工下岗。而消费者则无法通过合法渠道买到 iPad 平板电脑，将刺激水货市场，政府的税收也会因此受到影响，甚至还可能因为“违反 WTO 原则”，影响到中国的形象。

鉴于案情复杂，浦东法院并没有当庭作出裁决，也没有说明下次开庭的时间，但法庭要求双方不得对外发布任何有关该案件的评论或声明。另外，法庭要求原告对被告提出中止审理此案的申请作出答辩，为争取时间，马东晓律师要求次日回到北京后再向法庭提交书面答辩意见。

图 10-3　马东晓律师庭审后接受媒体采访（图片来源：新浪微博）

图 10-4　谢湘辉律师庭审后接受媒体采访（图片来源：环球网）

就在马律师返回北京，欲立即准备答辩状的时候，就接到了上海浦东新区法院传真发来的刚刚作出的两份裁定。一份是针对原告申请禁售令的，裁定驳回申请人深圳唯冠要求责令被申请人苹果贸易（上海）有限公司停止销售“iPad”平板电脑的申请，理由是：申请禁售令的前提是被申请人正在实施或者即将实施侵犯注册商标专用权的行为。而本案中，被申请人销售的“iPad”平板电脑来源于美国苹果公司。苹果公司等与申请人之间就涉案商标因转让合同引起的权属纠纷正在广东省高级人民法院二审审理中，在该院作出终审判决前，涉案商标权归谁所有尚处于不确定状态。因此，在苹果公司使用“iPad”标识是否构成侵权尚难定论的情况下，认定被申请人销售 iPad 平板电脑侵权缺乏依据，因此该申请不符合法律规定，裁定驳回。另一份是对被告方申请中止审理的裁定。法院认为，深圳市中院虽已对苹果诉深圳唯冠商标权属案作出了判决，驳回了苹果公司等的诉讼请求，但苹果公司等已向广东省高院提起上诉，现该案正在审理中。广东省高院就该案的判决将直接影响到本案的处理，因此依照相关法律规定，裁定本案中止审理。

针对上海浦东新区法院的这份裁定，深圳唯冠立即提交了复议申请，要求法院撤销上述民事裁定。经过复议，上海浦东新区人民法院于 2012 年 2 月 29 日下达了（2012）浦民三（知）初字第 10 号复议决定书，其中，法院认为，人民法院责令停止侵犯注册商标专用权行为的前提条件，首先必须是存在正在实施或即将实施侵害注册商标专用权的行为，再考虑该行为是否会造成权利人难以弥补的损害等其他方面的因素。由于案外人美国苹果公司等与申请复议人之间就涉案商标因转让合同引起的权属纠纷正在广东省高级人民法院二审审理中,亦即涉案商标的权利归属可能因商标转让合同而发生变化。在该院作出终审判决之前,美国苹果公司使用“iPad”标识是侵权使用还是根据商标转让合同有权使用尚难定论。因此,目前本案尚不足以认定苹果贸易(上海)有限公司销售来源于美国苹果公司的“iPad”平板电脑的行为构成侵权。根据以上理由,上海浦东新区人民法院决定驳回深圳唯冠的复议申请,维持原裁定。

上海侵权诉讼的结果非常出人意料,上海浦东新区法院在同意原告律师提交书面答辩的情况下,居然急不可耐,不待原告方律师有所回应,在最短时间内下达了民事裁定书,可以说打了唯冠一个措手不及。外界对此也充满了疑问,恰逢苹果方更换了代理人,人们纷纷猜想,是否苹果背后律师团强大的活动能力起到了关键性的作用?不过猜想仅仅是猜想,深圳唯冠唯有积极寻求应对策略,争取在下一轮交锋中重获优势。

不过,从法律上讲,中止诉讼只是暂停诉讼的意思。当成就一定共同法律条件后,将恢复审理。这一法律条件就是,广东省高院就美国苹果公司等与深圳唯冠等之间的商标权转让合同引起的权属纠纷作出二审判决。于是,一切问题解决的焦点又回到了即将于2012年2月29日在广州开庭的权属诉讼的二审上来。

第十一章
二审激辩

2012年2月29日，一个决定性的日子，一个万众瞩目的日子。当天，苹果及IP公司诉深圳唯冠商标权属纠纷案二审在广东省高级人民法院开庭审理。

这天早上6点半，广东省高级人民法院外就已经有零星的媒体记者在等待。到了上午7点左右，法院门口已是人头攒动，各境内外媒体以及当地民众都早早排队等候旁听。临近开庭时，到场准备旁听者已达百余人，等候的队伍已经排成长龙，其中不乏讲着各国语言的外国记者。有些记者因担心人多不能够入场旁听，甚至专门雇了“黄牛”替其排队。许多普通民众也来参加旁听；现场一位从事与律师行业有关的先生说，他早上五点多就起床了，匆匆赶到法院，生怕错过这场备受注意的庭审，他觉得今天庭审的一切充满变数，作为普通民众，他更希望一切可以和解协调；而广州某企业的工作人员则表示，他今天来这里旁听，更多是为了学习，该案件让企业意识到今后在合同及知识产权等方面一定要严谨细致，不能出一点差错。

图11-1　开庭当日，法院门前人头攒动，媒体和民众排队等候进入法庭（图片来源：中新网）

图 11-2　肖才元律师在法庭外（图片来源：潇湘晨报）

法庭内，虽然人数众多，但一切安排得井然有序。广东省高院早已对这次庭审作出了公告，并做了充足的庭审准备。为了这次 IPAD 商标案二审开庭，法院方面一共打开了 5 个法庭，供双方当事人、媒体以及民众旁听，其中，专门为媒体开设了三个法庭。因为旁听者不能都集中在一个法庭，法院专门准备了视频设备，对第一法庭的庭审进行现场视频直播。除了第一法庭之外，其他法庭的人都只能通过这个视频直播来旁听庭审。

此次庭审，双方出庭的代理律师为：上诉方苹果公司及 IP 公司为金杜律师事务所的史玉生和矫鸿彬律师以及杨浩和胡晋南律师，被上诉方深圳唯冠为广东广和律师事务所的肖才元律师和国浩律师事务所深圳办公室的谢湘辉律师。双方的当事人及代理人早早来到法庭，各就各位，稳定心绪，等候着即将开始的争锋。

上午 9 点，合议庭鱼贯进入法庭就座，庭审正式开始。

书记员宣布完法庭纪律后，审判长邱永清法官宣布开庭。法庭首先核对了双方当事人及代理人的情况。核对完毕后，审判长宣布双方出庭人员符合法律规定，可以参加诉讼活动。而针对合议庭即法庭其他组成人员，上诉人与被上诉人双方也都没有申请回避，开始的一切显得十分顺畅。

接着，审判长询问上诉人代理律师是否有证人出庭作证。上诉方代理律师回答称有。审判长继续询问证人是否到庭。律师回答道，证人已到庭，但未在审判庭内，而是在庭外等候。

审判长点头示意知道了，然后声明：因本次开庭是二审审理，对于在一审中已查明的事实不再进行审理。

图 11-3　上诉人一方(图片来源:广东省高院微博)

图 11-4　肖才元律师和谢湘辉律师在庭审中(图片来源:华商网)

依照庭审程序,首先由上诉人苹果公司进行陈述。苹果公司方主辩律师是史玉生律师,史律师四十多岁模样,略有胡须,短短的头发,显得十分精干。他作为苹果方的代理律师,尚是首次出现在媒体面前。只见他站起身来,清了下嗓子,开始了陈述:

本案的纠纷其实是源自再简单不过的事实,唯冠受到了不当利益的驱动,唯冠的行为带有财务利益驱动的阴谋味道。由于唯冠拒绝履行合同,使得涉案商标在中国的转让无法进行,上诉人请求 IPAD 在中国的注册商标归上诉人所有。一审判决出乎意料,是错误的。

说到这里,史律师顿了一顿,似乎是要理清一下思路,接着说道:

一审判决错误地认为涉案合同只能约束台湾唯冠,不能约束深圳唯冠。而事实上,唯冠公司是在交易的不同阶段做了不同的处理:初期由英国唯冠参与,后期由深圳唯冠进行。尤其是在谈判的最关键时刻,深圳唯冠与我方进行了数量多达八十余封的邮件往来。深圳唯冠的参与是不可或缺的。

一审判决认为(深圳唯冠方)参与的所有人不能代表深圳唯冠,这是错误的。首先,杨荣山至少同时具有深圳唯冠法定代表人、董事长,台湾唯冠负责人,唯冠集团董事长、总负责人的三重身份。一审凭什么认为杨荣山只代表台湾唯冠呢?其次,不仅杨荣山,麦××也具有三重身份。他不仅是该公司的职员,还担任了台湾唯冠与深圳唯冠的法务部负责人。再次,本案的 Huy Yuan,一审时称查无此人,而实际上他是深圳唯冠法务部的成员,本案的交易恰恰是通过 Huy Yuan 来完成的。所以,杨荣山、麦××、Huy Yuan 三人均无法撇开与深圳唯冠的关系。

一审认为,台湾唯冠没有权利处分深圳唯冠的商标,因此商标转让合同对深圳唯冠没有约束力的认定显然也是错误的。既然唯冠要卖的是多个国家和地区的商标,必然要以集团的形式来完成。台湾唯冠和深圳唯冠在职务安排、商标管理等方面都存在混同,怎么能说深圳唯冠没有给台湾唯冠授权呢?

本案是商标权属纠纷,商标的主要作用就是识别商品来源。在全世界消费者心目中,IPAD 商标已经与苹果公司绑定在一起,如果法院判决 IPAD 商标不归苹果公司所有,就会人为切断这种联系,会对消费者造成混淆,会损害消费者利益。iPad 平板电脑自出产以来,已经成为苹果出产的平板电脑所特有的名称,同时受到中国反不正当竞争法的保护,如果涉案商标不归属苹果公司所有,势必造成消费者的混淆,从而损害消费者的利益。

图 11-5　庭审现场(图片来源:广东法院网)

史律师发言结束后，审判长示意由被上诉方深圳唯冠陈述。代表深圳唯冠方进行陈述的是肖才元律师。肖律师开始针对苹果的一系列观点一一反驳：

上诉人一直在强调唯冠集团，是在刻意混淆交易主体的概念。本案买卖的背景是苹果精心组织了一个律师团来购买商标。在商标转让中，世界各地的通行原则就是要找准卖主，苹果公司找到台湾唯冠是因为2005年他们和台湾唯冠发生过商标争议。他们在购买商标时已经是先入为主了。

苹果在一开始就要求得到唯冠授权的人签署书面协议，不是不分青红皂白的交易。在最开始，他们和英国、台湾唯冠进行了联系，虽然深圳唯冠的员工Huy Yuan作为唯冠的联系人与上诉人进行了联系，但是他谈论的所有事情都是以台湾唯冠的名义。邮件的落款、附表等都是台湾唯冠的。

紧接着，针对苹果方主体混同的说法，肖律师反问道：苹果在签协议之前就要求麦××出示证件，特别强调要台湾唯冠签订协议书。而且，即使是在Huy Yuan发的邮件里面，也特别说明邮件内容都是非官方的，除非有正式文件，谈判邮件内容不具有效力。此外，在邮件内容里面，苹果也一再要求签署书面协议，作为专业律师团难道不明白合同只约束签订方吗？

如果是整个交易发生了过错，过错在哪一方？苹果公司精心策划了本次交易，把这个转让协议当成了一件大事，而台湾唯冠不过是3.5万英镑的小事。苹果犯了低级错误，买方和卖方把第三方的财产进行交易，苹果开具的汇票，收款人就写的是台湾唯冠。

关于国家转让协议、涉及中国的商标和协议书等文件，麦××是在2009年12月23日签署的，而苹果方则是在2009年12月17日就已经签署完毕，并且是经过严格审查后，在伦敦办理了公证的。台湾唯冠23日签署协议的时候，也是由苹果公司自己联系了在伦敦的华人律师做见证，并且邀请台湾的民间公证人进行了公证。应当说，双方的意思表示是非常明确的。

至于几个人的身份问题：Huy Yuan是深圳唯冠的工作人员，当时只是因为英文好而承担了一部分工作，并不是授权代表。而麦××是台湾唯冠的法务处长，这在授权书上也体现得非常明确。至于杨荣山，他的确在这几个机构担任过负责人，但是现在由于个人财务状况的原因，已经不再是唯冠控股和台湾唯冠的负责人。况

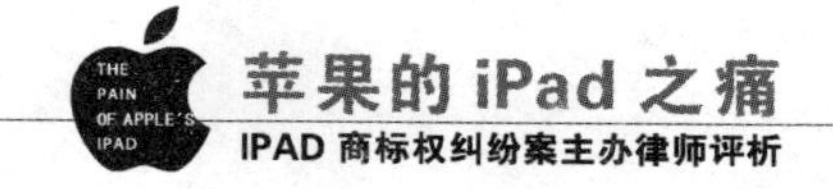

且，无论是 Huy Yuan、麦××，还是杨荣山的身份问题，其实并没有影响到苹果的判断。之所以这么说，是根据这样几点理由：第一，在邮件里可以清晰地看到，苹果知道 Huy Yuan 虽然是深圳唯冠的员工，但他并不代表深圳唯冠；第二，苹果知道麦××和 Huy Yuan 在深圳或者是深圳的附近工作；第三，苹果其实根本不在乎谁是负责人，也没有作过详细调查，在谈判过程中甚至将麦××认定为是 Huy Yuan 的老板。

事实上，杨荣山在签约中整个身份的体现只有一处，即台湾唯冠的授权委托书，上面加盖了杨荣山的印章。但不能因为杨荣山的多重身份，就认为杨荣山在处分多个公司的财产。另外，上诉人主张没有授权书也可以构成表见代理，我们认为是不正确的。根据相关司法解释，授权书、印章等都是构成表见代理的关键因素，而本案中一件都没有。

再者，我们的注册商标权从来没有发生过任何动摇，深圳唯冠与苹果一方不存在任何合同上的联系，根本谈不上合同的成立，更不用说合同的生效。而就在我们的注册商标权确定无疑的情况下，苹果公司在香港、深圳两地同时提起诉讼，而且在深圳中院临近开庭的时候又申请了延期开庭，屡次提交了补充证据。2011年9月，更是置我方商标权于不顾直接将产品销售到了中国市场。由于苹果公司的经济实力，他们在中国知识产权市场开了一个非常恶劣的先例。

肖律师结束上述观点的阐述后，谢湘辉律师又提出了另外7点意见作为补充：

1. 本案的管辖问题。实际上本案在国内先审理，然后苹果公司又在香港重复起诉。这违反了国际上禁止挑选法院的原则，属于重复诉讼。

2. 苹果上诉称一审排除适用香港法律没有法律依据。而事实上是苹果在一审时明确提出请求依据中国商标法及合同法，这时苹果公司又提出适用香港法。不过深圳唯冠不是合同当事人，不受合同约束。

3. 苹果公司在上诉中称应当依法追加台湾唯冠为共同被告。而苹果在一审起诉状中仅将深圳唯冠列为被告，而且也没有向法院要求追加。一审法院在此情况下没有追加是符合相关程序规定的。

4. 苹果在上诉中称 IP 公司与深圳唯冠之间形成的是事实合同，与台湾唯冠是书面合同。而事实上，深圳唯冠与 IP 公司的邮件往来只是协商，不存在通过邮件形成的事实合同。因此只是形成了与台湾唯冠的一个书面合同。

5. 苹果在上诉状中称此案应当适用隐名代理的规定，而其在一审中则要求适用表见代理。这两种代理是相互抵触的，各不相同。IP公司在与台湾唯冠签订合同的时候到底是否知道台湾唯冠代表深圳唯冠？如果知道就是表见代理，如果不知道就是隐名代理，不可能同时适用。

6. 麦××与Huy Yuan是否有权转让商标呢？苹果公司称本案构成事实合同，但是一审中苹果公司主张麦××是深圳唯冠的代表，这构成前后矛盾。因此，苹果公司对麦××、Huy Yuan的身份完全是从自己的利益出发进行猜测，并不符合客观事实。事实上，麦××及Huy Yuan都没有得到深圳唯冠的授权。

7. 苹果认为一审判决损害了消费者的公共利益，苹果公司在一审时没有提出利益平衡原则，也没有提出任何公共利益问题。而苹果公司的侵权导致被上诉人注册并使用了10年的商标无法使用，这是一种反向混淆行为。如果苹果公司的这个理由成立，苹果公司是不是可以使用国内任何一个公司的商标而不用承担侵权责任呢？

谢律师以这样一个有力的反问结束代表被上诉方的陈述发言后，史律师向法庭提出：同意本案权属纠纷适用中国法，不再坚持要求适用香港法，也不再坚持追加台湾唯冠为本案的共同被告。

在双方陈述上诉理由和答辩理由后，审判长宣布可以请证人上庭作证。在早上开庭之前，已经有记者在传说，今天有神秘证人出庭作证，但是大家并不知道这位神秘证人是谁？他来证明什么？

图11-6　苹果方证人出现在现场（图片来源：中新社）

很快,答案揭晓,苹果方此次申请出庭的证人是一位英国人,恰是当年与英国唯冠 Timothy Lo 接触的 IP 公司的代表。他不懂中文,因此审判长依照《民事诉讼法》的规定,询问双方是否对翻译人员提出回避,双方表示均不提出回避申请。

证人上庭后,首先作了自我介绍,他的名字是 Graham Michael Robinson,今年 41 岁,职业是公司的调查员,地址是公司的地址,在这里为苹果公司和 IP 公司作证。

审判长示意,原被告双方可以向证人发问。

矫鸿彬律师首先代表上诉人一方对证人进行发问。

矫律师问道:在 2009 年 8 到 12 月份期间,你是否代表 IP 公司与深圳唯冠进行了谈判?

证人回答:是的。

矫律师又问道:在 2009 年谈判期间,你是否使用了 Hargreaves Jonathan 这个网名,并通过雅虎邮箱与对方进行了协商沟通?

证人回答:是的。

矫律师接着问:您是否可以在电脑上演示一下当时协商时的电子邮件?您能否提供这些电子邮件的复印件?

证人表示:可以,在这个电脑上有我的电子邮箱。

矫律师随即询问审判长,是否可以由证人在法庭上演示几封邮件。在得到审判长的同意后,证人开始用他的电脑展示和唯冠往来的邮件。

证人边展示边介绍道:我不知道法庭认为哪些邮件是关键的。第一封邮件是我发给唯冠公司代表的,时间在 2009 年 8 月 18 日,那是我第一次书面与唯冠公司进行接触。

矫律师插入问道:证人,您接触到的人是谁呢?

证人回答:是 Tim Lo,他是唯冠公司的英国代表。

矫律师马上要求证人展示一下 2009 年 11 月 2 日的那封邮件。

证人调出了这封邮件,接着说道:2009 年 11 月 2 日,我发给唯冠的 Huy Yuan,当时我回复他,我们同意接受 Huy Yuan 提出的价格,该价格是关于清单上列的所有 IPAD 商标。

矫律师:是否包括了在中国注册的两个商标?

证人回答:是的,在2009年11月6日的邮件里,代表唯冠的Huy Yuan接受了我方提出的35 000英镑的报价。

就这个说法,矫律师立即追问道:谁是Huy Yuan? 他代表谁?

证人答:Huy Yuan来自唯冠集团的法务部,代表唯冠。

矫鸿彬:再确认一下,Huy Yuan来自唯冠,是唯冠法务部的。对吗?

证人称:是。

矫律师紧接着补充问道:代表唯冠是指代表整个唯冠集团还是代表其中的某一家公司?

证人回答道:在谈判中,我认为Huy Yuan应当是代表了整个唯冠的利益。

矫鸿彬继续问:与Huy Yuan交流时有没有通过电话的方式,还是只有邮件往来?

证人称,在交流中发现Huy Yuan的英文其实并不是很好,所有一直都用邮件交流。

矫律师问:你觉得Huy Yuan的英文不是太好?

证人答:是。

至此,矫律师向法庭表示询问证人完毕。

于是,审判长问被上诉人唯冠方:对证人证言有无异议? 如有异议可直接向证人提问。

肖才元律师立即提出:我们对传唤证人的程序提出异议。首先,今天证人出庭我们也是直到现在才得知。证人如果出庭,在没有特别要求的情况下应当在一审证据交换前向一审法院报告。同时按民事诉讼证据规则规定,在庭审10日前应当向人民法院申请证人出庭,也就是说,应当在2009年2月20日前10天申请证人出庭,但对方并没有提交这个申请。2010年二审期间都没有申请证人出庭,今天申请证人出庭是直接违反证据规则的。其次,一审庭审中我对邮件的主人身份提出质疑,明确要求苹果公司提交邮件主人的公民身份证明,对方明确地说没有这个人存在。然而事隔几个月,这个人就出现在法庭上。请问上诉人对此作何解释?

这时，另一位代理人谢湘辉律师提出有问题向证人发问。

在征得审判长同意后，谢湘辉律师提问道：请问证人，您在香港法院也作过证，请问您的专业是什么？

证人回答说：我在我的公司从事知识产权调查和秘密收购。

谢湘辉又问：您从事知识产权行业多久了？有没有取得什么资格证？

证人回答：我从事知识产权行业已经 12 年了。在英国没有特别要求什么资格，但在此前，我在英国是有执业资格的知识产权事务律师。

谢律师紧接着问道：第一次接受苹果公司或关联公司接受 IPAD 商标调查是什么时候？

证人答：我公司是受苹果公司委托对唯冠 IPAD 商标进行了一系列调查，最开始是在 2005 年。

谢湘辉问：是哪一家唯冠还是全球的唯冠？

证人称：当时的调查应当是包括了唯冠任何一个成员。

谢湘辉律师补充问道：是否包括台湾唯冠和深圳唯冠的 IPAD 商标？

证人表示不太记得这些细节。

谢律师继续问道：第一次调查大概用了多长时间？什么时间提交的报告？

证人想了想回答道：这样的报告大约需要两周的时间，是在 2005 年初提交的报告。

谢律师嘴角露出一丝微笑，紧接着问：对中国的 IPAD 商标是如何调查的？

证人介绍说：我们的调查分两个部分。一是查看公共部分，包括书面及互联网材料；二是对成员进行咨询，看有无生产或销售产品。

谢湘辉律师马上对其说法进行确认：对有关国家商标注册网址进行查询？

证人则表示，一般都会进行这一工作。

谢律师紧接着问道：在调查过程中如果发现有的话，会不会委托当地商标代理机构协助你调查？

证人：一般情况会与这些机构合作调查，本案中我们没有请翻译调查。

谢律师追问：你们有懂中文的员工吗？

证人回答：有。

谢律师又问道：最近一次苹果公司或关联公司委托你们调查IPAD商标是什么时候？

证人仔细回忆了一下，答道：是2009年初和年中。我们做了英文报告，但不是关于商标归属，而是关于使用。

这时，谢律师取出了一份材料，并向证人展示，说：我手上的证据是2009年12月8日你用假名字Jonathan发给Huy Yuan的邮件，请你过目。

证人接过材料，仔细看了一下，回答道：这是我发的。

谢律师接着问道：里面的附件是不是你发的？

证人答：是。

谢律师问：电子邮件要求你对商标权属查询予以确认，附件中涉及的中国商标权属的查询结果是不是你发的？

证人答：不是我发的。

这个回答似乎有些矛盾，谢律师为确认再次问道：这份邮件中的附件中的商标查询结果是不是你发的？

这次证人强调说：这个邮件和附件是我发的，但不是我查询的，查询结果是苹果提供的，这是一份中文文件，我不懂中文。

而谢律师为了强调这一点，再次确认：这个邮件的附件是苹果提供的？

证人踌躇地答道：是。

谢湘辉律师向审判长示意发问完毕，可以请证人退席。谢律师的发问显然很有杀伤力，因为证人已经承认，在他本人发给Huy Yuan的邮件里，有中国商标局网站显示的深圳唯冠注册商标公告页面，该页面清晰显示本案争议商标的注册人是深圳唯冠公司，这说明在交易过程中，IP公司是知道本案争议商标是属于深圳唯冠的，虽然证人意识到这个问题对其不利而以不懂中文搪塞，但在此前的发问中，他却已经承认公司有懂中文的员工，尤其是证人在最后说这个附件（中国商标局网站页面）是苹果公司给他的，这无疑是说苹果公司是明知本案争议商标是深圳唯冠的，这样的回答显然对苹果方不利，既然苹果公司提前已经知道本案争议商标是深圳唯冠的，却仅仅与台湾唯冠签约交易，这不是疏忽是什么？所以，证人离席时显得颇不情愿，而随后走出法庭被记者围追时，也是满脸的无奈和愁容。

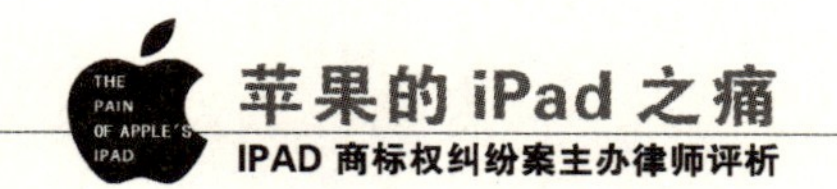

证人退出法庭后,审判长宣布进入下一环节——新证据的质证环节。请双方出示一审中未出示过的证据。

上诉人一方首先提交的是英国唯冠员工 Timothy Lo,中文名卢嘉豪在香港法院出具的证词,证明英国唯冠将商标转让谈判事宜移交给了深圳唯冠。上诉人认为,因为作证的是唯冠的员工,其证词可以代表被上诉人的意思。而在卢嘉豪心中,唯冠的总部就在深圳。同时,由 2009 年 8 月 27 日的邮件也可以看出,唯冠当时就知道购买商标的实际是苹果公司。而且唯冠当时也知道苹果欲购买的是欧洲和欧洲以外的商标。根据 2009 年 10 月 21 日邮件中的表述,卢嘉豪很清楚接下来谈判的是深圳唯冠的人。另外,麦 × × 回复给卢嘉豪的邮件与卢嘉豪的证言也是相呼应的。深圳唯冠的员工杨婷将唯冠的商标注册权属证明发给了卢嘉豪,说明深圳唯冠很清楚苹果欲购买的商标包含了中国大陆的两个 IPAD 商标。

接着,上诉人又出示了一份“关键”证据,即深圳唯冠就商标转让事宜出具的一个签呈函。对此上诉人称,这份证据至关重要,该证据是使用深圳唯冠的信头纸写的,落款是唯冠的董事长,这份签呈函中显示,当时深圳唯冠就本案争议商标卖给 IP 公司是层层呈报给杨荣山的。深圳唯冠此前矢口否认其是商标转让合同的当事人一方,而这份证据一出,对方的观点就不攻自破了。

紧接着上诉人又展示了麦 × × 的名片,并认为:麦 × × 的名片上显示他是唯冠科技(深圳)有限公司,即深圳唯冠的法务处长。这个名片足以证明麦 × × 的身份。

下一个证据是对深圳唯冠网上域名的查询。上诉方认为:这项证据可以证明 proview. com. cn 域名的所有人是本案的被上诉人,因此,从这个邮箱中发出的文件可以代表被上诉人的意思。

随后,上诉人又出示了香港法院的几份禁止令,这些禁止令禁止深圳唯冠、杨荣山等宣传自己为涉案商标的所有人,并禁止他们处分涉案商标。同时上诉人还提交了香港法院的判决理由,对为什么作出这样的禁止令作出了解释:因为唯冠集团内有联合违约的企图,均受控于被上诉人的法定代表人杨荣山。

第八份证据是唯冠的上市公司年报,显示唯冠是香港的上市公司。从这份年报中可以看到:

1. 杨荣山作为唯冠控股董事长的签名；

2. 唯冠控股的组织构架，台湾唯冠与深圳唯冠都是唯冠控股的全资子公司。

上诉人提出的第九份证据是唯冠的工商注册信息，显示了杨荣山作为台湾唯冠法定代表人的身份。

上诉人出示证据完毕后，被上诉人方肖才元律师发表了质证意见：

按照民事诉讼证据规则，上诉方今天提交的证据不属于新发现的证据，因此我们不同意质证。但鉴于合议庭对这个问题没有作出明确的决定，我们仍发表相关意见。

对于卢××等人在香港法院提交的证词以及签呈函等材料，有如下质证意见：

（一）境外法院材料不具有证据的合法性

1. 与最高人民法院《关于内地与香港特别行政区法院相互委托送达民商事司法文书的安排》、《关于内地与香港特别行政区法院相互认可和执行当事人协议管辖的民商事案件判决的安排》相违背

这些材料来源于香港法院对同一起 IPAD 商标纠纷案件中部分卷中材料的调取，系作为香港法院“命令”的附件提交的，该材料弥漫着境外法院的司法证明力。而这根本不属于最高人民法院《关于内地与香港特别行政区法院相互委托送达民商事司法文书的安排》中确定的范围。这是苹果一方用极不恰当的方式试图干扰中国法院的独立审判。

最高人民法院与香港特别行政区协商达成并于 2008 年 8 月 1 日起生效的《关于内地与香港特别行政区法院相互认可和执行当事人协议管辖的民商事案件判决的安排》第 1 条规定：“内地人民法院和香港特别行政区法院在具有书面管辖协议的民商事案件中作出的须支付款项的具有执行力的终审判决，当事人可以根据本安排向内地人民法院或者香港特别行政区法院申请认可和执行。”

而本案上诉人苹果一方与被上诉人唯冠科技（深圳）有限公司根本不存在“书面管辖协议”，权属纠纷也不属于“须支付款项”的纠纷，因此，即使香港法院作出了判决，在内地申请认可也不符合《关于内地与香港特别行政区法院相互认可和执行当事人协议管辖的民商事案件判决的安排》，即，申请认可与执行缺乏依

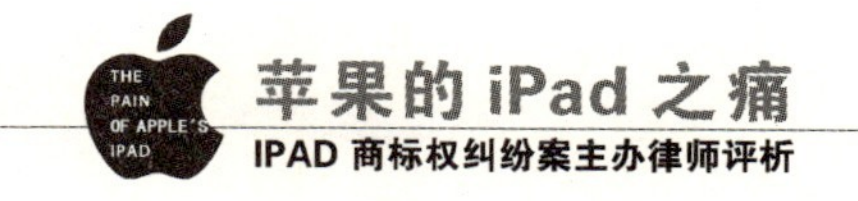

据。换句话说，香港法院即使今后作出了判决，其也不具有跨境效力。对于中国商标权之归属，无法予以司法强制力。

而苹果一方明知这一点，却故意挑起事端：一会儿香港法院起诉、一会儿深圳中院起诉；深圳法院原定 2010 年 8 月 13 日开庭，苹果一方又申请所谓的延期举证（而又置中国知识产权制度于不顾，公然侵犯我方注册商标专用权，于 2010 年在中国大陆铺天盖地销售 iPad 平板电脑），竟将香港法院的传讯令状材料作为证据提交；申请深圳中院对我方两 IPAD 商标进行了财产保全，又要求香港法院发布禁止令：不得以商标权利人的名义出现。在中国法院的一审判决败诉后，又到香港法院折腾，调取所谓的证据，并作为香港法院“命令”的附件出现，赋予境外法院的司法证明力，企图给中国法院独立审判施压。

苹果一方此举，貌似针对被上诉人，然损害的是中国的司法制度。

2. 香港系英美法系，其诉讼制度与中国内地诉讼制度全然不同

两地证据体系不同，自由心证制度与客观证据制度，不可随意混搭在一起。同一份材料的解读也会有完全不同的解读，诉讼周期、证据的解释与补救都不同，哪些是必须提供的，哪些不是必须提交的，与中国内地的制度根本不同。并且这些陈述是不可以拿到别处去用，特别是跨境使用。然而苹果一方凭借自己的能量，单方拿香港证据直接到中国大陆法院使用，对手却没有此能量，这根本违背了当事人的诉讼权利对等保护这一国际通行的诉讼规则。

（二）这些材料不具有真实性

所谓卢××证人誓言或其他唯冠国际提交的材料，均不是被上诉人提交的，均不具有真实性。

唯冠国际与被上诉人唯冠科技（深圳）有限公司是两个独立的企业法人。唯冠国际提交的材料不代表我方意见。

我方目前为止，也未收到司法协助途径转送的香港法院相关文件，更没有在香港法院应诉——深圳唯冠已经在中国内地法院参与诉讼，没有任何理由就同一件事又去香港法院应诉。

并且，由于香港法院尚未开庭审理，该取自香港法院的证据材料中的证词为尚未得到证实之证据，并未被香港法院认可或接受。该证据应视为上诉人直接向

中国法院提交的新证据，需经依法质证。

唯冠国际与卢××的材料不可以直接搬用，我国也没有这种证人誓言制度，作为证据，我们没有必要去评判这种制度的利弊，但作为证据，必须符合我国的证据规则，重新来过，反之，意思表示不明，他根本就不知这种誓言制度的补救途径、后果。

因此，必须按照中国民事法律诉讼制度重新质证：首先，唯冠国际与卢××不是本案当事人，"证据"类别不属于当事人陈述；其次，若将其作为证人证言，则因其未出庭接受质证，而不具有效力；第三，所谓的附件材料，如"审批表"、"内部邮件"等，均无原件核对，也未对其原始邮箱中的邮件进行公证，故根本不具有真实性。

（三）与本案纠纷不具有关联性

这些所谓的"材料"如上所述，不具有合法性、不具有真实性，同样也不具有关联性。

任何内部文件，未向对方提供时，均不构成对外的意思表示。只有意思表示方对双方权利义务产生影响。而意思表示，顾名思义，必须由"内心意思＋对外表示"这两个要素构成。而本案苹果一方时隔两年后拿出来的"材料"，且不提不具有真实性与合法性，单就关联性来说，就根本不具有。

人家客观上根本就不存在的"内部审批"、"内部邮件"，你又没看到，对你的商标购买产生了什么误导？关你什么事！

由于深圳唯冠目前的财务状况，这个公司更多地体现债权人的利益。上诉人提供的所谓材料是在2011年3月间，而杨荣山由于自己的个人财务问题，于2010年8月后已辞去唯冠国际董事会主席职务。对方的材料深圳唯冠不认可，直到今天前我们去核实都没有得到类似的信息。

对于上诉方提交的香港法院的禁止令。对方多次所说的香港法院的判决认为唯冠构成合谋是在法院的论述部分。这个只是法庭的一个记录，而且记录最后显示"深圳唯冠缺席"。且香港法院的判决、禁止令、命令等不能拿来干扰中国内地法院的独立审判，均不具有司法证明力。

至于麦××的名片及所谓报道，真实性不予认可，此类名片，随处可印。

至此质证意见发表完毕。

接着,审判长示意由被上诉人就提交的证据来源和证明内容向法庭作出陈述。

被上诉人提交的第一份证据是2009年11月10日17时35分的邮件,其中有以下内容:“我方(IP公司)律师已经准备了一份简单的协议”,“请由唯冠的授权人签署”。该邮件附件为:IPAD协议草案,明确转让双方为:唯冠电子股份有限公司、IP申请发展有限公司。并且将台湾唯冠的详细地址也列明。特别需要提及的是:该协议草案的最后一条(协议第11条,请见原英文附件)与最终2009年12月23日在台北签署完成的正式协议的最后一条(亦为协议第11条)完全相同,内容为:“本协议及本协议提及的一切文件构成双方之间关于本协议标的的全部协议并取代先前关于该标的的草案、协议、承诺、陈述、保证及任何性质的书面或口头安排。”

这说明协议从一开始,就是由苹果一方律师起草;苹果一方从一开始就强调正式书面协议的签署;从一开始就强调正式协议取代任何性质的书面或口头安排,即电子邮件不具有效力。

第二份证据是2009年12月15日4:37分的邮件。这是IP公司发给Huy Yuan的邮件,主要内容:“我想你和你的老板Ray Mai(注:麦××英文名)先生在深圳或附近,对吗?如果这样,Ray Mai先生是否方便在你深圳办公室会见我方代表。”说明苹果一方当时明知袁辉、麦××在深圳;邮箱是哪个公司的、袁辉是深圳唯冠法务部员工,麦××有办公室在深圳等,也都是苹果一方此前明知的情况,但这都不是授权的外在表象,均不影响苹果一方坚持与台湾唯冠进行商标转让交易;苹果一方将麦××视为袁辉的老板,根本未涉及杨荣山,所谓杨荣山的三重身份之说,纯属苹果一方事后的硬扯,太过牵强附会。

第三份证据是2009年12月15日23时21分的邮件:

“感谢你为我方台湾代表常在国际律师事务所何爱文女士提供的所有重要信息……我们一致认为于2009年12月23日在台北唯冠办公室召开会议很合适……烦请注意,将有我司台湾代表何爱文女士和公证人(签证签名)代表我司出席此次会议。如果Ray Mai先生是唯冠的授权签约人,公证人将鉴证他的签名，因此请他携带护照出席会议。”

该邮件又一次附有苹果一方律师起草并定稿的商标转让协议，而且该协议已由 IP 申请发展有限公司董事 Hanon Wood 于 2009 年 12 月 14 日签署。

说明苹果一方聘有台湾的华人律师参与商标收购（并非所称不懂汉语）、并且公证人也是由华人律师邀请来的；再次强调麦××签约必须得到（台湾唯冠的）授权；再次明确商标出让方为唯冠电子股份有限公司（台湾唯冠），电子邮件不具有效力。

下一份证据是债权银行间的框架协议，来源于唯冠的 8 家债权银行，他们在政府有关部门的协调下，帮助深圳唯冠走出金融海啸，同时对其资产进行监控。因此，商标转让的问题需要提前向债权人报告并沟通和决策，深圳唯冠并没有决策转让，也没有报告。

第五份证据是麦××在台湾唯冠的相关档案记载，以及麦××的缴税和退保表、员工劳保明细表。上面显示麦××的入职时间是 2007 年 11 月 26 日。这些证据可以证明，麦××是台湾唯冠的员工，一直持续到 2010 年 6 月份。

第六份证据是邮件，内容：麦××在邮件中回顾 2009 年 12 月 23 日在台北签约现场曾经当协助签约的台湾常在律师事务所黄渝清律师和公证人马有敏的面告知，其无权转让大陆 IPAD 商标，对方应该和深圳唯冠另行订立合同。但是，对方称不用担心，坚持要求其在转让合同文件上盖台湾唯冠的公章。

说明麦××在签订 2009 年 12 月 23 日协议的会上已经当着苹果公司聘请来的台湾律师和公证人的面，告知其没有转让中国 IPAD 商标的权限，但是苹果公司依然坚持要求转让。

证据七为香港诉讼材料中苹果公司提供的交易参与人名单

内容：之一，“第 2 项 CCPIT，为中国国际贸易促进委员会专利商标事务所”，该机构目前是中国最大的商标代理机构，在香港诉讼材料中反映上诉人在签约之前曾经委托该机构就大陆 IPAD 商标转让的手续和文件进行咨询，该机构给予了正式回复。

之二，“第 17 项 Robinson：Graham Michael Robinson，组织创办 IP 公司，Farncombe 公司管理董事，前知识产权律师，曾于 2005 年、2009 年两次接受苹果公司

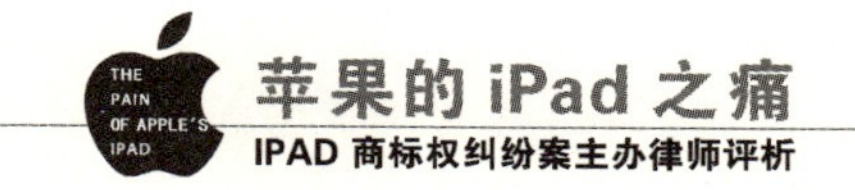

委托,组织调查 IPAD 商标注册及使用情况,邮件中使用 Jonathan Hargreaves 作为化名。”

之三,“第 22 项 White: Stephen Anthony White, Farncombe 公司董事,为 2005 年、2009 年 对 IPAD 商标注册及使用情况的主要调查者。”

之四,“第 7 项 Hargreaves: Jonathan Hargreaves 为 Graham Michael Robinson 的化名,但以该名义发出的邮件中,其中几封为 White 起草。”

之五,“第 5 项 Hancock: Timothy Hancock, IP 公司代表,香港执业律师。”

之六,“第 9 项 Huang: Huang Yu Ching, 黄裕胜(注:正确名称应为黄渝清),台湾常在律师国际法律事务所律师。”

之七,“第 12 项 Ma: Ma Yo Ming, 马有敏,Chongqing 律师事务所公证人。”

证明:以上人员都参与上诉人协商购买 IPAD 商标事宜,表明苹果公司投入了大量人力物力进行调查,对于大陆 IPAD 商标的权属早已清楚,并通过上述人员的参与,苹果公司设计和进行了骗购被上诉人的商标的活动。

同时我方在此还提供相关的背景材料:外商投资企业变更通知书等,主要说明双方的股东是各不相同的,深圳唯冠的股东是唯冠实业有限公司,而台湾唯冠的股东是英属维京群岛的一家公司。

接下来,由上诉人苹果公司对被上诉人深圳唯冠的证据发表质证意见。

(1) 上诉人对证据的关联性和真实性予以认可,但是对于需要证明的目的不予认可。对方认为该邮件要证明苹果一方要签的是有指向性的合同,而实际上本邮件中的唯冠是泛指,唯冠的含义指向为唯冠集团,被上诉人欲证明的内容与邮件所表达的内容是不一致的。

上诉人要求的是唯冠集团的授权人代表唯冠集团来签约。协议中的唯冠是模糊概念。2005 年苹果和唯冠公司就 iPod 商标在欧盟有过纠纷,所以上诉人是从英国开始就一直和唯冠有接触,邮件表达的内容非常清晰。况且 Huy Yuan 在邮件中也称台湾唯冠和唯冠电子是一家公司。

(2) 对第二份邮件的真实性和关联性我方予以认可,但同样对于证明目的不认可。该邮件表示的意思很清楚,IP 公司的代表知道也意识到深圳唯冠在与其洽谈,也的确是以深圳唯冠的口吻来洽谈的,IP 公司以为唯冠集团在深圳,所以才说要到深圳来签约。而被上诉人在邮件中提出不到深圳，而是到台湾签约。

(3) 对于第三封邮件，由于深圳唯冠将谈判事宜转给了台湾唯冠，就发生了公证认证。唯冠集团指向由台湾唯冠签订合同，深圳唯冠不在台湾，根据合同的相对性，合同中不能出现深圳唯冠的名字。

(4) 关于银行间的框架协议，唯冠的证明目的刚好相反，没有一条内容限制深圳唯冠经营，相反是鼓励进行交易的。该证据恰好证明深圳唯冠出售 IPAD 商标是合法的经营行为。根据银行间框架协议中的一个条款，深圳唯冠的资金往来应该进入中国银行某资金监管账户，这就解释了为什么深圳唯冠要求由台湾唯冠来签订协议，并将款项汇入台湾唯冠的账户，以逃避资金监管。

这时，在上诉人发表完质证意见之后，已是中午。审判长宣布闭庭，定于下午 2 点 30 分准时继续开庭审理。

经过午休，下午 2 点 30 分庭审继续进行。接下来是进行法庭调查环节。审判长首先询问：双方对一审查明的事实有无异议？

上诉人方史玉生律师表示有异议：

(1) 一审判决有错误。第一个错误是，判决中查明："2009 年 12 月 17 日唯冠电子股份有限公司与 IP 公司在台湾签订了商标转让协议。"这个事件应该是 2009 年 12 月 23 日正式签订了书面协议。第二个错误是，"该协议在台湾签订，协议签订人为唯冠电子股份有限公司的麦 × ×。"实际上该协议由唯冠电子股份有限公司代理的唯冠集团的委托人麦 × ×的签字。该协议中麦 × ×明确表明了其唯冠集团总法律顾问的身份。

(2) 一审判决遗漏了很多邮件，没有查明部分事实。我们认为，一审法院在认定事实和查明事实上没有严格区分，比如判决中写道："谈判不是所有单位参与。"这个是事实认定，是在没有查明的情况下作出的认定。我们认为台湾唯冠、深圳唯冠都有参与。一审认定 Huy Yuan 没有对应某个人，而事实上他是深圳唯冠的员工。

被上诉人深圳唯冠表示对一审查明的事实无异议，但表示，对方说麦 × ×是以唯冠集团总法律顾问的身份签订的合同是错误的。

接下来由合议庭对双方进行发问。

审判员之一首先发问:上诉人,你方在本案证据的17号邮件中提到的2009年11月17日邮件具体内容是什么?能否向法庭提交?

上诉人方史律师答道:是关于商标转让合同,具体而言是关于合同是怎么安排、怎么签署的。当然可以向法庭提交。

审判员又问道:上诉人,本案证据中第24号邮件中的附件1和附件2的具体内容是什么?

史律师:“附件列明的是泰国、印尼的商标注册证。这里主要涉及的是两个,这两个是Huy Yuan发给IP公司的代表的。当时IP公司代表问Huy Yuan还有无其他商标,Huy Yuan因为看不懂泰国和印尼的文字,就直接把商标权证发过来了。”

这时,被上诉人表示:“这个商标证我们看不懂,都是印尼和泰国文字。”

审判长这时插入询问上诉人苹果公司:“这个材料一审的时候交过吗?”

上诉人指出这个证据是在电子邮件的公证书中,一审提交过。

审判员接着问道:“上诉人,你方是否已查看唯冠科技(深圳)有限公司的工商注册登记和公司章程?对该材料的真实性有无异议?”

史玉生律师称:“在举证中被上诉人没有提到这个证据,但对于由工商部门调取的材料我们认可其真实性。”

审判员又询问唯冠:“被上诉人,往来邮件中显示的‘@proview.com.cn’是否唯冠科技(深圳)有限公司的专用邮箱域名?”

肖才元律师答称:“包括一些台湾干部也使用这个邮箱域名。‘台干’到深圳来出差也用这个邮箱,是为了方便工作。”

审判员问苹果方:“上诉人,转让协议中除涉案两商标外的其余8个注册商标的注册人情况是什么样的?是否都是台湾唯冠注册的?”

史玉生律师回答:“10个商标,两个是深圳唯冠,8个是台湾唯冠注册的。”

审判员又问深圳唯冠:“涉案商标是否被查封,查封状况如何?”

肖才元律师答道:“是被查封了,第一查封人是民生银行,第二查封人是中国银行,对方是第三查封人。”

审判长问:“双方当事人还有什么补充意见?”

史玉生律师示意发言,提出:“企业邮箱不是随便设定的,要企业提供技术支持,每个企业还要设定管理员,分配账号,不是所有人都可以随便上企业的邮箱,本案大部分邮件都是从深圳唯冠邮箱发出的,说明发出邮件的人是获得授权的。”

接着,史玉生律师向法庭申请:“审判长,就本案事实我们还有几个问题想向被上诉人提问,是否可以?”

审判长予以准许,示意其开始发问。

史律师于是开始向唯冠发起进攻:“第一个问题,唯冠集团总部在你们看来是否在深圳? 对于卢××说唯冠集团在深圳,你方怎么看?”

被上诉人答道:“卢××不是我方员工,是英国唯冠的员工。”

史律师接着问:“对上午提到的杨荣山签字的深圳唯冠的签呈函你们怎么看?”

被上诉人辩称:“上午提到的这个签呈函没有原件,我们对真实性予以否定。”

史律师继续发问:“深圳唯冠有没有权利处理台湾唯冠的商标呢?”

谢湘辉律师接过来答称:“没有权利,但需要深圳唯冠协助是允许的。”

史律师继续问:“唯冠集团的所有商标是否统一由深圳唯冠保管?”

谢湘辉律师称:“这一点没有证据显示,事实上这也与本案无关。”

史玉生:“贵公司员工杨婷的邮件说商标是在深圳唯冠保管,你们怎么看?”

谢湘辉:“杨婷其邮件的真实性需要本人来证实。”

史律师又问道:“台湾唯冠负责法务的职务称谓是什么?”

肖才元律师回答说:“中文的是法务处长,英文由其自己发挥。对外公司,是以公司出具的正式的授权书为准,其余公司不予认可。”

深圳唯冠方两位律师回答完毕之后,也向审判长提出申请,要求对上诉人发问。审判长予以准许。

肖才元律师首先问道:“麦××在台湾唯冠与IP公司签署合同时出具的是什么名片?”

史玉生回答:“麦××是代表台湾唯冠,你方说出示的名片是知识产权公司的

名片,这个证据没有经过公证,也没有申请香港法院进行披露。其实这个证据更能证明麦××的多重身份,我方有理由相信他同时是台湾与深圳唯冠的代表。”

肖才元律师:“那么 Huy Yuan 代表哪个公司?”

史玉生:“他是深圳唯冠法务部员工,这是你方在一审一直否认的事实,但又在二审承认了其存在。Huy Yuan 代表深圳唯冠进行了谈判,而深圳唯冠是代表唯冠集团进行了交易。”

肖才元律师强调:“你认为 Huy Yuan 能代表深圳唯冠吗?”

史玉生律师答道:“Huy Yuan 把深圳唯冠注册证给我,我当然认为 Huy Yuan 代表深圳唯冠。”

肖才元律师继续问:“Huy Yuan 应 IP 公司的要求将唯冠公司注册证发给你们,有没有发大陆商标注册证?”

史玉生:“发了 1590557 号商标(即 IPAD 文字商标——作者注)。”

抓住了对方的破绽,肖才元紧追道:“知道商标证权利人是深圳唯冠,为何还与台湾唯冠签订交易协议?”

史律师只能选择回避,辩称:“商标证载明的信息未必是现实有效的信息,可能发生变化。要去商标局查询才是现实有效的信息。”

肖才元律师继续紧逼:“IP 公司在与台湾唯冠签订合同时是否知道大陆商标不属于台湾唯冠?”

史玉生律师辩称道:“当时我方关注的是 10 个商标是否都在购买的范围内。”

谢湘辉律师补充问:“你认为 IP 申请发展公司的证人说的是否实话?”

史玉生称:“是的。”

谢湘辉:“证人刚才所说的大陆商标信息来源于苹果公司就是事实。”

史律师只能称:“是。”

谢湘辉律师随即指出:“苹果就是明知该商标不属于台湾唯冠而是属于深圳唯冠,而仍与台湾唯冠签订合同了。”

这时,双方互相发问完毕,审判长宣布:“下面进行法庭辩论。法庭辩论时,请双方围绕本案争议焦点以及法庭调查核实的事实、证据,提出维护自己诉讼请求和反对对方主张的辩驳意见。”

自此，整个庭审中最紧张的环节开始了。在这一阶段，双方剑拔弩张，火药味十足，再次出现与在上海浦东法院庭审时相同的情景：审判长数次出面干预：请双方克制，用缓和语气表达意见，不要带太多情绪。

首先，史玉生律师代表上诉人苹果公司发表了意见：

在质证时，被上诉人已经承认我方确认的基本事实。对于 Huy Yuan 的事实，我方注意到一审判决中，Huy Yuan 作为关键人物，一审法院无法对应相应的人，判令 Huy Yuan 不能代表深圳唯冠。经过举证，法庭查明，Huy Yuan 确有其人，是深圳唯冠的法务部专员，一审查明事实存在重大错误。关于深圳唯冠的邮箱及邮件，在查明事实中，不仅我们举证大量邮件，IP 公司证人提交大量邮件，被上诉人也举证了许多邮件。这种举证说明，双方确认协商过程的邮件往来，一审判决在有关电子邮件的事实认定上发生重大错误。

杨荣山签署授权这一事实也已经查明，一审中被上诉人一再坚持杨荣山只代表台湾唯冠，而没有代表深圳唯冠。在今天我们提交的签呈报告上，杨荣山在签呈报告上签署同意出让本案商标，一审判决认定杨荣山仅代表台湾唯冠与事实不符，从而导致一审判决错误。

我们提到的从香港诉讼中取得的证据是无法否认的。不管证据发生在哪里，都是对客观事实的陈述。被上诉代理人之一在香港诉讼中提交了相关材料，这些材料是客观存在的。

至于深圳唯冠和 IP 公司合同是否存在，事实表明，深圳唯冠与 IP 公司的合同已经成立，从规则上看，合同法规定电子邮件是书面合同形式的一种，双方使用数据电文完成的，IP 公司代表与 Huy Yuan 通话后发现其英文不好，合同是通过大量邮件表现出来的。

Huy Yuan 用深圳唯冠的邮箱是代表其行使职责行为，其登录行为是深圳唯冠给其授权的行为，杨荣山签署同意是肯定了 Huy Yuan 的代表行为。本案中大量事实表明，IP 公司提出要约是明确的，要求购买唯冠公司全部 IPAD 商标，价格是 3 万英镑，Huy Yuan 在还价之后，IP 公司同意提价至 3.5 万英镑。在这之后，Huy Yuan 起草了签呈报告，杨荣山签署“准如拟”。这一事实均完成了合同法上合同成立的必要条件。因此，深圳唯冠与 IP 公司之间的书面合同已成立。在电子邮件谈判过程中,深圳唯冠与 IP 公司完成了要约承诺,IP 公司已经完成合同义务,双方合同关系已经成立,请法院确认。

台湾唯冠与上诉人签订的书面协议对被上诉人是否有约束力的问题,我们认为可以及于深圳唯冠。依据《民法通则》,合同涉及两个以上债权人和债务人,债权与债务按份承担,深圳唯冠作为代表谈判的时候,回复的是集体承诺。因此,深圳唯冠对其两商标应当承担法律责任。

关于集体交易的事实,本案有大量事实证明,深圳唯冠出于谈判地位,最初由英国唯冠接洽谈判,大量交易活动发生在深圳唯冠阶段,真正签约的时候是没有台湾唯冠的人的。我们不否认麦 × × 的多重身份,但要肯定麦 × × 深圳唯冠的身份,在交易中,麦 × × 要承担混合主体应当承担的责任。依据《合同法》第 403 条之规定,代理人以自己的名义同第三人交易,第三人如果知道委托人与代理人有关系,委托人应当向第三人承担法律责任。在整个谈判中,真正处理谈判事务的是深圳唯冠,为何由台湾唯冠签署协议呢?

债权银行间框架协议的背景是深圳唯冠 2009 年 3 月已经被银行实施了金融监管,深圳唯冠想处理财产,依据框架协议,这个钱必须先放到银行,为了逃避监管,就让台湾唯冠来签约。

杨荣山批示签呈报告不但是对台湾唯冠的商标进行处理,而且也包含了深圳唯冠申请的两个商标,隐名代理在合同事实上是非常清楚的,唯冠集团之间的代表关系,委托人应该对第三人承担相应的法律责任。由此可见,本案所涉及的台湾唯冠与 IP 公司签订合同,深圳唯冠应该承担不可摆脱的法律责任。

综上所述,从本案所表述的事实可以看出,深圳唯冠与 IP 公司之间的电子邮件已经成立合同,台湾唯冠与 IP 公司签订的协议对深圳唯冠有约束力。双方通过大量电子邮件往来,就买卖范围、价款达成一致,要约承诺已经存在。一审没有认定电子邮件效力,因为 Huy Yuan 是否真实存在,一审认为不能认定。但缺乏认定 Huy Yuan 身份的事实就无法认定电子邮件的效力。但今天被上诉人自认 Huy Yuan 是存在的,而且是深圳唯冠的法务专员。表明 Huy Yuan 从深圳唯冠电子邮箱发出的邮件是代表深圳唯冠的,双方对合同标的价款达成了一致。一审法院认为双方没有合同是因为书面合同里没有深圳唯冠的印章,一审判决认为从事商标买卖的不是深圳唯冠。被上诉人认为其不仅没有参与买卖，甚至其不知道有买卖的存在。通过今天的庭审，大量的证据表明，首先被上诉人是知道交易存在的，但是被上诉人一直回避这个问题。

杨荣山是台湾唯冠的法定代表人，又是深圳唯冠的法定代表人，因此深圳唯冠不可能不知道这个交易。这就好比杨荣山就是唯冠集团的大脑，深圳唯冠是唯冠集团的左手，台湾唯冠是唯冠集团的右手，怎么可能把东西从左手交到右手，而大脑却不知道呢？

深圳唯冠是唯冠集团的总部，麦××具有双重身份，Huy Yuan 是深圳唯冠法务专员，所有电子邮件往来是用深圳唯冠电子邮件进行的，商标注册证是杨婷发给 IP 公司的，以上这些都说明，深圳唯冠参与了整个交易。

对于 2009 年 11 月 2 日的内部签呈。对方代理人否认这份签呈的存在。这个签呈是由深圳唯冠在香港诉讼中提交的，真实性不容怀疑。如果被上诉人对此不予承认，我们向法庭请求司法鉴定。综上，深圳唯冠对此交易是知情的，是实际参与的，也授权过台湾唯冠进行交易。

被上诉人对我方提交的关键证据签呈报告简单否认了，实际上这份文件的来源是合法的。同时，这个文件其实是由被上诉人提供的，该证据原件由被上诉人持有和控制，上诉人有足够证据证明该原件在被上诉人手中，上诉人完全可以申请被上诉人提交，请求法院认定该证据的真实性。

从 2009 年 11 月 22 日 Huy Yuan 发给 IP 公司代表的邮件开始，交易由英国唯冠代表转由中国同事跟进，这个邮件有 3 个抄送，其中抄送了深圳唯冠的邮箱、台湾唯冠的邮箱和英国唯冠的邮箱。从抄送的情况也可以看出 IP 公司要购买的、深圳唯冠要卖的都是所有的 IPAD 商标。

被上诉人表达了如下意见：

我们认为，Huy Yuan 的身份对于最后的交易是否成立不发生实质性影响。一审判决认为 Huy Yuan 无法对应哪一个自然人，是因为上诉人一审时连 Huy Yuan 的中文名称都没有搞清楚。Huy Yuan 用的是深圳唯冠的邮箱，但谈的事情是台湾唯冠的事情，邮件不是一个法律上评判一个人是否得到正式授权的法律所认可的外在表象。

对于签呈表，既然提交到中国法院，就应当符合中国法律的民诉证据规则，不是香港法院拿过来就可以成为我们的证据，双方的制度设计都不一样，目前是中国法院行使司法主权。

一审中上诉人在深圳起诉，又到香港起诉，又到中国申请财产保全，又到香港发布禁止令，香港的禁止令竟然不可思议地规定深圳唯冠不可以声称是商标权利人，上诉人拿着香港的禁止令就直接在大陆市场长驱直入，实际上这种做法已经远远超过了个案的影响。

关于签呈的问题，不具有真实性。刚才 IP 公司的代理人所说的，将唯冠集团混同为被上诉人，我们明确说过这事有两个主体，唯冠集团的言论没有得到我们的确认是不对我方发生效力的，各地对司法资源的保护都是对等的。

除了真实性需具备外，上诉人这种行为对诉讼侵害也是明显的，签呈不具有关联性，双方意思表示真实，意思表示一定要表达出来才叫做意思表示，内部的签呈和上诉人有关系吗？

上诉人扭曲合同法的意思，双方如果要以电子邮件签订合同的话，要看双方有没有签订确认书。在第 4、12、17、19、26 日的邮件中，从其内容、邮件正文结尾的特别标注都可以看出，除了正式文件确认，邮件的内容不具有约束力。要约的一个重要要求是要约的内容要真实确定。

关于集体交易的问题，上诉状及上诉人的发言提到集体交易，这不是一个法律术语，法人是独自承担法律责任的，集体交易是不成立的，如果是集体交易，为何整个交易中没有第二个公司的名字出现，为何不把深圳唯冠名称列入合同呢？

签协议的人最终代表哪个公司，取决于得到哪个公司的授权，至于这个过程中签协议的是哪个公司的人不重要，因为最终由协议进行确定。《合同法》第 402 条间接代理是对方的狡辩，从 2010 年 2 月发生纠纷到一审结束后都没有这个提法，现在才提是因为上诉人意识到不构成表见代理。

而本案间接代理是不成立的，间接代理是委托人不愿意披露自己的信息。间接代理是否可以行得通？商标转让必须签订书面协议，要办理过户登记手续，任何国家采用的都是实名制，不可能采用间接代理形式而把深圳唯冠的商标转让给 IP 公司，法理上是行不通的。

关于当时被银行监管的问题,首先重大事项要进入董事会决策程序,还要跟主要债权银行进行沟通,深圳唯冠当时并没有对自己的商标进行处分的意思。对方说我方避开银行监管,上诉人的证据在哪里?如果是,是否IP公司、苹果公司串通损害银行的利益呢?

关于集体交易,对方认为唯冠集团和IP公司进行交易,证据就是双方往来的电子邮件,代表唯冠集团的名称,在电子邮件中没有看到唯冠集团。对方说Huy Yuan的邮件有proview,就认为是唯冠集团在与其交易。我认为正确的翻译就是唯冠,不是唯冠集团。

上诉人不顾证据事实多次在法庭称麦××是唯冠集团的法务总顾问,我方认为不存在唯冠集团法务总顾问的头衔。这个头衔明明是写在台湾唯冠的名下的,麦××是台湾唯冠的法务部部长,至于如何翻译是麦××的权利。

你们一审的证据就显示,麦××的身份是台湾唯冠法务部总顾问,为何现在又说是唯冠集团的法务部总顾问呢?麦××是台湾唯冠法务处长,有时也到大陆深圳唯冠从事一些法律事务,他也在外面有一些业务,但是麦××在签署协议时的授权是明确的,其他都是没有意义的。

中国没有集体交易的概念,你方认为唯冠集团与你进行交易,到底是哪一家分公司或子公司与你交易,请指明。你方在香港起诉的被告是否是唯冠集团的成员?

随着被上诉人意见表达结束,双方针锋相对的辩论也结束了。审判长宣布请双方当事人作最后陈述。

上诉人:本案是一个吸引了很多目光的案件,如果本案的当事人不是苹果公司,如果不涉及iPad产品,是否还会有这么多人关注?我想本案之所以受到关注,是因为苹果公司的产品受到喜爱,这个商标价值连城,而这个价值是由苹果公司制造的。

一审判决令我们失望,如果二审法院最后判决将IPAD商标归深圳唯冠所有的话,对苹果公司是极不公平的。正是通过苹果公司的经营才使商标有这个价值,在这种情况下判决IPAD商标不归苹果公司所有而由唯冠所有,对我方是极不公平的。希望二审法院给苹果公司公平公正的判决结果。

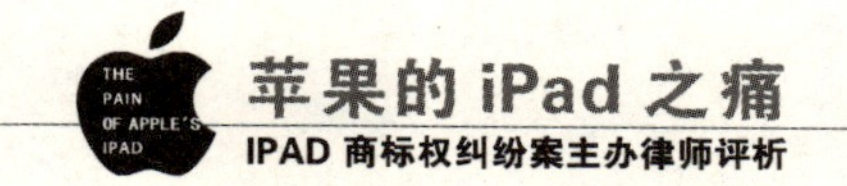

审判长：请被上诉人进行最后陈述。

被上诉人：我方坚持这样几个观点：

1. 深圳唯冠与 IP 公司不构成任何转让关系，上诉人主张电子邮件构成合同，但所有的电子邮件都表明双方是协商过程，根据《合同法》第 10 条的规定，应当以书面为准，本案不存在事实履行合同，根据交易惯例，协商不构成合同，应当以一致的意思表示并用书面形式确定才构成合同。

2. 麦××委托袁辉参与协商，但 Huy Yuan 无权处理深圳唯冠商标，IP 公司不知道是故意还是过失地以为出售的包括深圳唯冠的商标，双方达成的合同对深圳唯冠不具有法律效力。在本案中，深圳唯冠与 IP 公司没有达成任何转让商标合同关系。

上诉人认为构成隐名代理，但隐名代理的前提是第三人知道委托人跟受托人之间的关系，而我方没有看到这方面的证据。如果上诉人知道是深圳唯冠委托台湾唯冠签订合同的话，为什么不直接找深圳唯冠签订呢？深圳唯冠没有签订任何商标转让合同，也没有任何商标转让义务。

审判长最后问：下面进入调解阶段，上诉人、被上诉人是否同意进行调解？

史玉生律师称：我们要征求委托人的意见。

肖才元及谢湘辉律师也表示：我方是一般授权，须征求委托人意见。

见不能当庭调解，审判长宣布：本案将择日宣判，今天庭审到此结束，现在休庭。

……

图 11-7　庭审后，证人 Robinson 被记者包围（图片来源：网易科技）

图 11-8　庭审后，马东晓律师接受媒体采访（图片来源：财新网）

二审没有当庭宣判，使该案又进入了悬而不决的状态。如果苹果公司有幸胜出，则当然可以继续使用 IPAD 商标，其在中国市场不受影响。但如若输掉这场官司，苹果公司就要面临两个选择。

1. 将 iPad 产品更名。当然，苹果平板电脑选择另外一个名称不见得会影响新产品的销量，毕竟消费者喜爱的是苹果的平板电脑这个产品，而不是或不仅仅是这个商标，叫什么名称与消费者的购买欲望关系不大。不过苹果要想更换一个近似些的商标却也不易，据商标局网站查询显示，由 APAD 到 ZPAD，所有 26 个字母起头的 PAD 商标都已被注册完毕，苹果如要为平板电脑换个依旧响亮易记的新名字，还真的要好好发挥一下创新思维。

2. 与深圳唯冠和解，将 IPAD 商标从深圳唯冠处买过来。目前，这个选择的障碍就在于深圳唯冠开价偏高，双方虽然有过数次接触，但在这个和解价码上一直未能谈拢。其实双方和解价码是受这样几个因素影响的：对于深圳唯冠来说，一方面取决于转让价格能否填补债务的预期，即债权人利益，另一方面取决于顾问团队对于代理这样一个案子的风险收益预期；而对于苹果来说，一方面要考虑当初买此商标的投入和为其增值的比例，第二个要考虑诉讼输掉后产品更名的成本；第三就是可能面临的工商行政处罚。如此诸多因素被考量，要想达到一个令双方满意的平衡点殊为不易。恐怕需双方同时做出让步，方有和解的可能。

但是谁会首先踏出这一步呢？恐怕不会是苹果。虽然蒂姆库克刚刚接任 CEO，苹果公司未来的风格还未可知。不过，乔布斯时代的苹果是霸气的，是追求完美的。iFamily必须保持其完整性。在一系列产品均以i命名时,不可能独独将平板电脑另取名字,孤立于i产品家族之外。否则平板电脑就真的成了苹果标志上被咬掉的那一块。而从苹果历史上对待iPhone商标的攻坚战态度来看,也的确不太可能放弃一个选定的商标。

早在2007年,苹果iPhone上市时,就与思科发生了商标纠纷。iPhone商标最早由Infogear公司在1996年3月20日申请注册,是iPhone注册商标的最早拥有者,并多年出售iPhone产品。2000年,思科公司完成收购Infogear公司后取得iPhone注册商标。而苹果即将推出iPhone之前,一直在同思科探讨商标授权的协议问题,但在自行发布苹果iPhone手机后谈判宣告破裂。思科旋即将苹果告上法庭,此后双方还是恢复了谈判。最后,两家公司宣布,思科允许苹果使用“iPhone”来命名他们即将推出的手机产品,作为交换,苹果将在安全、消费产品以及商务通讯领域和思科开展“广泛的合作”。

这一问题在中国同样遇到过。北京的汉王科技公司在iPhone正式进入中国之前业已抢先注册了i-phone商标,商品类别为电话、手机等。当时苹果公司如果未经汉王公司允许在中国销售与i-phone近似的iPhone手机,会被认为构成商标侵权,汉王公司的i-phone商标构成了苹果iPhone进入中国市场的法律障碍。尽管苹果也于2002年在中国注册了“iPhone”商标,但注册范围只在“硬件和软件”。经过双方协商,汉王公司终于同意将“i-phone”商标以500万美元的价格卖给苹果。

可见,苹果公司对目标是志在必得的,哪怕要付出较大的代价也在所不惜,只为了保持苹果公司的完美。因此可以推想,苹果对IPAD商标应当也是志在必得,不会轻易放弃的。这个因素也许同样是苹果的痛处,是深圳唯冠方面敢于索要高价的原因之一。

不过也有人提出这样一个观点:若二审深圳唯冠败诉,即是说苹果公司与台北唯冠签署的商标转让协议,包括大陆商标转让。但深圳唯冠仍然可以选择不履行合同义务,即不履行注册商标转让程序。根据《合同法》的规定,当事人一方不履行合同的,应当承担继续履行、采取补救措施或者赔偿损失等违约责任。这意味着,深圳唯冠即使被认定为受商标转让合同的约束,但如果其拒绝履行合同,那么它需要向 IP 公司赔偿的违约金也不会超过合同订立时可预见的损失。鉴于 IP 公司当初是以 3.5 万英镑的价格买入的商标,不履行合同并不会导致过多的违约赔偿。这种可能性是存在的。

不管怎样,案件一天未决,就会增加许多变数。现在,谁都不敢信誓旦旦地认定案件的结果,留给人们的,只有等待。

第十二章
谁是谁非？

百家争鸣

二审庭审结束后，媒体纷纷采访相关专家，征询对本案的看法。专家们从多个角度分析了本案。以下是部分专家访谈（来源于21世纪经济报道、第一财经、网易等媒体）：

中国之声特约观察员马光远在谈到庭审的最终结果时表示：如果最终改判苹果胜诉，对于唯冠来说只是失去个商标，不会产生别的影响，因为对于唯冠来讲，它目前整个资产已经进入到破产清算的程序，绝大部分财产都将属于债权人所有。对于唯冠来讲，有没有IPAD这么一个商标，它目前的整个情况就是现在这么一个情况；但如果最终维持原判，那对于苹果来讲实在太重要了，你不能说你一个产品在中国大陆叫一个名字，中国大陆以外的地区叫iPad，这样损失会非常的惨重。

中国政法大学知识产权中心研究员赵占领认为：对于苹果来说，结果只有两种选择：一是改名；二就是和解。他认为：苹果要衡量这两种方式哪种成本最小。现在如果是和解的话，唯冠的要求可能太高，如果是改名的话，对苹果来讲，可能对销量没有太直接的影响，但是对之前的侵权行为有可能会被中国工商机关查处，另外唯冠也可能会索赔。所以我觉得关键是，能不能和解在于苹果这两种选择之间衡量哪一个更划算，现在苹果还不是摊牌的时候，估计它要等到二审审理完之后，在二审的结果出来之前作最终的选择，我觉得和解的可能性确实比较大，但关键还要看唯冠能不能降低心理预期，如果是4亿美元，肯定不可能达成和解。

上海泛洋律师事务所高级合伙人刘春泉律师称：在二审中，苹果方面提出的集体交易在中国法律上没有这个概念，苹果方面根据的是《合同法》第402条的隐名代理，依据还不是很充分。而且，该案核心问题是在原来的购买协议上并未出现深圳唯冠的名义主体，所以苹果需要证实杨荣山是以深圳唯冠名义签订的，这中间缺少了这一环。

中国社会科学院法学研究所研究员张玉瑞指出：虽然有人指出协议只有台北唯冠的签字，但由于杨荣山的三重身份，应当视其代表了深圳唯冠的签约授权。不过根据世界各国公司法的一致规定，分公司与母公司是一个整体；而子公司之间、子公司与母公司之间，都是独立的企业法人。身为子公司的台北唯冠，不能给同是子公司的深圳唯冠设立合同义务。

北京市盛峰律师事务所于国富律师认为：从统计学角度看，二审的改判率很低。如果二审维持原判，苹果将退出中国市场或改名，一旦苹果把它的产品和IPAD商标切割开，唯冠手头的商标价值就不大了。唯冠最优方案就是把这个商标以苹果接受的最高价格卖出。双方都有谈判的资本，和解的可能性占百分之七八十。

艾媒咨询创始人张毅表示：从目前双方提供的证据看，苹果胜诉的机会不大，很可能将维持原判。一旦败诉，即便换商标，苹果仍要对唯冠进行一定的赔偿。因此，苹果与深圳唯冠庭外和解恐怕是最好的出路。届时如果唯冠"狮子大开口"，将会受到来自社会舆论的巨大压力。

中国移动互联网产业联盟秘书长李易认为：对于心高气傲的苹果来说，和解的可能性并不大，主因就是价格问题谈不拢，而且现在深圳唯冠已经把苹果告到了美国，这场两个公司之间的商战上升成为中美知识产权的大事，双方无论谁先妥协，都会成为今后在知识产权纠纷案例中较为被动的一方。

上海大邦律师事务所游云庭律师则表示：如果苹果二审败诉，还可以继续向最高人民法院申诉，但这并不影响二审判决的生效和执行，而且申诉往往时间漫长，到最终结果出来至少也要两年左右的时间，换句话说，如果苹果二审败诉，即使要翻盘起码也要两年之后。如果苹果败诉，苹果需要在中国大陆重新部署商标战略，新系列可能无法第一时间在中国大陆上市。

二审新的论点

苹果二审改为使用隐名代理是否合适?

苹果公司和 IP 公司在二审中除了主张适用表见代理,同时选择了适用隐名代理。而什么是隐名代理?隐名代理与表见代理有什么不同呢?

我国在《合同法》中确认了隐名代理制度。

《合同法》第 402 条规定:“受托人以自己的名义,在委托人的授权范围内与第三人订立的合同,第三人在订立合同时知道受托人与委托人之间的代理关系的,该合同直接约束委托人和第三人,但有确切证据证明该合同只约束受托人和第三人的除外。”

《合同法》第 403 条规定:“受托人以自己的名义与第三人订立合同时,第三人不知道受托人与委托人之间的代理关系的,受托人因第三人的原因对委托人不履行义务,受托人应当向委托人披露第三人,委托人因此可以行使受托人对第三人的权利,但第三人与受托人订立合同时如果知道该委托人就不会订立合同的除外。受托人因委托人的原因对第三人不履行义务,受托人应当向第三人披露委托人,第三人因此可以选择受托人或者委托人作为相对人主张其权利,但第三人不得变更选定的相对人。”

从该法条来看,隐名代理即指受托人在不向合同相对方披露自己和委托人之间的代理关系的情况下,以自己的名义与相对方订立合同。这其中实际上有这样几个构成要件。第一个构成要件,也是最重要的一个,就是委托人与受托人之间应存在委托关系。隐名代理虽然隐去了委托人,但其仍具备代理关系的一般特征,即委托人授权予受托人为某种行为,并且受托人的行为要在其代理权限范围内。第二个构成要件是受托人以自己的名义与第三人订立合同,不向第三人披露委托人的存在。

隐名代理实际滥觞于英美法,与大陆法系的显名主义相对。英美法在隐名代理的具体情形上还作了细分,包括完全不公开本人(委托人)身份和部分公开本人身份。完全不公开本人身份指完全不向第三人披露代理关系的存在，而后者指受托人向第三人披露代理关系的存在，但不向第三人透露委托人的身份，此时受托人以自己的名义但明示或暗示不为自己的利益与第三人缔结法律关系。这一理论与大陆法系的间接代理有相同之处，但亦存在本质区别。大陆法系所谓间接代理，是指代理人为了被代理人的利益，以自己的名义与第三人开展商事活动，其效果间接地归于被代理人。大陆法系下间接代理的主要形式就是行纪，而对于代理的法律效果，间接代理中的代理人由于在和第三人以自己名义缔约，不向第三人表明自己是代理人，因此，第三人完全有理由认为代理人就是合同的当事人。这样，在缔约过程中就产生了信赖关系。为保护这种信赖关系，法律规定以谁的名义与第三人开展活动，就由谁去享受权利，承担义务。也就是说，委托关系仅仅对委托人和受托人内部有效，而不及于外部的第三方。

英美法的隐名代理与大陆法的间接代理的区别就在于：大陆法系下间接代理关系中的委托人不能直接介入代理人与第三人订立的合同中，只有当代理人将其与第三人所订立合同移转给委托人，委托人才能对第三人主张权利。而按照英美法，未被披露的被代理人不需要代理人把权利移转给他，就可以直接行使合同介入权，对第三人主张合同权利。而第三人一经发现身份不公开的被代理人，也可以直接对被代理人行使请求权或诉权。（邓理哲：《论隐名代理》，http://blog.sina.com.cn/s/blog_61e413770100ewfu.html.）

我国《合同法》上的隐名代理制度更多借鉴了英美法的规定。第402条相当于部分公开本人身份的隐名代理，第403条规定了完全不公开本人身份的隐名代理。同时，第403条还赋予当事人以披露权。在第三方或委托人不履行义务时，受托人可以向委托人或第三方披露另一方的存在，由另一方介入行使合同权利。

隐名代理和表见代理究竟有何区别？对本案有何影响？

首先，二者最根本的区别就在于，表见代理是行为人没有代理权但存在一些客观表象，使对方相信自己有代理权，然后以被代理人名义订立合同；而隐名代理是行为人有代理权，但不披露或不完全披露被代理人的身份，然后以自己的名义订立合同。如此加以区分可知，有或没有代理权是根本冲突的情形，因此这两种代理不可能在同一案件事实下适用。

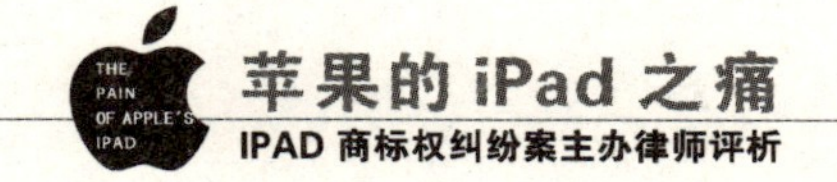

再回到我们的IPAD商标案中来。在这个案件中，如果要适用隐名代理，就应当满足前述的构成要件，即应当是以下情形：首先，深圳唯冠要实际授权给台湾唯冠；其次，台湾唯冠在签订商标转让合同的时候部分没有向IP公司或完全没有公开深圳唯冠的委托人身份。本案中，深圳唯冠完全没有给过台湾唯冠授权代表其签约，苹果和IP公司也没有证据证明深圳唯冠和台湾唯冠有过委托关系，因此只能依靠公司人格混同、杨荣山的多重身份以及麦××和Huy Yuan的参与等理由来“营造”台湾唯冠有深圳唯冠授权的表象。但是，法律是严谨的，法律行为也应当满足形式要件，仅仅依靠“莫须有”是难以得到法院支持的。

判商标归深圳唯冠所有损害公共利益？

在二审中，苹果方抛出了一个新的理由，即IPAD商标经苹果的使用才达到了如今的知名度，在全世界的消费者心中，IPAD已与苹果公司绑定在一起，如果法院判定IPAD商标归深圳唯冠所有，会割裂IPAD产品与苹果公司的联系，从而损害消费者利益。

这一论据似有争取“果粉”支持、以民意影响司法之嫌。其实，从消费者层面上来看，大多数iPad平板电脑的用户不像LV等奢侈品牌的消费者那样对于品牌价值的诉求远远大于产品本身，苹果这款产品自身的功能性和优秀的用户体验是主要吸引消费者的地方。因此，有理由相信，即使iPad平板电脑更名，青睐苹果平板电脑的用户也还是会继续购买苹果的这款产品，无论它叫什么名字。况且，以苹果主品牌的巨大知名度和其品牌宣传力度，新名称也较容易在短时间内为消费者所接受。所以，从实践角度考虑，应不存在对消费者利益的损害，受到影响的仅仅是苹果公司自身的利益。

从法律角度而言，苹果这种强行使用IPAD商标的行为，恰恰构成了商标法上的反向混淆。

通常我们所讲的混淆，是正向的混淆，指在后使用商标与在先使用的商标相混淆，使消费者将在后商标的使用人的商品误认为来源于在先商标的使用人。

而反向混淆理论与之相反，其核心内容是在后商标使用人并不利用在先商标的声誉为自己牟取利益，而是利用其市场优势地位，通过对商标的饱和性使用，使其商标为消费者所熟知,从而使消费者误以为在先商标使用人的产品来源于在后商标使用人或者与在后商标使用人有某种联系,割裂了在先使用的商标与其所有人之间的特定联系,造成市场上的混淆和误认,从而占有了在先商标。在实践中,这种情形通常表现为大公司利用其市场优势地位故意使用小公司的商标,并采取广告轰炸等形式大力宣传,而消费者经过饱和的广告宣传后,将小公司的商标与大公司的混为一谈,认为小公司的产品是大公司的代工或这个公司本身就是大公司的子公司,小公司从此不能自主地使用其在先申请的商标,其在先建立的商誉湮没于大公司的宣传中。因此,反向混淆在事实上构成了对在先商标人的不正当竞争,剥夺了在先商标人的名誉和商誉。

反向混淆理论最早确立于美国,但并没有规定在蓝哈姆法(《美国联邦商标法》)中,而是由数个法院的若干判例逐步确立的。

首个判例是在1968年发生的"'野马(Mustang)'商标案"。此案中,原告西部汽车公司很早就在拖车和越野车上使用"野马"商标,并已获得联邦注册。被告福特公司于1962年也选择"野马"作为其试制汽车的商标,并于1964年4月开始大量生产和销售"野马"牌汽车。原告对此强烈反对,但福特对此采取无视态度。截至1965年,福特公司共为"野马"牌汽车投入了1 600万美元的广告费。最后,双方协商不成,走上法庭。美国联邦第七巡回法院受理了此案。经审理判决,原告并不拥有强势商标,因而无侵权可言。此判决结果一公布,立即引来舆论的一片哗然。批评者指出,福特公司明知"野马"属于西部公司的注册商标而仍然强行使用,其过错是明显的,只不过由于原被告在经济实力和社会影响方面存在巨大差异,侵权后果不同于一般商标侵权。也就是说,并未出现传统的正向混淆,而是造成了一种反向的混淆,原告产品的购买者误认为所购产品来源于福特公司。原告商标无异于被侵吞了。在这种情况下,法院拒绝给予原告救济等同于鼓励弱肉强食。迫于业界的压力,美国法院不得不重新审视反向混淆问题,于是才有1977年"轮胎分销商"案原告胜诉的判决。该案在判决中首次提出了反向混淆的概念。

1977年的"轮胎分销商"一案中,原告轮胎制造商"BigO"公司从1974年2月起使用"Big Foot"商标。被告是著名的轮胎制造商固特异(Goodyear),其从1974

年7月开始也在其制造的轮胎上使用“Big Foot”商标。我们知道,美国商标制度采取使用在先原则,原告使用 Big Foot 商标在先,理应获得保护。而且事实上,在固特异使用了该商标后,原告也向固特异提出了抗议,要求其停止使用。但固特异对原告抗议置之不理,反而加大了宣传力度,在全国范围内对“Big Foot”产品进行促销。无奈之下,原告遂将固特异告上了法庭,控告其商标侵权。一审法庭在审理后,以存在混淆可能性为由判决被告固特异败诉,并支付侵权赔偿金和惩罚性赔偿金。被告不服提出上诉,但二审法院依然支持了一审判决,只是适当减少了赔偿金的数额。在本案中,原告深知自己的知名度远远低于固特异,因此在诉讼策略上,没有选择主张固特异利用了自己的商誉或者固特异让消费者将固特异的产品误认为是原告的产品。而是主张,被告固特异使用“Big Foot”的商标,让消费者在原告商品的来源上发生了混淆,甚至误认为原告的商品来源于固特异。对此观点,二审法院在判决中说:“在通常的商标侵权案件中,原告在某一公众认可的商标上进行了大量投资,并由此而提出主张。原告会寻求挽回由在后商标人所造成的损失;而在后商标人,则试图利用与原告商标相联系的商誉,向消费者大众暗示他的产品与原告的产品是同一个来源。但是,眼下的案件却涉及了反向混淆,侵权人使用原告的商标,造成了原告产品来源上的混淆。”但此次判决将反向混淆看作是一种不正当竞争行为,适用的是反不正当竞争法。

此后,反向混淆逐渐得到美国其他巡回法院的认可。在此后的1988年“班夫”案中,法院认定存在着两种混淆,即通常的混淆和反向的混淆。而且每一种混淆都可以依据“兰哈姆法”提起诉讼。法院在判决书中指出:“法律的目的是通过让公众免于商品来源上的混淆而保护商标所有人的利益,并且确保公平竞争。与通常的商标侵权相比,这一目的在反向混淆的案件中同样重要。如果反向混淆没有充分获得兰哈姆法的制止,大公司就可以不受惩罚地侵犯小公司在先使用的商标。”

在1987年的“亚美技术”一案中,法院还从财产法理论的角度,论证了制止反向混淆的必要性。这几个判例最终确立了反向混淆的理论基础和法律适用,使这种非传统意义上的商标混淆也有了法律救济的途径。

反向混淆并没有在我国《商标法》中明确规定,但已为法院在司法实践所接受。在若干案例中，比较有代表性的是浙江省高院审理的蓝野酒业诉百事可乐“蓝色风暴”商标侵权案。

2003年12月，丽水市蓝野酒业有限公司申请取得“蓝色风暴”文字、拼音、图形组合注册商标，核准使用商品为第32类：包括麦芽啤酒、水（饮料）、可乐等。后经工商登记主管部门核准，丽水市蓝野酒业有限公司变更为蓝野酒业公司。2006年1月，经国家工商行政管理总局商标局核准，“蓝色风暴”注册商标商标权人变更为蓝野酒业公司。2005年，百事可乐公司推出了“蓝色风暴”促销活动，并在其饮料包装上“百事可乐”商标标识的两侧上方标有“蓝色风暴”文字和红白蓝三色组成的图形商标标识。在瓶贴一侧注有“喝本公司（蓝色风暴）促销包装的百事可乐产品，于2005年7月9日—2005年8月31日，在本公司指定的兑奖地点换取相应奖品。本次促销活动受上海百事可乐‘蓝色风暴’活动条款和规则管辖”等文字，瓶盖上印有“蓝色风暴”文字和红白蓝三色组成的图形商标标识。之后，蓝野酒业以商标侵权为由将百事可乐公司起诉到了杭州中院。

此案件争议点有两个：一个是百事可乐在饮料包装上使用“蓝色风暴”字样是否属于商标使用；二是百事可乐公司的行为是否会造成公众混淆、误导公众。一审法院经审理认为，百事可乐公司数年来推出了一系列促销活动，“蓝色风暴”是其中之一。作为“百事可乐”产品的相关公众，已经了解或习惯了该公司的此种营销方式，相关公众也会顺应已经形成的思维习惯，按照惯例将其视为一种宣传口号或装潢。百事可乐公司在使用“蓝色风暴”标识的同时，已将百事可乐商标在商品醒目位置突出使用，并在促销规则中也明确标注着“蓝色风暴”系指促销活动，这些足以使消费者区分商品来源，即消费者会以百事可乐商标作为区别百事可乐公司产品与其他产品，已不需要“蓝色风暴”标识来区分其商品来源。因此，“蓝色风暴”在百事可乐商品上的使用不能起到区分商品来源的作用，并不属于商品商标使用，其应属于为识别与美化而在商品和包装上附加的文字，即为商品包装装潢。因此不属于商标使用行为。

对于是否存在混淆这个问题，原告在起诉中已提出了反向混淆的概念，而一审法院认为，商标法上的“误导”、“混淆”应当同时具备主客观要件，即主观上须具有谋取不当利益、误导公众的意愿，客观上会使普通消费者将两者产品产生混

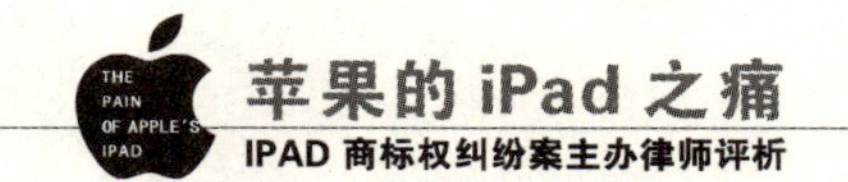

淆或误导。就本案而言,百事可乐公司在产品上使用“蓝色风暴”标识的行为并不构成对公众的误导,也不会造成公众的混淆。百事可乐产品系世界知名产品,“百事可乐”系列商标是知名度极高、为公众熟知的知名商标。因百事可乐公司在自己的产品上已经突出使用了知名度远远大于“蓝色风暴”标识的“百事可乐”系列商标,且该“百事可乐”系列商标相对“蓝色风暴”标识更为醒目突出。因此,百事可乐公司主观上并没有利用“蓝色风暴”标识为其产品牟取不当利益,并未误导公众的意愿。其次,由于百事可乐公司在其产品醒目位置突出使用了具有相当知名度的“百事可乐”系列商标,而蓝野酒业公司至今并未在包括可乐的饮料上使用过其“蓝色风暴”注册商标。这足以使普通消费者区分百事可乐产品与蓝野酒业公司产品,也不存在将百事可乐公司使用“蓝色风暴”标识的百事可乐产品混淆成蓝野酒业公司产品或两者存在某种联系的事实。因此也不存在混淆的事实。于是一审判决原告败诉。

原告不服一审判决上诉到浙江省高院。浙江省高院经审理认为:

(1) 要考量一种标识是否属于商标,主要应审查该标识是否具有区别商品或服务来源的功能。在本案中,百事可乐公司投入大量的资金,通过多种方式,长时间地在中国宣传“蓝色风暴”产品的促销活动,“蓝色风暴”标识已经在消费者心中产生深刻印象,消费者一看到“蓝色风暴”标识自然联想到了百事可乐公司产品,特别是其海报宣传中突出显示了“蓝色风暴”标识,在其产品的瓶盖上仅注明“蓝色风暴”标识等行为,其区别商品来源的功能已经得到充分彰显。百事可乐公司通过其一系列的促销活动,已经使“蓝色风暴”标识事实上成为一种商标。

(2) 百事可乐公司不仅将“蓝色风暴”商标用于宣传海报、货架、堆头等广告载体上,还在其生产的可乐饮料产品的容器包装上直接标注“蓝色风暴”商标,百事可乐公司的上述行为,明显属于商标的使用行为。

(3) 是否会使相关公众对商品的来源产生误认或混淆的判断,不仅包括现实的误认,也包括误认的可能性;不仅包括相关公众误认为后商标使用人的产品来源于在先注册的商标专用权人,也包括相关公众误认在先注册的商标专用权人的产品来源于后商标使用人。本案中,百事可乐公司通过一系列的宣传促销活动,已经使“蓝色风暴”商标具有很强的显著性,形成了良好的市场声誉,当蓝野酒业公司在自己的产品上使用自己合法注册的“蓝色风暴”商标时，消费者往往会将其与百事可乐公司产生联系，误认为蓝野酒业公司生产的“蓝色风暴”产品与百事可乐公司有关，使蓝野酒业公司与其注册的“蓝色风暴”商标的联系被割裂，“蓝色风暴”注册商标将失去其基本的识别功能，蓝野酒业公司寄予“蓝色风暴”商标谋求市场声誉、拓展企业发展空间、塑造良好企业品牌的价值将受到抑制，其受到的利益损失是明显的。故应当认定百事可乐公司使用的“蓝色风暴”商标与蓝野酒业公司的“蓝色风暴”注册商标构成近似。

据此，浙江省高院判决上诉人胜诉，百事可乐的“蓝色风暴”构成商标侵权。其中理由部分第三条是对是否构成“近似”的论述，虽然没有明确使用“反向混淆”这一概念，但实际上适用了反向混淆的理论。这与欧洲学者的看法近似：欧洲学者也并不认可反向混淆这一概念，但同时认为只要具有混淆事实就构成侵权，不论混淆的方向如何。本案中，法院即认为在后使用的百事可乐蓝色风暴商标通过密集宣传的方式割裂了蓝野酒业与蓝色风暴商标的联系，从而导致其商誉和利益受到损失，有混淆事实存在，从而构成侵权。由这个案件即可以看出，反向混淆理论在我国是有其适用的理论和实践基础的。

苹果与唯冠之间的情形即是典型的反向混淆。深圳唯冠是 IPAD 商标的在先使用人，其在 2001 年就在中国大陆注册了 IPAD 商标，之后也开发过类似苹果平板电脑的移动用户体验终端产品，只是在市场上未取得像苹果平板电脑那样的成功。在之后的 2008 年，深圳唯冠又在车载 GPS 以及电脑显示器上许可其他电子产品生产商使用 IPAD 商标，这些产品至今仍在销售，所以深圳唯冠对 IPAD 商标的在先使用和产品的实际销售是毋庸置疑的。这种情况下，苹果高调推出了 iPad 产品，并凭借其主品牌知名度和强大的市场力量进行大面积推广，事实上进行了对消费者的密集广告轰炸，此举毫无疑问割裂了唯冠与 IPAD 商标的联系，从而扼杀了唯冠的 IPAD 商标，使得其丧失了应有的价值和创立的商誉。实际上，“反向混淆”理论创立的价值就在于更加全面地保护了商标所有人的利益，制止了大公司不受惩罚地随意侵犯小公司在先商标使用权的情形。同时，反向混淆的存在侵害了消费者的利益，禁止反向混淆正体现了对社会公众利益的保护。保护消费者免于对商品来源产生混淆、误认，也是商标法的宗旨之一。因此，若不制

止苹果公司的这种行为,才是有损公共利益的体现。

另外,损害消费者公共利益这种行为,还违反了我国商标法确立的注册原则和保护原则,因为不管苹果公司创立了多么大的知名度,都是在侵犯注册商标专用权的基础上建立的,基于违法行为取得知名度(商誉),又如何能够得到保护呢?

二审诉讼评析

苹果公司在二审时主要有这样几个新动作:一是传唤证人出庭作证;二是提出新证据——签呈函;三是提出两个新观点,即适用隐名代理,以及判苹果败诉会损害公众利益。

新提出的两个观点上文已进行过分析,不再赘述。先来说说传唤证人到庭作证。苹果方此次传唤英国人 Robinson 到庭作证,原本目的是为了证明深圳唯冠全程参与了商标转让谈判,因而事实上成为合同当事人一方,受商标转让合同的约束。而实际上选择该证人出庭并非明智之举。首先,一审时,原告方称没有这个人存在,而二审时该证人的出庭自行推翻了这一说法,使原告方证据的证明力因前后说法的矛盾而有所减弱。其次,该证人证实,他在与唯冠进行谈判接触时,使用了 Jonathan 这个假名字,并用以这个假名字注册的雅虎邮箱与唯冠进行了邮件往来。这在旁观者看来,苹果购买 IPAD 商标时存在欺诈的这一说法立即坐实。因为即便利用“白手套”公司购买商标是通行做法,但连谈判人员都以化名出现,中间人都不敢以真面目示人,却非通行做法(实践中,利用“白手套”购买商标,无论是委托律师事务所还是其他公司,通常做法是中间人明确告知商标权人其代为购买某商标,但委托人名称因故要求保密),作风略显小气,与苹果大公司的形象殊为不匹配。更为致命的是,证人显然透露了很多不该透露的内情,造成了对苹果一方不利。如,证人首先承认了他的公司在 2005 年就受苹果委托对唯冠的注册商标的归属进行调查,而且是针对唯冠旗下所有公司的调查。说到这里,不得不提到一段小插曲:苹果和唯冠方面此次已不是第一次交锋,上一次对阵是在 2005 年。那时,苹果刚推出音乐播放器 iPod 产品,欲在欧洲注册商标。但因为

iPod 与 iPad 字形近似，苹果在进行注册时便遭到英国商标当局的审查质疑，为此苹果通过律师通知唯冠，准备以该商标未使用撤销其注册。此后，双方进行了一段时间的律师函往来，最终唯冠方面因顶不住旷日持久的缠讼和高额的律师费，放弃了对苹果 iPod 商标注册的阻挡，苹果最终取得了 iPod 商标在英国的注册。由此看来，苹果应当是在那时就有了要把 IPAD 商标纳入囊中的想法，因此才委派了专业公司进行调查。当时该公司采用了查询注册机关官方网站、询问当事人等方式进行调查，而且其公司还有懂中文的员工对涉及中文信息进行整理，应当说调查得已是非常详细。此后，苹果又在 2009 年委托该公司调查了唯冠 IPAD 商标使用的情况。这又与另外两条线索串了起来：一是 2009 年苹果通过 IP 公司与唯冠方面接触，提出购买商标的询盘。二是双方在接触过程中，证人发邮件说如果唯冠不能接受他们的报价，他们将采取"另外的方式"撤销该商标。然而在 2009 年，苹果公司的确以 3 年不使用为由向商标局提出了撤销申请。而证人回答唯冠方提出的最后一个问题时，更是明白无误地告诉了法庭，最后发给台湾唯冠确认的商标权属证明，就是苹果公司发给证人，然后由证人发给台湾唯冠的。

至此，证人的证言为整个事情的经过勾勒了一个清晰的轮廓，许多在此之前模糊难明的细节如今也变得可以理解——苹果早在 iPod 商标遭遇阻击时便已注意到了 IPAD 商标，请人作了调查。到 2009 年，苹果推出平板电脑时为获取 IPAD 商标，双管齐下，一方面自己出面提出"撤三"申请，欲打掉唯冠的商标自己重新注册；另一方面注册一个壳公司与唯冠谈判，协商转让事宜。故苹果前后为商标的收购做了充足的准备，因此应当清楚唯冠系的公司结构和各个 IPAD 商标的归属。而且在收购前，苹果咨询过数个地区的律师，其代理人贝克麦肯锡事务所在中国也有办公室，且大量从事中国商标法业务，而且还有合作的中国律师事务所，所谓对中国法律不了解难以自圆其说。因此，其故意不谈各个商标归属、不分对象签订合同的做法显示出苹果试图以一揽子合同解决所有问题，存在避重就轻、打擦边球的方式、以最小的投入获得 IPAD 商标的意图。在案件进行过程当中，有不少人评论说苹果这次是疏忽了，犯了一个错误，导致被人抓住把柄。而从上面所述即可以看出，苹果似乎是有意为之，而这样做的理由则与 iPad 平板电脑上市的急迫性有关。唯一疏忽的地方是唯冠没有忍气吞声地履行合同义务，而是公

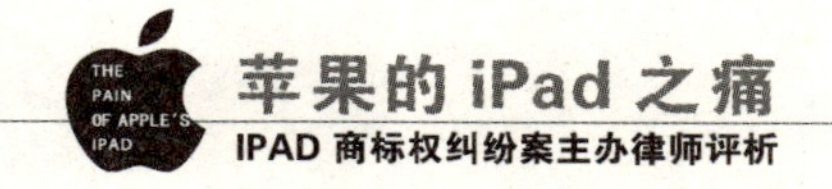

然向其发起挑战，这恐怕是苹果始料未及的，或者说虽有预想，但迫于形势，不得已而为之。

再说说那份引起关注的签呈函。该证据是苹果在上海诉讼中就已提出，但在深圳中院一审时尚未获得。签呈函中有杨荣山对转让商标一事的三字批文“准如拟”，苹果想以此来证明杨荣山知道唯冠转让的是包括了大陆两商标的所有 IPAD 注册商标。但是这个证据同样存在一个问题，即这只是内部的签呈函，并不是对外的意思表示。与第三方签订合同内容最终还要以确认双方合意的书面文件为准。所以苹果对这份证据十分看重，称之为“杀手锏”，但实际上意义不大。尤其是，苹果方面实际上并未取得该证据的原件，且取得途径也语焉不详，从证据法角度看，其真实性、合法性均有疑点，能否被采信存在极大的疑问。

总而言之，苹果在二审中并没有像人们期待的那样表现出翻盘的势头，反而比一审时更加不利。毕竟双方各有所需，苹果真的败诉其实是双方都不愿看到的，此时，也许苹果真的应该放下高傲的身段，好好考虑一下与深圳唯冠和解的事情了。

第四部分

终　局

二审结束后，各路争斗仍是纷纷扰扰。2012 年 7 月 2 日，广东省高级人民法院终于下达了民事调解书，为持续两年的诉讼画上了一个句号。

案件最终调解，没有一个判决为之盖棺论定，令人颇有些遗憾。毕竟这是个被称为“中国知识产权诉讼里程碑”式的案件，判决的缺失，导致今后的类似案件没有前例作为参照，依旧暧昧。不过，即便如此，双方在诉讼过程中相互碰撞出的智慧火花，也是很值得从业人士学习和借鉴的。

第十三章
事情仍在继续

EPAD 之争

就在二审庭审刚刚过去，媒体报道了一则消息，成为本案的一个小插曲。就在 IPAD 的商标归属还没有定论的时候，苹果又针对一个“EPAD”商标发起了进攻。

二审开庭不久前，一家名叫裕宝伟业科技发展公司（简称“裕宝伟业”）的民营企业，接到了国家工商行政管理总局商标局的商标异议答辩通知书。通知书显示，苹果对裕宝伟业所拥有的 EPAD 商标提出了商标异议，商标局要求其在接到通知书的 30 天内提交异议答辩书。裕宝伟业在 2010 年 8 月 27 日申请了 EPAD 商标，国家商标总局于 2011 年 6 月 13 日初审通过并进行了公告。而就在 3 个月公告期刚结束，苹果便向中国国家工商行政管理总局商标局提出了异议。

苹果公司的代理人北京英特普罗知识产权代理有限公司在异议申请书上指出，EPAD 与 IPAD 商标不仅读音相似而且字形相似，是裕宝伟业在明知 IPAD 商标知名度情况下故意注册的，其行为损害了苹果公司合法的在先权利和权益，扰乱了市场秩序。因此苹果公司要求驳回 EPAD 商标在第 18 类所有指定商品上的注册申请。

裕宝伟业主要从事箱包等电脑配件的代工生产与出口，拥有数个自主品牌，其中 EBOX、EPAD 等大量出口到欧洲、中亚、北美等，在行业内具有一定的知名度。在 2008 年，公司还获得了广东省著名商标称号。此外，裕宝伟业是苹果的代工厂——富士康的产品供应商之一。富士康所销售的苹果周边箱包中有 20% 来自裕宝伟业。裕宝伟业表示要积极准备答辩书，一定要维护其合法权益。

在 IPAD 商标的归属还没有确定、尚不能说苹果公司就是 IPAD 商标专用权人的情况下，苹果此举似有越俎代庖之嫌，但是我国《商标法》对提出商标异议的主体资格规定得相当宽泛，任何人基于任何理由均可以提出异议申请，因此，苹果以自己的身份提出异议又无可厚非。但是，苹果提出的异议理由明显无视正在进行的司法程序，不待法院作出判决，就先声称自己享有在先权利，这是不合理的。苹果这样做应该有两个目的：首先，作为一种向外界的宣示，表明自己有 IPAD 商标的所有权，同时也是为即将到来的终审诉讼造势；其次，就在 IPAD 商标权案进行得如火如荼的时候，有人在商标网上进行了查询，发现从 APAD 到 ZPAD 的商标全部都已经有人注册了。苹果采取的这一行动也是为了作出姿态，准备积极打击其他一切与 IPAD 相似的商标，保持其一派（Pad）独尊的地位，防止此类纠纷再度发生。恰恰 EPAD 商标就在这个当口出了公告期，立时便给了苹果“杀鸡”的对象。另外，此时盛传苹果已经作了平板电脑更换商标名称的准备，正在评估更名的成本，这样做也不乏有为更名铺路的考虑。

惠州侵权案——顺电上诉了

商标权属诉讼案的余火未熄，其他侵权诉讼也重新有了动作。此前被惠州市中级人民法院判决商标侵权的苹果经销商深圳市顺电连锁公司（以下简称“顺电”）于 2012 年 2 月 29 日，也就是权属诉讼二审开庭的当天，就顺电惠州家华分店被判 IPAD 商标侵权一案，向广东省高院提起上诉。

顺电公司不服判决，在上诉中请求法院：

（1）依法撤销一审判决，驳回被上诉人的全部诉讼请求；

（2）上诉费由被上诉人承担。

顺电作为上诉人主要提出了以下几点事实和理由：

一、涉案 IPAD 商标权属存在重大争议，还未有最终司法裁决，本案应当依法中止审理，但一审法院径行审理，不仅违反《民事诉讼法》的规定，也直接导致本案判决结果具有不确定性

首先，被上诉人与美国苹果公司的“IPAD”商标权属案虽然已下达一审判决，

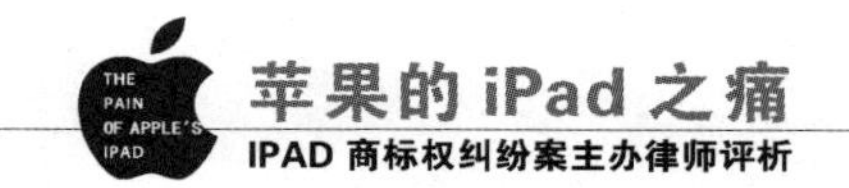

但该判决因苹果公司上诉尚未发生法律效力。

其次,上诉人销售的产品来源于苹果公司,所以对本案的判断实际是对苹果公司使用IPAD标识是否构成侵权的判断,本案的争议实际也是发生在被上诉人和苹果公司之间,所以IPAD商标权属是否明确,成为本案审理的关键和前提。如果广东高院判决涉案商标归苹果公司所有,上诉人所谓销售侵权产品的行为就是一个授权合法销售的行为,应当受到法律的保护。

所以,在这种情况下,原审判决违反了《民事诉讼法》第136条的规定[《民事诉讼法》136条规定:"有下列情形之一的,中止诉讼:……(五)本案必须以另一案的审理结果为依据,而另一案尚未审结的……"],也导致判决结果具有不确定性。

二、上诉人销售的iPad平板电脑不构成对被上诉人商标权的侵犯,亦不会造成消费者对商品的来源产生混淆,原审判决认定错误

首先,涉案商标已由美国苹果公司受让取得,上诉人销售涉案产品亦属合法销售,不构成侵权。从第三人提交的证据来看,IP公司与唯冠之间的商标转让合同已经成立,苹果公司又从IP公司处受让了该商标,其使用该商标的行为合法。上诉人作为苹果公司的授权经销商,通过合法渠道从第三人处取得美国苹果公司的产品予以销售,显然不构成对被上诉人商标权的侵犯。

其次,上诉人销售的涉案商品商标同被上诉人的商标不构成相同或者近似,原审法庭认定错误。上诉人销售的iPad产品的标识字形为独特的大小写英文字母:iPad的书写是有讲究的,字母"p"本来是小写的,但是如果是小写的"p",按照英语的书写规则,就会看到"p"伸出了一条腿,像是多出了一块,不整齐,所以iPad就把原本小写的"p"改成了大写,使之更加美观,具有显著性。而被上诉人的"IPAD"商标均为大写英文字母,两者在视觉上存在很大的差别,不易使相关公众产生对商品来源的误认。

此外,两商标发音不同,上诉人销售的iPad产品中文音译类似"爱派的",而被上诉人IPAD商标发音应为分开的I-P-A-D,两者在听觉上也有较大的差异,不易使相关听众产生误认。

两者的含义也不同。iPad的含义为,i英文意为我,指是我的。在西方文化

中，以 i 作为开头的单词，会让人觉得这是专门为我而设计，具有强烈的归属感。“Pad”指的是超薄电脑，“Pad”也有垫子之意，比如我们平常使用的鼠标垫就叫“mouse pad”，所以这一单词给人十分薄的感觉。除垫子外，这个单词还有便签的意思，所以“笔记本电脑”除了可以叫“notebook”以外，还可以叫“notepad”。因此，“pad”即意为非常薄的笔记本电脑。iPad 连起来就是——这就是我心目中的 iPad！我的超薄电脑！而被上诉人法定代表人杨荣山在新闻发布会上称，唯冠 IPAD 是 Internet Personal Access Device，是电脑的配件“显示器”。所以二者在含义上也不构成相同或近似，不易使相关公众误认。

根据最高人民法院《关于审理商标民事纠纷案件适用法律若干问题的解释》第 9 条和第 10 条的解释，两商标在字形、读音、含义等方面与被上诉人的商标不近似，不构成侵权。

此外，上诉人销售的 iPad 产品的功能、用途、销售渠道、消费群体为：iPad 平板电脑定位介于苹果的智能手机 iPhone 和笔记本电脑产品之间，通体只有 4 个按键，与 iPhone 一样，具有浏览互联网、收发电子邮件、观看电子书、应用多媒体等功能，是一款继承了多种电子设备特性的多媒体移动设备，极具创新，而且外观时尚、功能强大，消费群体有追求时尚一族、追风一族、送礼一族、苹果迷、追求应用体验一族，而被上诉人诉称的 IPAD 是一款显示器，是否在市场中有销售产品，均无相应证据，所谓的显示器，在技术上落后，消费群体狭窄。

根据 2010 年最高人民法院《关于审理商标授权确权行政案件若干问题的意见》第 15 条“人民法院审查判断相关商品或者服务是否类似，应当考虑商品的功能、用途、生产部门、销售渠道、消费群体等是否相同或者具有较大的关联性”的规定，两商标在产品功能、用途、销售渠道和消费群体等方面不近似或类似，不具有关联性，不构成侵权。

另外，IPAD 商标所承载的商业信誉均来自于美国苹果公司，客观上不会使消费者对产品的来源产生混淆。商标的基本功能就是识别商品来源，商标还具有商品的质量保障功能，保护商标权的根本出发点在于保护商誉和制止有损消费者的混淆，苹果公司的“iPad”产品通过苹果公司的宣传、服务以及产品本身的优良品质，在进入中国大陆市场前早已享誉全球，使 IPAD 商标与苹果公司的平板电脑产品之间建立了不可分割的紧密联系。而与此同时,被上诉人正陷入严重的经营危机,处在破产边缘,虽注册了涉案商标,却并无产品在市场上销售,更没有通过其实际经营给涉案商标创造价值,所以,消费者认为“IPAD”品牌的平板电脑就是苹果公司生产的电脑,不会对“iPad”平板电脑的来源造成混淆。

再次,上诉人销售的产品系通过合法渠道取得,在采购时已尽了必要的审查义务,即使存在商标侵权,也不需要承担赔偿责任。原审判决认为,上诉人未尽到应尽的审查义务,不能根据《商标法》第 56 条第 3 款免除赔偿责任。而上诉人认为,原审判决认定销售者的合理和必要的审查义务的标准明显过高,实际上,销售者只需要对产品提供者的商标专用权即相应的授权的文件或声明进行必要的形式审查,并无法律规定销售者需要对相关权属状况和有关授权文件的真实性进行实质性审查,若作为产品销售者,承担如此严格的审查义务将在客观上大大增加交易成本,降低交易效率,明显与《商标法》第 56 条第 3 款的立法本意相违背。在本案中,“iPad”产品在进入中国市场前早已享誉全球,“iPad”是苹果公司生产的平板电脑,已实际成为公知的事实。上诉人由美国苹果公司有直接关联关系的第三人处取得涉案商品,不仅签订了《苹果授权零售商协议》及其附件《商标许可协议》,取得了第三人的商标权属声明及权属瑕疵的担保,并在实际交易过程中,第三人能提供合法有效的销售及纳税证明,上诉人已实际完成了销售者应当采取的合理和必要的审查义务,该销售行为完全符合《商标法》第 56 条的免责规定。

最后,苹果电脑贸易(上海)有限公司应追加为本案被告,原审判决将其变更追加为第三人缺乏法律依据,造成程序错误。应上诉人的申请,原审法院已依法追加苹果电脑贸易(上海)有限公司(苹果上海)为本案被告,随后提出了有效的管辖权异议,但原审法院在第一次开庭时却以“深圳唯冠未对其提出诉讼请求”为由,决定将其被告的诉讼主体变更为第三人,并径行开庭进入实质审理,造成两个程序错误:

第一,法院将苹果上海追加为被告后,再行变更没有事实和法律依据,依照最高人民法院《关于适用〈中华人民共和国民事诉讼法〉若干问题的意见》第 57 条规定:“必须共同进行诉讼的当事人没有参加诉讼的,人民法院应当依照民事诉讼法第一百一十九条(2012 年修正后为一百三十二条)的规定,通知其参加;当事人也可以向人民法院申请追加。人民法院对当事人提出的申请,应当进行审查,申请无理的,裁定驳回;申请有理的,书面通知被追加的当事人参加诉讼。"依据该规定,追加当事人分为"法院依职权追加"和"当事人申请追加"。本案是申请追加情形。法院审查后认为有理,依法书面通知追加苹果上海为被告。但是,在上诉人没有申请变更当事人诉讼主体的情况下(诉讼法没有规定这一变更的权利),同时法院在没有撤销原追加通知书、裁定驳回上诉人追加被告申请的情况下,变更追加苹果上海为第三人显然没有事实和法律依据。

第二,判定是追加为被告还是第三人的法定条件是是否为共同诉讼,与被上诉人有无诉讼请求无关。《民事诉讼法》第53条和第56条是对共同原告、被告和第三人的规定。[①] 依据这两条规定,一个案件是追加被告还是第三人,其法定条件和标准看是否为共同诉讼标的,诉讼标的是否共同决定了追加当事人诉讼地位的不同。至于被上诉人是否对追加的被告提起诉讼请求,这是被上诉人的诉讼权利,而不是决定追加当事人诉讼地位的标准。本案是商标侵权诉讼,诉讼标的是侵犯商标专用权,未经许可,使用行为、销售行为都构成商标侵权,其诉讼标的是共同的。因此,在商标侵权案件中,只有共同原告和共同被告,没有第三人的概念。法院将苹果上海使用商标的行为列为第三人属程序不当。显然,原审法院的程序错误直接导致案件径行开庭并使得原本可能由苹果上海承担的法律责任最终由上诉人承担的法律后果,使得上诉人追加被告的申请变得毫无意义,直接损害了上诉人的合法权益。

综上所述,上诉人请求法院依法查明事实,进行改判,支持上诉人的上诉请求。

---

① 《民事诉讼法》(2007年)第53条规定:"当事人一方或者双方为二人以上,其诉讼标的是共同的,或者诉讼标的是同一种类、人民法院认为可以合并审理并经当事人同意的,为共同诉讼。

共同诉讼的一方当事人对诉讼标的有共同权利义务的,其中一人的诉讼行为经其他共同诉讼人承认,对其他共同诉讼人发生效力;对诉讼标的没有共同权利义务的,其中一人的诉讼行为对其他共同诉讼人不发生效力。"

第56条规定:"对当事人双方的诉讼标的,第三人认为有独立请求权的,有权提起诉讼。

对当事人双方的诉讼标的,第三人虽然没有独立请求权,但案件处理结果同他有法律上的利害关系的,可以申请参加诉讼,或者由人民法院通知他参加诉讼。人民法院判决承担民事责任的第三人,有当事人的诉讼权利义务。"

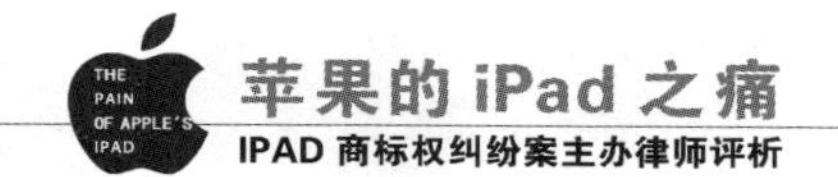

事隔3天，本案一审的第三人苹果电脑贸易（上海）有限公司也提出了上诉，要求撤销一审判决，将本案发回重审。

苹果电脑贸易（上海）有限公司作为第三人是否可以上诉仍存疑，后文另作讨论。在此仅看其上诉的理由。苹果上海上诉的理由主要从程序错误的角度出发，事实阐述与论理和顺电的上诉状相应部分完全相同。不过有个细节需要注意，这份上诉状签名的诉讼代理人为苹果公司确权诉讼一审的代理律师胡晋南和杨浩，从两份上诉状的相似度推测，顺电的上诉状极有可能也是出于这两位律师的手笔。而从这两份诉状的提交情况看，在顺电提交上诉状之后，苹果电脑贸易（上海）有限公司紧接着也提出了上诉，明显是在为自己争取二审的诉讼主体地位，加强诉讼力量从而增加胜诉几率。

惠州侵权诉讼案评析

与苹果和IP公司诉深圳唯冠权属纠纷诉讼不同，惠州案的性质是商标侵权诉讼。在诉讼过程中，顺电的代理人用了相当大的篇幅来讨论顺电销售iPad平板电脑是否构成商标侵权。这恐怕也是其他苹果产品经销商共同关心的问题。

那么，到底苹果公司是否构成商标侵权？

要想解释清楚这个问题，首先要看法律是怎么规定的。我国《商标法》第52条规定："有下列行为之一的，均属侵犯注册商标专用权：（一）未经商标注册人的许可，在同一种商品或者类似商品上使用与其注册商标相同或者近似的商标的；（二）销售侵犯注册商标专用权的商品的；（三）伪造、擅自制造他人注册商标标识或者销售伪造、擅自制造的注册商标标识的；（四）未经商标注册人同意，更换其注册商标并将该更换商标的商品又投入市场的；（五）给他人的注册商标专用权造成其他损害的。"

其中，第（二）项即为针对销售商标侵权产品的行为。这种侵权行为的主体一般为商品的经销商。因为侵权产品最终要卖出去才能实现生产商谋取经济利益的目的，经销商必然要参与到侵权商品的流通环节。法律针对经销环节设置了这样一个规定，正是在流通环节上多设了一道法律屏障，以杜绝侵权行为。这一点正好与这个案子的情形相符，顺电即为苹果的经销商。

知道了顺电是可以作为商标侵权主体的，还要能够证明其销售的苹果 iPad 平板电脑产品是侵权的，才符合法律规定的要件。

《商标法》第 52 条第（一）项规定了使用商标侵权，条件有二：一是有同一种或者类似的商品或服务；二是使用与注册相同或近似的商标。由这两个条件可以引申出四种侵权的具体情形：(1) 在同种商品上使用相同商标；(2) 在同一种商品上使用近似的商标；(3) 在类似商品上使用同一商标；(4) 在类似商品上使用近似商标。

在我们的案件当中，判断 iPad 平板电脑与唯冠的 IPAD 商标核定使用的商品是否同一或类似商品较为简单。按照《商标审查标准》给出的释义，同一种商品包括名称相同和名称不同但指同一事物或内容的商品或服务，也就是在物理性状和表征、功能上均完全相同的商品。唯冠 IPAD 商标核定注册的商品为计算机、计算机周边设备、显示器（电子）、光通讯设备、电视机、收音机、照相机（摄影）、电子防盗装置、摄像机、电池。iPad 平板电脑和 IPAD 商标核定注册的商品无论从外观还是功能均不相同，并不是同一种商品，仅与“计算机”可能存在近似。

那二者是否近似呢？

首先，按照《商标审查标准》，类似商品是指在功能、用途、生产部门、销售渠道、消费对象等方面相同或基本相同的商品。在这一点上，顺电在上诉时也逐点作了详尽的阐述。但是顺电在论证平板电脑产品与唯冠产品不类似时，选取的对比商品仅仅是由唯冠生产的液晶显示器产品，而深圳唯冠在上海庭审时展示的 IPAD 产品是“互联网个人接入终端（IPAD）”，是一种计算机产品。应当说，顺电在上诉状里并没有选择合适的比对对象。至于苹果的平板电脑和唯冠的 IPAD 这两种商品是否构成近似，目前有两种不同观点。一种观点认为，两者都是“计算机”产品，都属于商标注册国际尼斯分类第九类，因此当然属于商标法意义上的相同商品；或者说二者一为带键盘计算机，一为触摸式计算机，至少属于商标法意义上的类似商品。另外一种观点认为，二者既不相同也不类似。因为计算机技术飞速发展，日新月异，产品种类、数量已不计其数，不能不加区别地一并视为相同或类似商品。

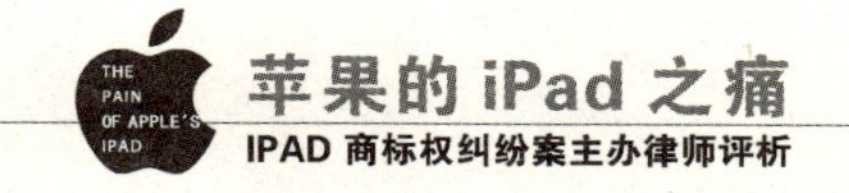

其次，虽然IPAD商标注册的商品范围是“计算机；计算机周边设备；显示器；光通讯设备；电视机……”但商标注册国际分类仅仅用于在商标注册时划分类别，方便注册审查与商标行政管理，与商品类似的判断标准本来不尽相同。在商标侵权判析时，商标注册国际分类仅可作为参考，不能作为判析的主要基准。（陶鑫良：《iPad商标诉讼及其商标法探析》，参见 http://www. luoyun. cn/DesktopModule/BulletinMdl/BulContentView. aspx? BullD = 7882. 查询时间：2012.09.06）笔者持第一种观点，当然也不全从商标注册国际分类出发，而是要参考相关法律的规定。最高人民法院《关于审理商标民事纠纷案件适用法律若干问题的解释》（下称《解释》）第11条规定：“商标法第五十二条第（一）项规定的类似商品，是指在功能、用途、生产部门、销售渠道、消费对象等方面相同，或者相关公众一般认为其存在特定联系、容易造成混淆的商品。”第12条规定：“人民法院依据商标法第五十二条第（一）项的规定，认定商品或者服务是否类似，应当以相关公众对商品或者服务的一般认识综合判断；《商标注册用商品和服务国际分类表》、《类似商品和服务区分表》可以作为判断类似商品或者服务的参考。”这几条是对《商标法》第52条的补充和细化。按照《商标审查标准》的表述，类似商品是在功能、用途、生产部门、销售渠道、消费对象等方面相同或基本相同。但《解释》中增加了“相关公众一般认为其存在特定联系、容易造成混淆的商品”这一表述。所谓“混淆”是将彼物误认为是此物，也就是通俗讲的“搞混了”。举例而言，苹果iPhone和普通的简易手机均可解决消费者通话的需求，因此是相同或类似产品；但iPhone和iPod touch虽然很多功能相重复，但其解决的主要需求不同，就不能认定为是类似产品。然而iPhone和iPod touch外观又极其相似，相关公众很可能会将这两种产品“混淆”。故当判断是否类似商品时，应秉持功能、用途、生产部门、销售渠道和消费者是否相同的标准，在具体认定上参考其是否解决消费者的实际需求。因此，IPAD产品和iPad平板电脑在不考虑十年的技术差距的因素下，其功能、用途、生产部门和消费群体都是基本相同的，因而二者是类似商品。不过，退一步说，即便二者不属于类似商品，二者也都处在商标分类的注册保护范围内。因此，即便商标国际分类不能作为类似商品的判断标准，却也限定了受同一商标保护的商品的范围，其实与类似商品的评价具有同等意义。

判断了二者是类似商品后，还要看IPAD和iPad是否相同或近似商标。顺电在上诉时，从字形、发音、意义等各方面进行了论证，认为二者在以上几点上完全不同，根本不构成相同或近似商标。按照相关规定，是否真如顺电的代理人所说的那样呢？我们来看《商标审查标准》对此的认定：《商标审查标准》第三部分第三条“商标相同的审查”的第（一）项“文字商标相同”中说，“文字商标相同，是指商标使用的语种相同，且文字构成、排列顺序完全相同，易使相关公众对商品或服务的来源产生误认。因字体、字母大小写或者文字排列方式有横排和竖排之分使两商标存在细微差别的，仍判定为相同商标。”作为判定二者是否为相同商标的标准，有此一条足矣。IPAD和iPad只有字母大小写和字体之分，而读音、意义在审查时亦不作为认定是否相同的标准，所以这两者仍要被认定为是相同商标。

所以，从上面所说的几个标准来判断，苹果的iPad标识的确是侵权了。顺电作为其经销商销售其侵权产品也就属于《商标法》第52条第（二）项的侵权行为。而对顺电是否可以依据《商标法》第56条第3款免责呢？

如果销售者能够证明其没有销售侵权产品的主观故意，就可以不用承担赔偿责任。第56条第3款规定，销售不知道是侵犯注册商标专用权的商品，能证明该商品是自己合法取得的并说明提供者的，不承担赔偿责任。所谓能够证明该商品是合法取得，是指销售者能够提供发票、付款凭证及其他证据以证明该商品是通过合法途径取得的；能够说明提供者，是指销售者能够说明该商品的出卖方的姓名、名称、住所或者提供其他线索，并且能够被查实。满足这两个条件，销售了侵权产品的经销商就不用承担赔偿责任。不过，惠州市中院在对侵权作出认定的时候，认为深圳顺电在与苹果签订经销代理协议时，没有尽到应尽的审查义务，没有认识到苹果并没有实际受让iPad商标，因此不能通过《商标法》第56条第3款免责。这点要求似乎有些苛刻。《商标法》第56条第3款并没有规定经销商有审查出卖方商标权是否有瑕疵的义务，而是只要没有主观故意，即没有意识到自己在销售侵权产品即可。作为销售者，其通常不具备对产品提供者，即生产者进行全面审查的能力。因此，在生产者能够证明其有合法身份，且没有明显的侵权行为的情况下，销售者有理由相信其获得的产品是不存在权利瑕疵的。顺电在与苹果签订代理协议时，由于苹果本身是国际知名的大型跨国公司，其有理由相信苹果公司在各个法律事务方面均不存在瑕疵。而且，苹果的 iPad 苹果电脑已经是全球风靡的热销产品。在这种情况下，不能寄希望于顺电这样的企业对所售产品的商标权属必须心存疑问，从而另行核实。所以作者认为，在顺电能够出示其购买产品的发票并说明苹果上海这一产品提供商之后，应当是可以根据《商标法》第 56 条第 3 款免责的，不应当承担赔偿责任。

另外，从程序角度讲，正如本书在上海诉讼一段所说，本案的裁判结果应当以广东高院的裁判结果为参考，不应在权属案最终结果未出的情况下径行裁判，该行为实际上违反了《民事诉讼法》的相关规定，是不合适的。

银行争夺 IPAD 商标权？

到了 2012 年 3 月 7 日，来自华尔街日报的一则消息，将本就乱纷纷的争端搅得更加扑朔迷离。该消息称：深圳唯冠的 8 家债权银行联合发布声明，表示“IPAD”商标归它们所有，而不是归唯冠所有，是这几家银行的共同财产。因此“IPAD”商标权纠纷实际上是苹果公司与唯冠 8 家债权银行之间的对抗。由于唯冠已经资不抵债，因此唯冠在此前注册的“IPAD”商标已经被 8 家债权银行查封，因此他们有权宣告对“IPAD”商标拥有所有权。

在这则消息公布的两天后，被提及的几家债权银行作出了回应，公开辟谣。民生银行、广发银行、平安银行、浦发银行均对媒体明确表示“没有发表这样的声明”，中国银行深圳分行相关负责人也向媒体否认曾和其他 7 家债权银行发布联合声明。随后，国家开发银行有关负责人也在京表示，该行未独自，也未与其他银行联合发布过上述声明。

有记者马上致电和君创业相关负责人和唯冠的几位代理律师，发现这几位均对这份声明表示不知情，面对记者的提问感到十分困惑。如此一来，事情变得十分蹊跷，难道有人故意制造假新闻？其用心何在？

事情很快趋于明了。在各家银行纷纷发表声明，撇清此事时，和君创业的发言人黄一丁发布声明表示，2012 年 3 月 7 日的华尔街日报所涉及的内容是由和君创业提出的，不过这些内容仅仅代表和君创业的观点，并不代表 8 家银行。黄一丁公开表示:"3 月 7 日本人就深圳唯冠破产问题的媒体回应,不是 8 家银行的声明。也请对此误解并作了误解性报道的媒体,进行更正。"

在二审结束后,和君创业此举依然可以理解为对苹果施加压力,借银行债权人之口逼迫苹果重新坐回谈判桌,尽快接受调解。谁知身为债权人的几家银行并不配合,争先辟谣,和君顿处尴尬境地。苹果一方此时却沉住了气,并没有作出回应。其实到了这个时候,法庭上的交锋几成定局,只待法庭宣判。然而如前文所说,宣判对于双方来说都不是什么有利的事情,调解依然是双赢局面,双方也都预料到了这种结局,只是在努力为自己争取着谈判的筹码。

但是,这一信息的发布,倒是引出人们新的一轮遐想。如果事实真的如黄一丁所说,IPAD 商标权已经不属于深圳唯冠所有,而是归 8 家银行,深圳唯冠可以和苹果公司单独和解吗?

阻击新"iPad"!

权属之争二审结束后,双方的交锋不但没有停止,而且似乎更加激烈。

二审过后不久,苹果公司透出消息,将在美国东部时间 2012 年 3 月 7 日下午 1 点在美国旧金山的 Yerba Buena 艺术中心召开新产品发布会。业内猜测,此次发布的应为新一代的 iPad 平板电脑,因为此前两代 iPad 产品均在此地发布。这个消息一出,苹果公司再度吸引了外界关注的目光,苹果的股价也随之大涨。

为防止苹果将新一代 iPad 平板电脑销售到中国,继续进行侵权行为,深圳唯冠决定对苹果发起实质性的"阻击"行动。其实早在 2012 年 2 月份二审开庭前,唯冠方就已表示,如果苹果继续侵权,将会把维权行动延伸到新一代的 iPad 平板电脑,一语成谶。

就在苹果将召开新闻发布会的消息公布后,唯冠立即采取行动,同时向苹果有可能进出口的 8 家口岸青岛海关、上海海关、宁波海关、厦门海关、广州海关、深圳海关、拱北海关、成都海关发去投诉书,申请扣押 iPad 平板电脑及相关产品。而投诉书发出之后,只有上海海关回信,告知由于深圳唯冠没有进行商标海关保护备案,所以无法受理深圳唯冠的查扣带有侵权商标商品的申请。律师团队急忙

到海关总署进行查询,原来深圳唯冠曾在网上提交了电子备案申请,但之后没有提交纸质文件,因此深圳唯冠的商标海关备案实际上并没有完成。于是,律师团队立即向海关总署提交了申请,删除了之前的电子备案信息,重新完成了海关知识产权备案手续。这之后,若再有带有与 IPAD 商标相同或者近似的商品进口至中国,或者出口到境外,海关则可以当场扣押。这包括苹果 iPad 系列产品,尤其是新一代 iPad。海关方面曾表示,鉴于 iPad 平板电脑的市场规模庞大,且颇受消费者青睐,因此很难禁止进出口该产品。而且,海关总署曾要求对个人携带 iPad 入境的人员征收关税,该规定虽然被部分人士诟病,但海关对 iPad 的检查却丝毫没有放松。

深圳唯冠的代理律师肖才元在接受媒体采访时表示,iPad3 的发布以及接下来的公开销售完全无视商标权纠纷,“深圳唯冠表示最强烈抗议,这一行为将面临更高的赔偿”。马东晓律师表示:“唯冠已经向海关提交相关资料,投诉苹果侵权,申请海关备案扣押,制止苹果进口和出口 iPad 产品,包括即将上市的 iPad3。虽然苹果现在提起诉讼,但在判决之前,商标权都是我们的。苹果在中国是侵犯唯冠权利。”对此有人质疑道,苹果在海外拥有 iPad 商标权,所以海关不会限制 iPad 出口。对此马东晓律师称:“如果苹果是在海外给 iPad 贴商标,那就没问题。如果他们是在大陆生产制造并贴上商标,至少在运输和仓储的环节,都侵权了,自然应该扣押。”

此次提交的海关备案申请是我国采取的知识产权海关备案制度。我国于 2004 年 3 月 1 日起施行《中华人民共和国知识产权海关保护条例》(下称《条例》)。知识产权海关保护,是指海关对与进出口货物有关并受中华人民共和国法律、行政法规保护的商标专用权、著作权和与著作权有关的权利、专利权实施的保护。《条例》第 3 条指出:“国家禁止侵犯知识产权的货物进出口。”《条例》第 7 条规定:“知识产权权利人可以依照本条例的规定,将其知识产权向海关总署申请备案。”知识产权海关保护备案自海关总署准予备案之日起生效,有效期为 10 年。《条例》第 12 条规定:“知识产权权利人发现侵权嫌疑货物即将进出口的,可以向货物进出境地海关提出扣留侵权嫌疑货物的申请。”被扣留的侵权嫌疑货物,经海关调查后认定侵犯知识产权的,由海关予以没收。

《条例》第 13 条规定:“知识产权权利人请求海关扣留侵权嫌疑货物的,应当提交申请书及相关证明文件,并提供足以证明侵权事实明显存在的证据。申请书应当包括下列主要内容:(一) 知识产权权利人的名称或者姓名、注册地或者国籍等;(二) 知识产权的名称、内容及其相关信息;(三) 侵权嫌疑货物收货人和发货人的名称;(四) 侵权嫌疑货物名称、规格等;(五) 侵权嫌疑货物可能进出境的口岸、时间、运输工具等。侵权嫌疑货物涉嫌侵犯备案知识产权的,申请书还应当包括海关备案号。”

对于权利人来说,申请知识产权海关备案有这样几个优势:

1. 申请海关备案是海关采取保护措施的前提条件。知识产权权利人如果事先没有将其知识产权向海关备案,即使发现侵权货物即将进出境,也没有权利要求口岸海关予以扣留。

2. 有助于海关发现侵权商品。实践中,能否发现侵权的货物,主要依赖于海关对有关货物的查验。由于权利人在备案时,需要提供有关知识产权的法律状况、权利人的联系方式、合法使用知识产权情况、侵权嫌疑货物情况、有关图片和照片等情况,使海关有可能在对货物的日常监管过程中发现侵权嫌疑货物并主动予以扣留。所以,事先进行知识产权备案,可以使权利人的合法权益得到及时保护。

3. 预防将来可能的侵权行为发生。由于海关对进出口侵权货物予以没收并给予进出口企业行政处罚,尽早进行知识产权备案,可以对那些过去毫无顾忌地进出口侵权货物的企业产生警告和震慑作用,促使其自觉地尊重有关知识产权。

所以,对于存在产品被侵权风险的企业而言,知识产权海关备案是非常重要的制度和打击侵权的手段。苹果如在商标权属未明的情况下继续销售新的 iPad 产品,是对我国现行商标法律制度的无视。唯冠在存在被侵权风险的情况下采取这一手段,是非常积极的策略,不管结果如何,均值得其他企业效仿。

此时,深圳唯冠已经做好准备,静等苹果公司在 2012 年 3 月 7 日的新品发布新闻出来后,将掀起一波如同全国工商机关大行动一样的海关查处浪潮。消费者和媒体也在等待,他们有的在等待期盼已久的新 iPad,有的则在等待更加吸引眼球的事件。

致苹果 iPad 产品全国供应商及经销商的公开信

本公司，唯冠科技（深圳）有限公司，是国家工商行政管理总局商标局登记的注册号为 1590557 号"IPAD"商标的合法注册人和专用权利人。依照《中华人民共和国商标法》规定，任何人未经本公司许可，不得擅自在商品和包装上使用与"IPAD"商标相同或者相近似的标识，否则即构成商标侵权。

虽然美国苹果公司在深圳市中级人民法院对该注册商标权属作出判决后提起了上诉，但截至目前为止，本公司仍然是"IPAD"注册商标唯一合法的权利人，依法享有禁止他人使用该商标的一切权利。

《中华人民共和国商标法》第 52 条及《商标法实施条例》第 50 条规定，凡有下列行为的，均属侵犯注册商标专用权：

"销售侵犯注册商标专用权的商品的；或，故意为侵犯他人注册商标专用权行为提供仓储、运输、邮寄、隐匿等便利条件的。

另，广东省惠州市中级人民法院以及全国多家工商行政管理机关均已经对侵犯本公司注册商标专用权的多起行为作出了停止侵权的判决和认定。

现本公司郑重告知全国苹果 iPad 产品（包括苹果 iPad 3 系列产品）供应商、经销商（包含网络经销商），自本通告公布之日起，立即停止销售、仓储、运输、邮寄等侵犯本公司注册商标专用权的行为，继续从事上述行为的将被视为故意侵权，本公司将在不作任何通知的情况下，采取所有最为严厉的措施追究该侵权人的一切法律责任，包括但不限于行政、民事及刑事法律责任。

专此函告！

唯冠科技（深圳）有限公司

二〇一二年三月七日

图 13-1　致苹果 iPad 产品全国供应商及经销商的公开信

在苹果公司发布新 iPad 的当天，即中国时间 3 月 8 日，在苹果公司召开发布会宣布推出新款 iPad 后，深圳唯冠终于作出反应，这次不是海关查处了侵权产品，而是深圳唯冠发布了一封《致苹果 iPad 产品全国供应商及经销商的公开信》。在信中，深圳唯冠警告所有苹果经销商不得有销售、运输 iPad 等行为，否则将追究一切法律责任，包括刑事责任。杨荣山表示，此次的公开信正是针对苹果新一代的 iPad 采取的阻击行动。

深圳唯冠在这封公开信中强调，截至目前，公司是“IPAD”注册商标唯一合法的权利人，依法享有禁止他人使用该商标的一切权利。同时，公司郑重告知全国苹果 iPad（包括苹果 iPad 3 系列产品）供应商、经销商（包含网络经销商），自本通告公布之日起，立即停止销售、仓储、运输、邮寄等侵犯公司注册商标专用权的行为，继续从事上述行为的将被视为故意侵权。深圳唯冠将在不作任何通知的情况下，采取所有最为严厉的措施追究侵权人的一切法律责任，包括但不限于行政、民事及刑事法律责任。

展开论战

二审庭审后，双方都小心翼翼地在试探对方的反应，一时暗抛橄榄枝，一时又展开激烈的论战，上演了一场场精彩的博弈。

首先是深圳唯冠及其董事长杨荣山本人在庭审后即向苹果方面放出信号，示意双方愿意和解。开庭当日，广东省高级人民法院曾启动调解程序，但由于双方律师都表示需要请示委托人，因此并未就是否接受法院调解作出明确回答。但此后，杨荣山在接受媒体采访时表示，IPAD 商标权之争，最好的解决方案是和解。杨荣山对媒体说：“IPAD 商标的价值并非唯冠创造，我们不会对苹果公司狮子大开口。”

之后，苹果方面却并没有回应。2012 年 3 月 11 日，深圳唯冠代理律师谢湘辉透露，苹果公司目前未就 IPAD 商标权权属纠纷案向法院提起调解请求，这有可能意味着苹果公司无意以和解的方式结束这场纠纷。他说：“如果苹果向法院提出调解，法院应该会第一时间通知我们，但是现在没有收到通知。如果苹果不提

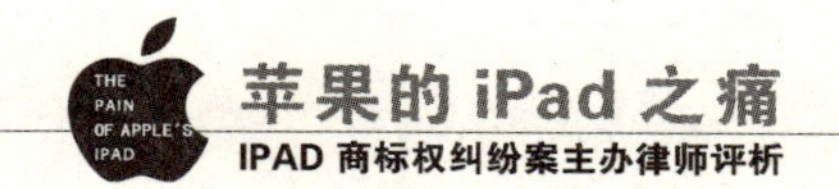

出调解,我们不会主动提出调解,因为我们会赢得这场诉讼,但如果苹果提出调解,唯冠方面也可以接受。”

当然,虽然表面上没有什么行动,但苹果公司的律师团在2012年2月29日开庭结束之后,却也并没有“闲着”。就在2012年3月7日,上述律师团队在金杜律师事务所,针对苹果方面新掌握的能够证明深圳唯冠参与商标权交易的实质证据进行了闭门会议,而第二天,该团队又特意聘请了全国知名法律专家进行了专题讨论。这样做不仅再次对苹果方所持观点进行了论证,也可以借助法律专家意见的重要性对法院的判决施加一定的影响。

针对苹果方的闭门研讨,2012年3月12日,唯冠代理律师肖才元向苹果律师团发送《苹果唯冠商标之争公开论法邀请函》,邀请与苹果方面律师在全社会面前公开论理、切磋。同时,他也在微博上公布了这一声明。

肖才元律师在微博上表示,本次公开论理,对于双方,在全社会面前均将接受一次考验。他说:“相信本次公开论理,方便双方决策层全程观看,便于决策,有利于双方纷争早日化解。”“唯冠与苹果围绕商标权纠纷,诉讼已经有两年多的时间,我们从未关闭过和解的通道,但苹果方面似乎缺乏诚意。出现这种局面完全是苹果一方态度傲慢,不肯认错造成的。”

此邀请一出,颇使业界兴奋,毕竟本应在法庭上见高下的律师,竟然效仿华山论剑方式,大有设擂比武、邀斗江湖的意思。

以下是邀请函全文:

苹果唯冠商标之争公开论法邀请函

尊敬的苹果律师团的律师同仁:

尊敬的尚未露面的苹果律师团专家、顾问:

苹果与唯冠之间的商标之争,已引起全社会的高度关注。3月10日,本律师受邀已在深圳市律师协会多功能厅作了一场题为《IPAD商标案与中国企业维权》的专题演讲。本律师也特别请与会的深圳律师站在苹果角度与我辩论、切磋。会议气氛极其活跃,对于明辨唯冠苹果之间的是非曲直,极为有益。然意犹未尽的是,毕竟未能邀请到贵方律师出场。与会律师一致建议本律师与贵方律师专家能有一场面向全社会公开的论法之战。

苹果 iPad 产品自2010年9月在中国销售已一年半有余,工商查处未能延续、海关查扣也仍处于审批研究阶段,这既归功于苹果的超强影响力,也归功于苹果律师专家团精英们的不懈努力。

苹果唯冠商标之争,已远远超出个案的影响,对于我国知识产权执法尺度、保护力度均是一次考验或挑战。有鉴于此,作为中国的律师、中国的法律专家或专业人士,我们双方,除了对委托人负责,更应当对中国正在不断完善的知识产权保护制度负责、对社会负责,不应刻意去耗时间、拼消耗。

唯冠公司希望能够尽快与贵方和解——但并非我方的原因,事态已越来越大。贵方欲正视此前的做法、提出确实可行的和解方案,本律师深知,均需十分的勇气方可。

而本次公开论理,对于我们双方,在全社会面前均将接受一次考验。兼听则明,偏信则暗,是非曲直,社会自有公论。相信本次公开论理,方便双方决策层全程观看,便于决策,有利于双方纷争早日化解。

本律师愿意并特此诚邀贵方律师、专家公开论理、切磋。

论题:

1. 深圳唯冠是否与苹果一方存在商标转让合同?

2. 苹果与台湾唯冠之间的商标转让合同,是否对深圳唯冠有约束力?

3. 苹果"若得不到 IPAD 商标将损害消费者利益"之说,是否能成立?

4. 苹果是否应当自觉停止使用"iPad"商标?

依据:案件事实、中国法律。

时间:近期(贵方回应后,双方商定)。

形式:视频直播

贵方发言人数:不限

规则:双方发言占用时间相同。

专此布达！期盼贵方接受邀请并不吝赐教！

唯冠 IPAD 诉讼主办律师

广东广和律师事务所高级合伙人　肖才元

二零一二年三月十二日

邀请函还公布了电话和联系方式。

对于肖律师的论战邀请，苹果律师团的一位律师表示，苹果公司不会参加这种自我炒作的活动，会按照法律程序走下去。但在 2012 年 3 月 13 日，苹果公司再次就 IPAD 中国商标案发布声明，或许算是对论理邀请的一种公开回应。

以下是苹果公司最新声明全文：

我们尊重中国的法律法规。作为一个拥有大量知识产权的公司，我们一向尊重他人的商标权。

正如我们在近期的庭审举证中所证明的，在 2009 年期间，我们的受托公司与深圳唯冠进行了接触，并提出要购买其 10 件 IPAD 商标，其中包括在中国大陆已经注册但已经连续 3 年没有使用过的两件商标。经过几个月的谈判，我们达成协议。

唯冠一直在故意误导法院和公众，如称 IPAD 商标早已被禁止转让或称是 Apple 在转让交易中犯了错误，等等。实际上，深圳唯冠的管理层深知自己的所作所为，且是深圳唯冠坚持要求我方去跟唯冠的子公司台湾唯冠签约的。但在那时，Apple 并不知晓深圳唯冠这样安排，原来是为了避免将商标转让费支付给当时在中国大陆的债权人。

唯冠在 2009 年出售 iPad 商标时并不想偿还债务，而且目前深圳唯冠仍有大量负债，但其试图从 Apple 已经支付了转让对价的商标上获取超额利益，对 Apple 而言是不公平的。

这份声明发布后，深圳唯冠也针锋相对地发表了新的声明。其中提到，对苹果公司近日关于IPAD商标纠纷案的媒体声明感到失望与愤怒。在声明中,深圳唯冠再次提到,苹果聘用的Robison先生,在高院承认从2005年开始就受托于苹果公司,对唯冠的IPAD全球商标进行深入调查,也在官网上作了查询。经查证,苹果公司在2009年10月22日有向中国国家商标局申请注册IPAD商标,但在第9类上由于深圳唯冠的注册在先,被国家商标局依法驳回。苹果的委托人先说看不懂中文,后又承认有懂中文的员工,苹果公司如何解释不知道IPAD的中国商标是深圳唯冠拥有呢?既然知道,怎又会不去取得深圳唯冠的授权或签署合约呢?

深圳唯冠还指出,在苹果公司与台湾唯冠签约当时及事后,均清楚地知道中国商标并没有购买成功。苹果公司为何在没有取得商标权情况下就大量营销侵权IPAD产品于中国?

而针对苹果之前在声明中提到的"唯冠在2009年出售IPAD商标时并不想偿还债务,而且目前深圳唯冠仍有大量负债,但其试图从苹果已经支付了转让对价的商标上获取超额利益,对苹果而言是不公平的",深圳唯冠在该声明中表示,深圳唯冠一直在还债,这3年来我们的辛苦、努力及付出所有债权人有目共睹,不容苹果扭曲事实,唯冠现在虽暂时没钱,但在中国经营22年至今,堂堂正正,从来没有出现过道德瑕疵问题。

深圳唯冠代理律师谢湘辉也毫不掩饰对苹果说法的愤怒,在微博上作出回应:

> 首先,二审庭审苹果公司的证人指证苹果公司早在指使IP公司与台湾唯冠签订商标转让协议前,就已经知道大陆IPAD商标属深圳唯冠所有,苹果公司还故意装作不知,绕道与台湾唯冠签订大陆商标转让协议,其实是掩耳盗铃!其行为涉嫌欺诈!
>
> 其次,商标转让协议总价3.5万英镑涉及32个国家10个商标,假设大陆IPAD商标是转让标的,其转让价格只有2万多元人民币,苹果公司声明称IP公司与台湾唯冠签约此举是为了避免将商标转让费支付给大陆的债权人,试问深圳唯冠值得这么做吗?这完全是苹果公司的猜测和谣传!
>
> 最后,深圳唯冠的维权行为是为了维护中国企业的合法商标权益,维护

中国法律的权威，其依法取得的赔偿是为了偿还所有债权人的债务，为了中国的银行、企业和广大员工的合法利益得到保障，不存在超额利益之说，没有任何非法的意图，更不存在任何不公平。

作为深圳唯冠的代理人，我认为既然苹果公司是一个拥有大量知识产权的公司，就应当知道如何合法购买他人的商标，知道如何在中国遵守中国的商标法，尊重中国公司的知识产权，而不是低价“骗购”他人商标，并借此故意大肆销售侵权产品，并发不实声明误导公众！

来自香港的动态

骂战声中，香港诉讼又有了新的动静。2012年3月22日，香港高等法院就苹果公司与IP公司在香港法院起诉唯冠国际控股有限公司、台湾唯冠电子股份有限公司、深圳唯冠公司等有关IPAD商标转让纠纷案件，召开了庭前案件管理聆讯。

法庭上，苹果公司申请排除唯冠国际的专家证人、要求立即排期开庭两项申请都没有得到支持。香港法院主审法官认为，现阶段案件当事人还没有做好开庭准备，因此本案还不具备正式开庭审理的条件，具体开庭时间要安排到2012年6月底再次进行案件管理聆讯决定。

谢湘辉律师在微博上表示：“从昨日香港高等法院的聆讯不难发现，苹果公司以前声明‘香港法院已经支持苹果’是误导性声明，香港法院就IPAD商标权纠纷案件尚未正式开庭，更未作出判决。”

的确，此消息一出，苹果之前的所谓香港法院已判决支持其的说法顿时再也站不住脚。连此次在内，包括证人Robinson出庭作的证词等，苹果已多次显现出发表言论不实的情况。是非诚信的天平开始有所偏移，许多此前片面认为深圳唯冠是讹诈的人也开始慢慢改变了观点。

CEO 访华

值此风口浪尖之际,苹果公司新任 CEO 蒂姆·库克来华了,来得十分突然、低调。在库克出现在北京西单大悦城苹果专卖店之前,似乎没有人知道库克访华的消息。而下面所列的这张行程单,也是事后根据库克的动向所拼凑,并非由苹果在事前透露。此次并非库克首次来华,其作为苹果首席运营官时,曾经来华与中国移动和中国联通的高层进行过会晤,但其这次访华却是苹果公司总裁的首次访华。

2012 年 3 月 26 日上午:蒂姆·库克来到位于北京西单的大悦城 Apple Store 参观。

2012 年 3 月 26 日下午:库克接受了北京市市长郭金龙的会见。

2012 年 3 月 27 日:库克接受了国务院副总理李克强的会见。

2012 年 3 月 28 日上午:库克与中国联通董事长常小兵等进行了会谈。

2012 年 3 月 28 日下午:库克参观了富士康郑州工厂。

2012 年 3 月 29 日:库克到访中国电信,与董事长王晓初等会面。

库克来华当然不是旅游那么简单。从其开展的活动来看,库克此行应当欲解决三个问题。

(一)展示对中国市场的重视

在库克继任前,苹果公司似乎从未真正重视过中国市场,即便中国市场的销售额是增长最快的,消费人群是最庞大的。苹果的产品在中国市场发售总是全球的第三、四批,时间总是比其他国家要晚一段时间,通常可达数月。中国的苹果直营商仅在北京和上海两地有 5 家,经销商也仅有可怜的一百多家,这与美国市场 245 家直营零售店相差甚远。这些都是长期为“果粉”们所不满的。而苹果公布的财报数据显示,2011 年财年前三季度,苹果在中国大陆、中国香港和台湾地区的总销售额达到 88 亿美元,相对于 20% ~40% 的店面增长幅度,销售增长率高达数百倍。2011 年,苹果在大中华区销售额达到了 130 亿美元,是 2010 年销售额的 4 倍之多。中国已成为苹果在全球的第二大市场。

过去,苹果和乔布斯在中国的“果粉”和媒体圈里,一直是傲慢的代名词。乔

布斯一生中曾去过多次日本却从未到过中国,并且对中国态度冷漠。据公开报道称,乔布斯很反感中国国内众多的山寨产品和用户“越狱”刷盗版现象。这当然也与乔布斯的个人性格有关:根据前一阵畅销的《乔布斯传》的描述,乔布斯从年轻时起便有极为偏执的一面,非常注重精神层面的纯粹,很难容忍自己看不惯的人或事物。同时,他追求产品的尽善尽美,这不仅是在功能用途和产品设计上,也体现在包装、外接设备等方面。因此,他不可能对中国市场的情况产生一丝的好感。但时过境迁,蒂姆·库克选择中国作为履新后访问的第一个国家,显示了苹果新任 CEO 对中国市场的重视以及苹果公司对中国市场态度的转变。库克希望为苹果树立新的面貌——一个具备更开放文化的苹果公司。

2012 年 3 月 26 日,作为此行的第一项活动,库克参观了苹果西单大悦城店,并与顾客一起合影。库克没有选择三里屯旗舰店而是选择此店大有学问:该店于 2010 年 9 月 26 日开业,其人流量和销售额均位居苹果全球零售店的榜首,而且更为凑巧的是,大悦城店恰是一年前北京市工商行政管理局西城分局已经下达 2.48 亿元人民币高额处罚的那家店。当天下午,时任北京市市长郭金龙、工信部副部长尚冰会见了库克。

3 月 27 日,李克强副总理在中南海紫光阁会见了库克。会见时库克提出,要全面深化与中国的合作。就在当天,苹果中国公司对外界重申,中国对苹果来说非常重要,苹果期待在中国市场加大投资。

此外,库克与中国联通与中国电信高层的会面也发出了“苹果重视中国市场”的信号。据了解,库克和两家运营商的谈话主题主要围绕战略层面展开,并涉及下一代 iPhone 等苹果产品的合作。

(二) 解决苹果在中国的知识产权问题

苹果目前在中国遇到两大知识产权问题:一个是 IPAD 商标诉讼;另一个是韩寒等作家起诉苹果 Store 侵犯其个人著作权。两件事情一出,使得苹果的国际大公司形象遭到了质疑,特别是在美国作为知识产权大国不断抨击我国知识产权保护现状的情况下。此次库克来华虽然没有直接参与和这两案件有关的活动,但在 3 月 27 日,在参加李克强副总理接见时,双方也谈到了知识产权问题。在会谈中,李克强副总理提到:“中国转方式、扩内需、科技创新等都是在扩大开放条件下进行的。中国将依法为中外资等各类企业平等竞争创造良好环境，加强知识产权保护。”而库克则回应说，苹果将“依法诚信经营”。

（三）减轻富士康“血汗工厂”带来的负面影响

富士康为苹果的许多产品做代工，是苹果最重要的合作伙伴之一。而富士康在几年前曾因为员工频频跳楼被质疑压榨廉价劳动力，随后媒体爆料富士康员工每天工作15小时，而月薪只有50美元，生活环境恶劣，几十人挤一间大宿舍，公共卫生条件差，等等，当时即已被冠以“血汗工厂”之名。此后，随着事情的深入挖掘，负面消息却越来越少，反而多了许多正面的消息，富士康形象有所回升。然而2012年以来，美国媒体对富士康的工作环境进行了新一轮的批评。其部分报道指出，苹果近年来压榨代工制造商的利润率，间接导致富士康血汗工厂的出现。其中《纽约时报》写道，富士康工厂大多数工人每周工作6天，一天经常工作12小时，超过1/4的工人住在工厂宿舍里，许多人一天工资不超过17美元，而富士康让工人住在集体宿舍里也成为控诉的理由。苹果作为富士康重要合作伙伴也承受了使用“血汗工厂”的指责。为消除此负面影响，苹果于2012年2月13日对外宣称，已经请求“公平劳工协会（Fair Labor Association）”对富士康位于中国深圳、成都等地的生产工厂展开调查，以弄清这些工厂的工作环境。对此库克称：“我们认为，无论是在哪儿，任何工人都有权获得安全公平的工作条件，因此，我们请求公平劳工协会对我们最大供应商的表现和工作环境进行独立评估。目前正在进行的调查将是电子行业史无前例的一次调查，无论是在规模上，还是在调查范围方面，我们都对公平劳工协会同意开展这一非同寻常的调查表示感激，他们将在报告中写清调查这些工厂的具体情况。”（参见 http://baike.baidu.com/view/7825891.htm.）直到库克访华时，公平劳工协会仍然在对这些工厂进行调查中。

在富士康因劳工问题接受公平劳工协会调查之际，库克的到访显示了苹果在这一事件上的真实态度——支持富士康。富士康是苹果最强大的后盾，生产效率高，既能在最短的时间生产最多的产品，而价格相对又最优惠。因此，安抚这个庞大的组装机器，让它继续为苹果提供廉价的优质服务，自然是精于控制产业链的库克重视的工作。

作为苹果主动公布的两项行程之一——“参观富士康郑州科技园工厂 iPhone 生产线”——是库克此次访华的重头戏。中国是苹果产品最主要的生产基地。在苹果主要代工厂商——富士康集团总裁郭台铭设想的“金匠中原计划”中,核心是苹果 iPhone 产品,其中郑州被定位为布局全球最大 iPhone 产品整机组装制造基地,5 年实现产值 5 000 亿元规模;河南洛阳布局玻璃面板生产基地,为 iPhone 配套提供触控玻璃面板;山西晋城布局精密核心零组件和机构件生产基地,为 iPhone 配套提供精密核心部件,建设全球精密制造中心。

库克在参观工厂地址的选择上处理得十分微妙,就在他参观富士康郑州工厂的同时,公平劳工协会正在富士康的深圳观澜工厂、深圳龙华工厂和成都工厂这 3 家工厂展开大范围的调查。库克没有选择与公平劳工协会的调查“硬碰硬”,却仍然以另一种方式表达了苹果对富士康的支持。不过虽然苹果是公平劳工协会的大出资人,但其似乎并不买苹果的账。在库克离开中国后不到两天,公平劳工协会就发布了对富士康不利的调查报告。报告中指出,富士康存在数十桩违反劳工权利的行为,如加班时间过长、“克扣”加班工资等,甚至存在违反中国劳动法的行为。

尽管库克此行并不是专门为 IPAD 商标侵权案而来,但此次苹果与中国官员的密集接触也招致了深圳唯冠方面的批评。认为苹果有通过公关手段干预司法之嫌。

和君创业李肃在微博中称:“我们坚信,库克的政府公关不管有什么效果,苹果公司侵犯中国知识产权的行为已成定论,必将受到中国民主与法制进程的最终惩治。”同时,李肃还在微博里持续公开深圳唯冠公司就 IPAD 商标权诉讼的进程。他在微博中写道,目前唯冠已经购买了多家债权银行的股票,并将以小股东身份征集投票权,代位诉讼苹果。李肃称,这样做的理由是:早在台湾唯冠公司签署商标出让协议之前半年,8 家银行已组成债权人委员会,并在市政府金融办参与下正式协议监管深圳唯冠公司及其资产,没有债权人同意,深圳唯冠不会也不能卖出“IPAD”商标。此外,在库克访华期间,唯冠会再次发表公开信,明确表示苹果公司的二审上诉与香港诉讼都是徒劳的,愿意奉陪这场商标之争到更长的时间,并要取得中国知识产权维权的最终胜利。

消费者控告苹果经销商欺诈

苹果和深圳唯冠两公司间的争斗尚未尘埃落定，苹果的经销商又和个人消费者打起了官司。延期近两个月的全国首例消费者状告苹果销售商出售 iPad 涉嫌欺诈一案在广州开庭审理。这起诉讼是买卖合同纠纷，严格上说与商标侵权无关，但也将本案涉及的法律问题搞得更为复杂化、多元化。

事情的经过是这样的：2012 年 2 月，一位名叫叶茂良的广州市民从广州美承索电数码科技有限公司购买了一台"苹果 iPad 平板电脑"。第二天叶茂良和他的朋友也是他后来在诉讼中的代理人徐大江吃饭时，偶然从新闻上看到苹果和唯冠的诉讼，得知在大陆的"iPad"商标并非美国苹果公司所有，但其产品包装盒两侧均醒目标注有"iPad"标识。随后，两人经国家商标局官方网站查询证实，"iPad"商标系深圳唯冠拥有专用权的注册商标。叶茂良据此认为，美承索电销售假冒他人注册商标的商品"苹果平板电脑"的行为构成民事欺诈，应承担相应民事责任，进而向天河区人民法院提交了诉状。

原告代理人徐大江号称职业打假人，他在诉状中提出了返还原告购买"苹果平板电脑"所付价款人民币 3 688 元，并另外赔偿原告人民币 3 688 元的诉讼请求。庭审持续了两个多小时，双方就原告消费行为指向及被告是否构成欺诈展开了激烈争辩。

原告代理人徐大江认为，"iPad"商标经国家商标局官方网站查证系唯冠所有，美国苹果公司假冒他人注册商标生产平板电脑，应判定为假冒伪劣产品，美承索电代为销售，构成民事欺诈，应承担相应的民事责任。

美承索电代理律师认为，本案属买卖合同纠纷案而非商标案，且"iPad"商标终审尚未终结，单从买卖来讲，原告消费指向是"苹果公司"生产的平板电脑，看重的是苹果产品的品质，且购买后并未出现任何质量问题，因此并不构成欺诈。被告代理律师当庭请求法庭驳回原告的诉讼申请。而且，原告在唯冠与苹果"iPad"商标案期间提起诉讼，存在恶意诉讼的行为。

而徐大江表示，是否存在"恶意诉讼"与本案无关，而且自己在提交诉讼之前

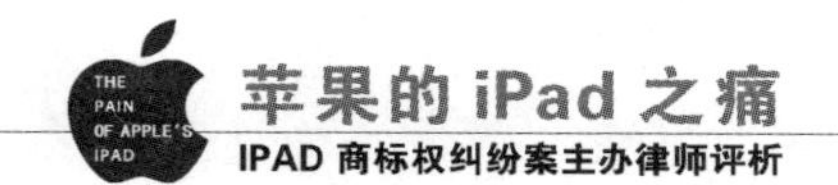

也并未关注过“iPad”商标案。

法庭未当庭宣判，原告代理人徐大江表示愿意接受庭外和解，被告代理律师表示和解还需征求当事人的意见。

庭审结束后，徐大江对媒体表示：“加上我自己目前总共有7位购买了iPad的消费者申请维权，全国各地的都有。我的和解要求很简单，就是‘退一赔一’。”同时，徐大江坚决否认本案与唯冠苹果“iPad”商标争夺案的关联性，称自己也是在购买iPad平板电脑之后看新闻才了解到“iPad”商标案的。

按照《消费者权益保护法》第49条的规定，经营者在提供商品或服务时有欺诈行为的，应当按照消费者的要求增加赔偿其受到的损失，增加赔偿的金额为消费者购买商品的价款或者接受服务的费用的一倍。徐大江正是根据这一条提出了“退一赔一”诉讼请求的。但这里涉及一个问题，就是欺诈如何认定。如果消费者购买iPad平板电脑是为了使用产品本身，看重其功能、用途，iPad平板电脑在这方面完全不存在欺骗或隐瞒事实的情况，谈不上有什么欺诈。如果消费者看重的是IPAD商标所代表的商品来源，或许可以认定为有欺诈行为存在，这就是双方在法庭上争议的所谓消费指向问题。但即使作如是考虑，也很难说欺诈能够成立，因为销售者本身对商标权的归属也不清楚，同时如上文所说，也不具有严格审查商标权利瑕疵的义务，所以很难证明其有欺诈的主观故意。何况商标权属纠纷尚未结案，不管对诉讼结果的预测如何，程序没有结束，就不能先予妄下裁判。

本案看似简单，但综合看来，消费者一方胜诉可能性不大。一来原告诉求在法理上并不十分扎实；二来如果判原告胜诉，意味着将来每一位iPad购买者都有权提起维权诉讼，这不仅对苹果及其经销商是个沉重的打击，对于法院来讲也将是司法资源的重负。因此，法院将极其审慎地处理此案，最终判决估计应该还要等广东高院二审判决有结果后才能够作出。

坚持调解？

案件沉寂了一段时间。2012年4月17日，广东省高级人民法院召开了新闻发布会，对于新近受理的美国苹果公司与深圳唯冠公司IPAD商标纠纷案最新进展作出了说明。在发布会上，广东省高院称会充分考量社会效益、法律效益等各方面因素，依法公正作出处理。广东省高院会在坚持合法自愿的情况下，争取双方当事人进行调解。

广东省高院副院长徐春建谈道，广东地处改革开放的前沿，高科技企业、涉外、涉台、涉港澳企业林立，在核心竞争力的比拼中，企业对知识产权至高点的争夺也日渐激烈，从而引发一系列重大诉讼，如广东法院新近受理的美国苹果公司与深圳唯冠公司IPAD商标纠纷案、腾讯公司与奇虎公司反不正当竞争纠纷案等。由于这些案件对某个名牌产品在整个国家的市场占有份额，或某种商业模式在整个产业的发展前景都有着深刻影响，因此法院的处理必须在公平正义、严格依法的前提下，尽量使各方利益最大化。省高院将既要保护本国当事人的权益，也要保护国外当事人的权利，要让大家知道，在中国打官司各方当事人均享受平等待遇。

广东省高院民三庭副庭长邱永清称，IPAD商标案开庭时，有53家境内外知名媒体参加了庭审，广东高院为消除公众对案件的猜疑，用网络微博、直播的方式公开庭审现场，也体现了广东高院对知识产权案件坚持依法公开、公平、公正、平等保护的原则。合议庭根据现有的证据进行审查之后，如果认为还有新的事实需要查明，会再次开庭。

在广东省高院表态不久，中国国家工商总局副局长付双建在2012年4月22日举行的网络直播新闻发布会上表示："苹果公司和深圳唯冠科技就iPad商标所有权的纠纷正在走司法程序。"他提出，根据我国法律，深圳唯冠科技目前仍然是IPAD商标的所有者，因为依据《商标法》第39条的规定，商标转让必须由双方共同向商标局提出申请，由商标局审核后进行公告，从公告之日起商标才视为转让成功。此外，付双建还表示，苹果公司与深圳唯冠IPAD商标转让合同纠纷争议案件目前正在司法诉讼程序中。由于这个案件的影响大，且法院的终审判决直接影响IPAD商标的权利归属，工商部门将慎重稳妥处理此案。一些地方工商局接到深圳唯冠的投诉依法进行了立案，现在仍处在调查取证阶段。在法院终审判决后，工商部门将对此案依法处理。

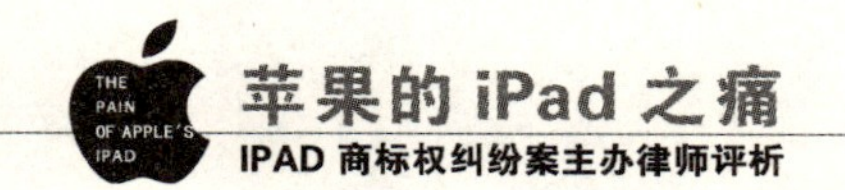

这几番表态，无疑透露了中国官方对此事的态度。首先，司法部门实际上透露了该案一定要以调解结案这一信息。紧接着，工商部门也提到会在判决后依法处理之前的工商投诉立案。而且尤其需要注意的是，付双建副局长提出受让人自公告之日起享有商标专用权，这意味着，苹果即使在对唯冠的商标确权案中胜诉，也不能排除苹果在正式公告权利之前非法使用IPAD商标的违法行为。这实际给苹果制造了压力，有促使其不要过于纠结于调解数额，尽快调解结案之意。

马东晓律师在接受媒体采访时表示："深圳唯冠是IPAD商标的所有者，这其实一直都是我们的态度，只不过这次从工商总局领导口中说出来了。""唯冠科技一直都在试图与苹果公司达成和解，目前双方争执的焦点是赔偿金额究竟应该是多少，但是唯冠的和解标准从未改变。"谢湘辉律师表示："由于苹果公司和深圳唯冠都表示同意调解解决，二审法院依法正在组织双方进行调解，双方目前就和解金额进行协商，尚有较大差距，调解没有时间限制。"

在广东省高院提出争取调解之后，双方已同意并开始接触。但双方一直僵持不下，其实主要还是心里预期相差较大，纠结于金额的多少。深圳唯冠债权人希望能够借此IPAD商标的议价得以弥补此前唯冠的欠款损失，而根据以往唯冠方作出的表示，深圳唯冠大约需高达4亿美元来填平欠8家银行的债务。而作为本次案件公关协调人的和君创业总裁李肃，此前已与唯冠杨荣山出现分歧。当时李肃曾对外表示，"我是受八家银行的邀请，而非唯冠一方的邀请。"这意味着，iPad的价格谈判，不能仅仅依据唯冠方面给出的意见，而势必要体现8家银行的利益。同时，虽然双方谈判的主题是"商标转让费用"，但因销售额在民事侵权赔偿中可以为更高的赔偿额奠定基础，所以其增长的业绩额也会为唯冠的谈判带来有利的筹码。而从苹果方面看，苹果则希望尽可能地压低商标转让的价格。当初苹果在隐身购买IPAD商标时，仅仅出价35 000英镑，苹果当然不愿意因为一份合同"失察"就付出上万倍的代价。而且在此之前，苹果从汉王手中买走iPhone商标花费了两千多万元人民币，这已经让商标转让的价格水涨船高，苹果如果不遏制这一局面，未来苹果在这方面可能付出更大代价。

谢湘辉律师表示说："我们感受到苹果公司的态度和之前有了明显不同，过去他们虽然口头表示愿意谈判,却没有任何实质动作,但现在他们正和我们坐在谈判桌前,就真正解决问题而磋商。”不过他对目前双方能否达成和解仍没有把握,也许苹果需要作出更多让步才能促成和谈。

然而,持久战对苹果来说有百害而无一利。

北京时间2012年4月25日,苹果公司公布了2012年第二财季报告,忠实的中国“果粉”们没有让蒂姆·库克失望,以“超乎想象”来形容其中国区的业绩。据统计,这一时期内,中国区为苹果贡献了79亿美元收入,同比增幅超过两倍,超过苹果销售总额的20%,创下历史新高。同时iPhone销量同比增长4倍。中国市场有巨大的增长机会。数据显示,2012财年第二财季,苹果iPhone的总销量为3 510万部,同比增长88%;iPad的总销量为1 180万台,同比增长151%。iPad对销售额的贡献越来越大。因此,有苹果的专家表示:“新的iPad能否如期正常上市,直接关系到苹果未来的销售业绩。所以,苹果对iPad商标应该不会放弃。”

苹果在中国市场地位正不断强化,这也迫使苹果不得不有了更多的顾虑,在许多谈判条件上作出妥协。毕竟宁可一时“出血”,也不能影响后续的整个的产品营销计划,否则损失真的将是巨大的了。

按照《民事诉讼法》的规定,由于进入了调解阶段,广东省高院关于该案的终审宣判将暂缓,只有在双方调解失败的情况下才会判决。而何时调解成功则不易推测,这无疑在考验着苹果的耐心。

而与此同时,深圳唯冠也没有“闲着”,2012年5月15日,深圳海关查扣一批涉嫌侵犯IPAD商标的iPad平板电脑充电器及数据线等商品。考虑到深圳唯冠与苹果的诉讼仍未最后定论,为保险起见,尽管深圳唯冠已申请海关备案,海关仍然要求深圳唯冠派人现场查验,并发来了侵权商品的照片。另外,如果要求扣押,深圳唯冠还需要承担后续产生的担保费、仓储费、可能发生的延误费,等等。随即,深圳唯冠派律师前往深圳海关现场查验、拍照,并最终确认这些被查扣的商品确为侵权商品。随后,这些商品被深圳海关依法扣押。

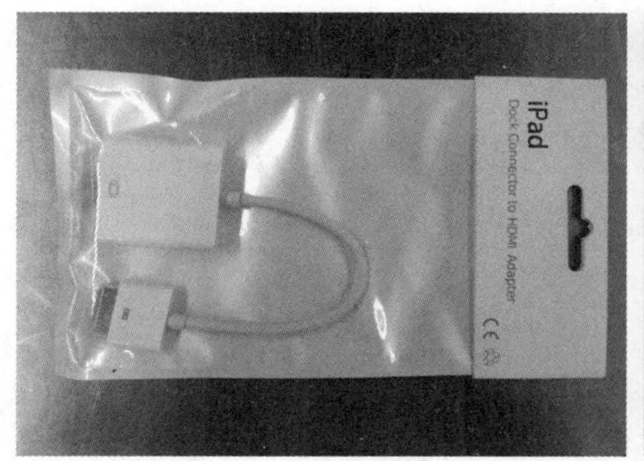

图 13-2 被深圳皇岗海关查扣的 iPad 平板电脑数据线(图片来源:由律师提供的采集证据时所拍照片)

随着事态不断发展,在调解的道路上,双方的筹码在不断发生着变化,优劣势随时进行着转换。在接下来的时间里,接二连三出现了一些对唯冠不利的消息。

2012 年 5 月 4 日,美国加州高级法院法官马克 · 皮尔斯(Mark Pierece)应苹果的请求,驳回了台湾唯冠起诉苹果 IPAD 商标侵权一案。

当时台湾唯冠在美国起诉苹果之后,苹果方提出,根据相关各方的协议,所有法律纠纷应当在香港解决,因此本案应当被驳回。皮尔斯支持了苹果的说法,称唯冠未能提供证据表明,在香港解决纠纷是“不合理的或不公平的”。

唯冠方顾问和君创业表示,美国法院以香港法院尚未完结之前的诉讼为理由驳回该案不合法理,将继续在美国上诉。

2012 年 5 月 22 日,苹果与唯冠国际就大陆“iPad”商标权案在香港法院的审理案件取得新进展，香港法官认为，深圳唯冠去年递交的两份专家报告不符合香港法院的指示，在后续的审理中将不再被承认。

据香港媒体报道，早前批准唯冠在香港的官司中可加入大陆和台湾地区法律专家的意见，但苹果公司指责唯冠并未遵循该限令，唯冠加入的专家意见并非响应苹果的专家意见。昨日香港法院作出裁定，唯冠 2011 年 10 月提出的两份专家报告不符合香港法院的指示，这些证据因此在唯冠和苹果官司的后续审理中不被承认。

在这一敏感时期，苹果在中国内地的第六家、在华南地区的首家直营店将落户深圳南山益田假日广场。此前，苹果公司曾有意在中国内地开设 25 家直营店，但迄今为止只在北京、上海开设了 5 家直营店，北京两家，上海 3 家。

此举引起深圳唯冠的重视。谢湘辉律师表示，目前 IPAD 商标权案的结果还未公布，意味着 IPAD 商标归属还悬而未决。如果苹果直营店销售 IPAD，就是对深圳唯冠的侵权。深圳唯冠将向工商部门提出申请，禁止其销售 iPad。

第十四章
仅是一个诉讼那么简单？

尘埃落定

2012年7月2日，广东省高级人民法院（以下简称广东省高院）的官方微博上发布了案件的最终结果，双方于2012年6月25日，在广东省高院法官的主持下达成了和解，并签署了民事调解书。按照调解书的约定，苹果公司及IP公司同意于接到法院通知之日起7个工作日内，向广东省高院指定的深圳市盐田区人民法院账户汇入6 000万美元，以便彻底解决有关本案争议商标登记到苹果公司所面临的各项实际问题。而深圳唯冠则需要将IPAD商标在苹果公司汇款后两日内过户给苹果公司，同时深圳唯冠放弃追究苹果公司iPad产品任何经销商的责任。

为使商标转让程序尽快启动，苹果公司在签署调解书后很快完成了汇款，又于2012年6月28日向深圳市中级人民法院递交了强制执行申请，请求将深圳唯冠名下第1590557号和第1682310号注册商标的注册人变更为苹果公司。法院经审理查明，深圳唯冠并未依约在苹果公司汇款后两日内办理商标转让手续，于是在2012年7月1日下达执行裁定，首先解除在一审时对两涉案商标的查封，其次将两涉案商标强制过户给苹果公司。与此同时，为促使尽快执行完毕，法院向国家工商行政管理总局商标局发出了协助执行通知书，要求商标局协助尽快履行完毕商标转让程序。此后，商标过户手续很快即得到办理，于2012年7月27日核准公告，也即在这一天苹果真正获得IPAD注册商标专用权。

至此，苹果诉深圳唯冠IPAD商标权属案，算是正式宣告结束。深圳唯冠在其诉讼团队不懈的努力下，虽然没有达到之前对外宣称的赔偿4亿美元的结果，但也已成绩斐然。对于苹果公司来说，6 000万美元的价码倒也符合之前提过的

1 亿美元的底线，是可以接受的。如此，双方不必拼个鱼死网破，在某种程度上也可算是皆大欢喜。

iPad 商标权属案有了结果，其他案件也相应作了了结。2012 年 7 月 6 日，苹果上海以涉案商标权属纠纷已经广东省高院审结生效为由，向上海浦东法院提出申请，要求恢复商标侵权案的审理。上海浦东法院经审查认为，由于涉案商标权属案已经广东省高院于 2012 年 6 月 25 日调解结案，并发生了法律效力，因此本案中止审理的原因已经消除，于 7 月 16 日下达民事裁定，恢复商标侵权案的审理。同时，上海浦东法院签发传票，定于 7 月 30 日上午 10 点开庭继续审理此案。

此后不久，传出了一个令人瞠目结舌的消息，之前的唯冠方面内部不和的传言似乎得到了印证：代理律师事务所之一的国浩律师（深圳）事务所，将深圳唯冠告上了法庭，请求法院：

1. 确认原告的律师费债权享有优先受偿权；

2. 本案诉讼费用由被告承担。

2010 年 9 月，苹果公司在国内销售标有 IPAD 商标的平板电脑产品，并通过向深圳市中级人民法院起诉被告（深圳唯冠），要求确认大陆 IPAD 商标归属苹果公司。

2010 年 12 月，被告（深圳唯冠）经和君创业咨询公司介绍，委托原告（国浩律师所）代理其处理苹果公司向国家商标局提起的因 3 年不使用撤销 IPAD 商标的行政程序，同时委托原告处理深圳中院受理的 IPAD 商标确权纠纷一案。原告接受被告委托后，做了收集证据、法律研究、提出法律意见和应对方案等大量工作。

2011 年 5 月 11 日，被告与和君创业咨询有限公司签订《委托代理合同》，约定“甲方（被告）委托乙方（和君创业咨询有限公司）组织国浩律师集团和广东五维律师事务所全面代理本案纠纷的诉讼、‘撤三’答辩、行政查处和媒体策划工作。”《合同》第 7 条约定：“乙方的律师费，按风险代理的原则计取，按甲方（含甲方关联公司）从苹果一方获得利益的 10% 作为乙方应得律师费。”“甲方承诺，尽一切努力，在第一时间优先支付乙方律师费”。

之后，被告和原告签订补充协议，该委托协议约定，原委托协议的乙方包括和君创业咨询有限公司、国浩律师集团（深圳）事务所、广东五维律师事务所，所得

律师费比例为4%、4%、2%,被告应在支付条件成就时,向三方分别支付。

基于上述的委托内容,原告进行了大量的法律服务工作:

原告代理被告向全国60多个省市的工商行政管理部门投诉苹果经销商销售商标侵权产品;原告代理被告在上海浦东新区法院起诉苹果贸易上海有限公司,要求该公司停止销售侵权产品;原告代理被告向全国多个海关投诉苹果iPad产品商标侵权,积极维护被告享有的IPAD商标权。

关于苹果公司起诉的IPAD商标确权案,2011年12月,原告(与广和律师事务所共同)代理的IPAD商标确权纠纷获得一审判决,深圳市中院判决驳回苹果公司起诉,IPAD商标所有权属于被告。2012年2月,苹果公司就一审判决向广东省高级人民法院提出上诉后,原告(与广和律师事务所共同)代理被告参加二审。2012年3月起,在二审阶段,原告代理被告参与了广东省高级人民法院主持的调解谈判。2012年7月2日,调解成功,内容为:由苹果公司向被告支付6 000万美元,被告将大陆IPAD商标权益转让给苹果公司。苹果公司现已向被告支付了全部商标转让款。

在提供上述法律服务的过程中,原告为被告垫付了大量费用,包括申请知识产权海关保护备案费用、商标续展费用、差旅费,等等。被告至今尚拖欠原告的这些费用。

根据委托协议约定,被告在取得IPAD商标权益后,应立即优先支付原告律师费,原告的律师费享有优先受偿的权利,而事实上,被告经原告多次催讨,至今没有支付。

上述事实说明,原告成功提供了与被告约定的法律服务,被告应立即向原告支付律师费240万美元。同时,根据我国《合同法》的规定,承包合同中劳动力报酬或劳务性质的费用享有法定优先权,而IPAD商标纠纷案中原告提供法律服务,所收取律师费属于劳动力报酬,具有优先权。

在起诉的同时,国浩律师(深圳)事务所向法院提出查封IPAD商标的请求,以便能够延缓IPAD商标的过户,避免债权难以实现的金皮情况,但法院没有同意该申请,IPAD商标最终由国家商标局核准转让,并在7月27日发布了公告。

这真是一波未平,一波又起。通常来说,如非形势所迫,律师不会采取诉讼手段追讨自己的律师费用，而这一次委托人与代理人相见于法庭到底是个什么情况？如原告在诉状中所说，2010 年 12 月，国浩律师事务所经和君创业咨询有限公司介绍，就 IPAD 商标维权参与向深圳唯冠提供法律咨询，经深圳唯冠以及债权人银行同意后，受聘代理与苹果公司商标确权纠纷、苹果公司提起的“撤三”答辩程序、向工商部门和海关提起的行政投诉与查处，以及其他侵权诉讼，其中，与广和律师事务所做了分工，及广东省内的上述活动与广和律师事务所合办，其他在全国范围内的活动由国浩律师事务所负责。由于深圳唯冠的资产已被查封，签订合同时，双方约定采取风险代理的方式收费，只收取 4%，已远低于法律规定的最高上限 30%。服务期间，律师团队的服务得到了深圳唯冠方面的高度认可。深圳唯冠和苹果公司达成和解后，6 000 万美元被法院查封，整个诉讼服务团队依约向深圳唯冠要求支付律师费用时，被告知和解款项应优先支付给债权人，如果优先支付律师费，债权人会有意见。而当团队向深圳市盐田区人民法院申请要求由和解款中支付律师费用时，法院的答复是必须首先依法起诉。同时，由于深圳唯冠在达成和解后很可能被裁定进入破产程序，如不提起诉讼，进入破产程序后律师费就只能通过申报债权的方式得到受偿，更加没有保障。在此情况下，国浩律师(深圳)事务所无奈只好选择起诉深圳唯冠，请求深圳市盐田区法院审判确认律师费用的优先受偿权。随后，广和律师事务所也起诉了深圳唯冠，要求其支付律师费 480 万美元(广和所收取比例为 8%)，法院将两案合并审理，定于 2012 年 9 月 25 日开庭。

9 月 25 日，双方进行了长达 5 个小时的庭审。针对国浩律师事务所和广和律师事务所的诉讼请求，杨荣山辩称，之前与广和律师事务所签订的 8% 的风险代理费过高，而对于国浩律师事务所，则称双方间不存在代理关系，只是与和君创业签订过合同，不存在支付给国浩律师事务所代理费的问题，国浩所和和君创业之间如何分配是其内部的事情。国浩所谢湘辉律师辩称，国浩所曾在 2011 年 1 月 13 日与唯冠单独签订过一份补充协议，明确了国浩所代理人的身份。双方经过一番辩论，最终在庭审结束时达成庭外和解协议，法庭未当庭宣判。

就在国浩所等深圳唯冠的服务团队起诉之后，案件的其他部分也陆续有了后续进展：

7 月 23 日，富邦保险申请裁定深圳唯冠破产进行了第二次开庭，广和律师事

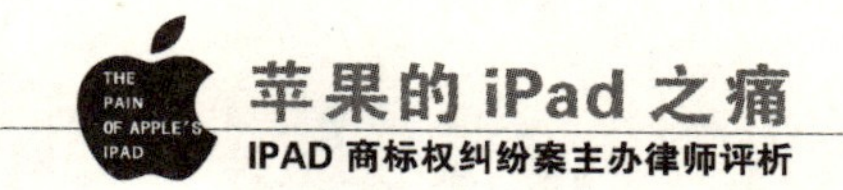

务所肖才元律师代表深圳唯冠出庭。此次开庭主要为了核查深圳唯冠是否资不抵债，肖才元律师表示，如果裁定深圳唯冠破产，只会增加清算成本和时间，且大部分债权人均不同意深圳唯冠破产。此案在进一步审理中。同日，广东省高院通知，惠州侵权案二审定于7月27日开庭审理。

7月30日，在上海浦东新区法院恢复开庭审理深圳唯冠诉苹果上海商标侵权案之前，深圳唯冠向法院提出了撤诉申请：2012年6月21日，深圳唯冠与美国苹果公司就商标权属争议在另案中实现和解，内容为：苹果公司向原告支付对价，深圳唯冠将IPAD商标专用权转让给苹果公司。广东省高级人民法院依法制作了民事调解书，根据调解书的内容，深圳唯冠放弃追究苹果公司的相关责任。基于上述情况，深圳唯冠特向贵院申请撤回对苹果公司提起的本案诉讼。至此，深圳唯冠诉苹果上海商标侵权案宣告终结。

商标侵权惠州案在9月24日有了结果，双方签订了民事调解书，达成以下调解内容：

1. 根据深圳唯冠与苹果公司在商标权属纠纷案中达成的和解协议，深圳唯冠不再追究任何苹果经销商的责任，因此深圳唯冠放弃在本案中的诉讼请求。

2. 一审案件受理费由深圳唯冠承担，二审案件受理费由深圳顺电连锁股份有限公司惠州嘉华分店及苹果电脑贸易（上海）有限公司承担。

3. 本协议经深圳唯冠、深圳顺电连锁股份有限公司惠州嘉华分店和苹果电脑贸易（上海）有限公司签字后生效，本案就此了结，不再发生争议。

随着惠州案的终结，除了工商部门还没有给出一个最终结果外，案件其他部分均告收尾。这个耗时两年，双方都倾注了无数心血的大案就这样结束了。

学界讨论

苹果与唯冠双方论战不休，学术界也展开了热烈的讨论。二审后，北京、上海各高校、知识产权研究机构举行了多场专题研讨会，就苹果案涉及的法律问题进行了研究和讨论。现摘录专家评论如下，以飨读者。

杨叶璇（国家工商行政管理总局商标评审委员会原副巡视员、北京大学法学院知识产权学院、中央财政金融大学硕士生兼职导师):“苹果公司的‘iPad’商标与唯冠的两个注册商标可以判断为不构成近似,特别是不构成混淆。他们之间的区别之处如同窗户纸,一点就破。看这三个商标的书写与构成方式:苹果的‘iPad’商标是小写的i和小写的a,唯冠的那两个注册商标一个是大写的I和大写的A,另一个是图形化的i和大写的A,甚至仅从字母A的大、小写上就可以看出两家企业商标的差异。同时更关键的是,该商标使用的商品价值数千元,有明确的销售和服务渠道,并且相关公众是有电脑使用本领和英文(或拉丁字母)识别能力的消费者,商标对商品来源的指向明确,没有产生混淆,也不可能产生混淆。很多人都有注册在先原则与上述分析发生矛盾时候怎么办的纠结心态。在分析和解决商标纠纷时,我们不能沉溺于玩商标是否近似的游戏。注册商标的专用权应当予以保护,但是不能把注册抬到注册至上主义,应当正确地判断注册商标的排他权。注册商标不是霸王鞭想打谁就打谁。在这个问题上,要看两个商标主体之间的竞争关系,是否诚实信用,其主张是否超出了其享有的法律权利,也就是要从诚实信用和公平正义的角度来看。”

王学政(国家工商行政管理总局法规司原司长):“《商标法》第39条规定的商标协议是典型的民事合同,根据商标协议进行商标转让时,当事人依法向商标局提供的形式要件里面包括了转让协议/当事人身份的证明、转让的标的等,由商标局进行形式性审查。商标转让的核准审查,不是行政审批,所以商标转让协议并非是经过商标局核准予以转让以后,协议才生效。申请商标转让时,当事人要提供的商标协议作为形式要件之一,由商标局进行审查,进行的也是形式性审查。只要是形式要件具备,商标局无权对当事人的意思表示进行干预。这方面如有问题,须按民事争议来解决。商标局的核准注册和公告都可起到公示的作用,因为原来的商标经过注册以后产生的权益,现在转让给别人了,当然要经过公示,原来商标注册就是公示,经过核准转让并公告也是公示。这一行政行为对于商标注册协议的成立和生效不发生本质上的影响。”

姚欢庆(中国人民大学法学院副教授):“单纯就诉讼看,这里是否存在表见代理的问题?按照中国法律规定来看显然不成立。根据最高人民法院《在当前形势下审理民商事案件的指导意见》的规定,表见代理的构成要件之一是善意且无

过失。而本案中的谈判双方都是专业律师、专业团队,苹果的代理人也许是善意的,但没有过失肯定不成立。”

曲三强(北京理工大学法学院院长):“伦理道德主义也无助于商标权纠纷的讨论,这是另外一个层面的问题。具体到‘iPad’商标诉讼,最后问题的解决恐怕要大家基于理性思维,以事实为根据,以法律为准绳才能解决。比如当事人的动机是什么,把公司的人格等都掺杂进来,法律层面上也是站不住脚的。动机在判断行为性质的时候是有作用的,但在最后确定案件结果的时候是看行为,而不是看行为人的心理活动、思想活动。为爱一个人去杀人和为恨一个人去杀人都不能改变在法律上有杀人的行为。把研究的前提定下来有助于问题的解决,这一点是非常重要的。在 iPad 案子中,涉及商标权的地域性问题和苹果公司获得中国大陆 IPAD 商标权的条件问题。我们要解决在美国《商标法》的语境下和在中国大陆《商标法》制度语境下存在着的某种误解。我国商标转让所采取的是核准公告生效制度,也就是说,即使苹果公司或通过英国的 IP 公司与深圳唯冠公司签订了合法有效的商标权转让协议,如果该商标转让尚未经过商标局的核准并公告,苹果公司仍然不能拥有该商标权,该商标权仍然掌握在深圳唯冠公司的手里。如果苹果公司在商标局核准公告之前未经深圳唯冠公司许可而使用了该商标,苹果公司也可能会构成商标侵权。值得注意的是,我国的商标转让制度与美国不同。美国商标转让采取的是登记对抗主义,也就是只要转让人与受让人就商标权转让事项达成书面协议,商标权就已经转让了,受让人就可以获得商标权。但如果该商标转让未在协议签订之后 3 个月内向美国专利商标局登记,如转让人又与第三人签订了商标转让协议,并且该第三人也支付了合理的对价,并在商标局作了登记,在后商标转让的受让人可以取代在前的商标转让的受让人,成为商标权人。因此在美国,商标转让可以不向美国专利商标局登记,更不需要核准,但是如果商标转让不登记,在先商标受让人就不能对抗在后善意商标的受让人。这就是中美两国关于商标转让问题法律规定的区别,如果美国公司希望通过转让方式获得中国的商标权,就要注意上述区别。”

王正发[WIPO 专利合作司(PCT 司)前司长]:“‘IPAD’案子首要的问题不是合同,而是商标权问题。谁有商标权?是唯冠有商标权,还是苹果有商标权?所谓的‘使用产生权利’，根据商标法得有个条件，即在别人没有注册相同或类似商标情况下的在先使用，并不是人家已经注册了，你硬要强行使用，最后把人家注册商标挤走。如果可以这样的话，外国财大气粗的大公司多了，都可以来中国铺天盖地使用中国企业的注册商标，把中国的老字号全部挤掉。什么是法的轨道，首先要确定‘iPad’商标权是谁的，商标权有没有，目前我看不出这个权不是唯冠的，在没有证据的情况下还得认为商标权是唯冠的，即它有所谓的商标专用权，国外叫排他权。什么叫排他，就是排除人家制造和使用之类的权利，这一点国际惯例很严的，有了排他权之后，别人不能随便使用。比如美国对别人的有限使用仅限于几点，一是得到许可；二是属于叙述性的使用。这个是网络个人接入设备，比如我卖这个设备的商品可以说‘I sell Internet Personal Access Device’，如果简单一点，把它缩写了，说‘I sell IPAD’可以吧。另外是引用性使用，比如陶大记者要写文章引用‘iPad’商标和苹果的 LOGO 是可以的。不是你注册了我可以硬使用，使用 3 年 5 年商标就是我的了。比如老李考上了大学，名额是他的，我是富二代，通过后门把他的名额顶了，这不行。从法律来讲，这个商标目前我还看不出不是唯冠的。既然是它的，它就有专用权或者排他权，就可以排除人家使用，包括排除苹果的使用，不管苹果使用到什么程度，铺天盖地，在人家已经注册的情况下使用产生的权利几乎没有，要有的话也可以，不要《商标法》，而是通过《反不正当竞争法》确立权利，《商标法》里没有这个权利。”

闫文军（中国科学院研究生院法律与知识产权系副教授）：“商标权人没有使用或几乎没有使用商标，并不影响商标侵权的判断。因为，即使把混淆作为认定侵权的标准，混淆也不仅仅是指实际混淆，包括混淆的可能性，混淆的可能性不仅仅指现在混淆的可能性，也包括以后商标权利人使用商标有混淆的可能性。商标权人现在没有使用商标，并不能说没有混淆的可能性。因为法院在判决时要考虑商标权人也使用商标后，会不会产生混淆。因此，一方面，到底有没有使用商标，并不影响判断；另一方面，对方使用商标规模很大，知名度很高，会不会影响判断。这可能会有些影响，因为它的知名度大了以后便于识别，一般情况下不容易造成混淆，这是考虑的一个因素。但并不是说只要规模大了，只要知名度高了就一定不会与商标权人的商标混淆。在基于双方都有可能使用同样商标的情况下，混淆

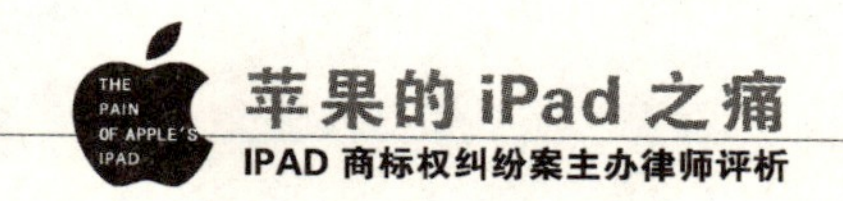

的可能性还是有的。总之，在侵权认定上，权利人有没有使用不影响对侵权的判断。被告使用会有影响，但影响不是绝对的。从这个案子来看，可以得出一个结论，侵权还是成立的。”

高卢麟（国家知识产权局原局长）：“行政处理与司法诉讼的关系。IPAD 商标纠纷案正在几个法院处理，还没有结论，这边有的行政机关已经开出数目惊人的罚单。人们不禁要问，行政机关和法院是什么关系？如果这个案子一开始是行政机关处理，双方当事人一方不服可以去法院，甚至在没有结论的时候，其中一方愿意经过法院处理也可以，因为每位公民、每个单位都有自己的诉权，任何人都不能阻止。反过来说，法院处理还没有结论，或者你不同意法院的判决，你自己有另外的意见，求助于工商行政管理部门，而工商行政管理部门是否可以另行处理这个商标纠纷案？听说 IPAD 案已在司法审判阶段，有些地方的工商行政机关对一个销售点就作出 2.4 亿元巨额罚款的决定，真让人难以理解。修改法的时候要明确回答，如果法院已经开始审理了，我认为行政机关就应中止行政程序。当然也要解决一个商标纠纷案在一个法院还未审结的时候，又在另一个法院起诉相关的案子，在此情况下，如何处理好司法管辖与合案审理问题，值得讨论。如一方告另一方侵权，侵权方说我到另外一个地方法院确权，因为那个法院对我比较友好。这种情况应该经过法院间的协商把这个案子移交到第一个法院处理，以节约司法资源，提高审判效率。”

李顺德（中国社会科学院法学研究所研究员、博士生导师、中国知识产权法研究会副会长、中国科学院研究生院法律与知识产权系系主任）：“针对这个案子，应该考虑到《商标法》的立法宗旨和处理这个案件对整个社会进行知识产权法执法和立法的影响，应该朝着积极正确的方向引导，而不是单纯就一个案子来解决，机械地按照相关法条怎么定的就怎么办，如果这样的话，对这个案子的讨论就没有太大的意义了。《商标法》立法的根本宗旨是什么？为什么要保护商标？为什么要制定《商标法》？最根本的目的就是为了更好地维护市场公平竞争的秩序，为了支持大家在商业竞争当中采取诚实信用的根本原则，有利于市场经济的发展。作为一个商标要保护它，不管是使用保护还是注册保护，都是为了利用商标区分相同和类似商品的不同来源，避免混淆，这是最根本的出发点。”

第十五章
案件的启示

社会整体的知识产权和法律意识亟待提高

在这个案件进行过程中，可以从社会舆论中读出两种具有一定代表性的意见：一种意见认为，深圳唯冠的“IPAD”商标是恶意抢注，而且其在苹果公司“iPad”平板电脑热销时才跳出来维权，是一种“放水养鱼”的行为，之后更是提出索赔，是对国际知名公司的讹诈；另一种观点则完全相反，认为苹果公司及美国政府一向盛气凌人，总是借着这样那样的问题——尤其是中国的知识产权问题，对中国及中国企业指手画脚，美国政府还对中国企业进入国际市场动辄横加阻挠，此次恰有苹果帝国在知识产权问题上失误这样一个痛脚，当然要好好抓住，以打击其历来的嚣张气焰。这两种观点在网络舆论中逐渐形成了正方反方两大阵营，双方支持者甚众，其中不乏一些社会知名人士。

笔者以为，这两种观点都是有失偏颇的，均以个人好恶进行评价。从深层次看，这体现了我国知识产权及法律常识普及的缺失以及公众法律意识的淡薄。

我国的商标制度坚持以申请在先原则为主，兼以使用原则保护驰名商标为辅，亦即说，只要商标注册申请人的商标获得了核准注册，除非该商标有效期满未续展，或者因连续 3 年不使用等其他原因被撤销，其注册商标专用权就是受到保护的，在后使用的商标即使再著名，也不能侵犯已获得注册商标的专用权。虽然世界各国商标制度不同，但在这一点上是一致的，美国的司法实践更归纳出了反向混淆原则来制止这种在后商标通过饱和使用淡化在先商标的侵权行为。就本案来说，即使苹果公司“iPad”商标的知名度再高，也不能反侮深圳唯冠早已注册多年、仍为有效的 IPAD 商标，何况其“iPad”商标知名度在中国大陆的提高其实是建

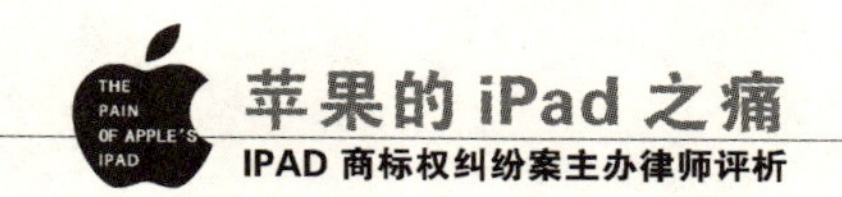

立在侵权行为的基础之上，不值得提倡和鼓励。因此，持上述两种观点的人大多是因为对商标法律制度不了解，只能出于对产品或企业的喜好而爱屋及乌，或是因为美国及美国企业的一些做法恨屋及乌。部分人会有以上观点，是可以理解的。但不了解的人群数量如此之众，则说明了我国普及知识产权法律知识的力度有待提高。

此外，双方在观点的碰撞中出现的一些现象、一些做法也都集中反映了一个问题，即公众法律意识的淡薄。法律意识并非要求每个人都知法懂法，这是不现实的，否则高校四年的专业培训也将失去意义。公众法律意识的强弱，主要体现在对法律及法律相关职业的尊重程度上，即遇到某一事件时，能够客观地对事实进行评论、听取专业人士的分析，并将对事件的处理交由专业人士裁量，不妄加言论干涉。但现状是，在事件刚刚浮出水面，深层状况未知的情况下，已是骂声一片，且骂战很快可以扩展到对涉案的法律从业人员的人身攻击，包括律师、法官。更为可怕的是，当舆论的规模达到一定程度的时候，更是可以影响司法机关，作出“法外”的决定，这一点不仅仅在本案中有所显现，更是在药家鑫案等刑事案件中体现得淋漓尽致。这些都说明了公众对于法律和法律职业极大的漠视，体现了法律意识的淡薄。

企业必须增强法律风险防范、知识产权管理的意识

首先，企业需增强法律风险防范意识，在本案中有两处体现。

本案中，IP 公司就在签约环节上出现了问题，在并没有看到深圳唯冠有效授权的情况下，就想当然地认为台湾唯冠的签约代表同时也可以代表深圳唯冠，依然签署了协议，结果在权属纠纷诉讼中，在商标转让合同对深圳唯冠是否有约束力的这一问题上大费周章，成为了主要争议点之一。由此可以看出，在法律实务中，交易的每个环节都要力争没有法律瑕疵，这种瑕疵不仅指实质内容上的，也包括形式上的。形式要件与实质要件同样重要，许多情况下形式要件还是实质要件发生法律效果的前提，比实质要件更加重要。因此，企业在交易过程中一定要注意形式的完备性，如对方是否有有效授权，授权书是否可以满足法定形式、有无法律效力等？

此外，不管是大陆两 IPAD 商标的权属，还是后来两商标因破产程序而被查封，苹果对这两商标的情况似乎一直是一笔糊涂账，导致在诉讼中许多问题纠缠不清。这就提醒了企业，在知识产权收购活动，特别是在跨国收购中，企业应当重视知识产权的尽职调查，而且应该委托专业机构进行。尽职调查涉及方方面面，但总体来说涵盖以下内容：

（1）当地知识产权法律和政策情况。各国对于知识产权的法律规定不尽相同，比如美国的商标注册制度采取的是在先使用原则，就与我国商标注册制度采在先申请原则不同。因此，了解清楚知识产权收购目的国的法律制度，是开展收购活动的基础。此外，各国出于对本国经济促进或保护的目的，往往在知识产权的申请和保护方面有特殊规定，比如对某种技术转让和交易的限制。了解到这些也可以减少无用功，省却许多不必要的麻烦。

（2）欲收购知识产权权利人的情况，在这里要弄清楚其公司架构，各关联公司的关系，公司运营、发展状况等。一方面利于搞清楚欲收购知识产权的归属，另一方面也可对收购过程中可能出现的问题先作一评估，降低交易风险。

（3）所收购标的知识产权的情况。这一点首先包括该知识产权的归属，即权利人是谁，根据本案的经验，特别应该调查清楚各个关联公司名下知识产权的归属情况。其次是知识产权的价值，要对其评估，不仅看现在价值几何，也要看未来增值的可能性，判断其是否值得购买。此外，知识产权的法律状态，比如是否在有效期内，是否经过续展、转让等程序，是否有被提异议，是否处于诉讼争议中，是否被保全等也是重要的尽职调查内容。

其次，企业需增强商标管理意识，做到“产品未动，商标先行”。

本案中，苹果公司在商标策略方面出现了两个纰漏：

（1）苹果公司在未实际取得 IPAD 商标专用权的情况下即开始销售其 iPad 平板电脑，结果遭遇阻击。虽然苹果这样做有着闪电占领市场的考虑，存在巨大经济利益的驱动，但苹果毕竟是一个经济巨头，其做法对于其他企业，特别是处于发展中的企业不值得借鉴；

（2）苹果公司欲为“iPad”构建商标防御体系时，发现从 APad 到 Zpad 均已被人注册，无奈之下只能向正处于公告期的 EPad 商标发起攻击，提出商标异议。这些都提醒企业,在推出新产品之前,一定要做好商标布局,并完成相应的注册工作,做到“产品未动,商标先行”。

这要求企业在进入市场之前,就要制定好商标战略,也就是商标进攻与防御的方案。首先,进攻与防御均离不开战场,这就涉及地域的布局,即确定未来欲注册商标的地区,通常也就是产品即将销售或未来有可能销售的地区。确定地区后,要迅速地开展商标注册工作,在注册时不能仅仅考虑对主要产品类别进行注册,也要考虑到对其相关产品以及关联产业、服务进行商标注册,比如在商标国际分类第 9 类电子产品下注册的同时,也在第 35 类市场营销下注册商标,如果企业实力较雄厚,甚至可以考虑对所有 45 类进行全类别注册。这样,企业的商标防御体系方具雏形。而仅靠防御也是不足的,企业也要采取进攻的手段,一方面随时预警,监测新的商标注册的情况,查看有无与本企业商标近似的情况,并采取商标异议等方式阻止竞争对手注册近似商标;另一方面,也要查询已有的与本企业商标相似的商标,看是否可以采取“撤三”等方式使其无效。这样,进攻与防御相结合,便可以形成企业完整的商标管理体系,则可降低发生与苹果公司相似情形的风险。

律师办案应当具备战略目光,从全局把握

IPAD 商标权纠纷案值得法律从业人员,特别是律师借鉴的是:办案不是打一场战斗,而是一场战役,主办律师要具备战略目光,全局把握甚至主导案件的发展。

在这个案件中,双方都充分运筹帷幄,各出奇招,环环相扣,在诉讼策略上显现出极强的逻辑性和关联性。

首先看深圳唯冠:深圳唯冠在应诉之后,没有局限于应对商标权属纠纷,而是首先利用舆论造势,将案件拉到公众视野当中,并不断地利用舆论向对手施加压力,比如放出信号,称苹果应赔偿 100 亿元人民币等。接着,深圳唯冠采取了逐层进攻的策略,即打击对象由最外围经销商逐渐趋向核心经销商。为此,深圳唯冠首先依次将深圳顺电连锁惠州家华分店、深圳国美和苹果电脑(上海)贸易公司以商标侵权为由告上了法庭。为配合这一策略,深圳唯冠又以苹果北京西单大悦城专卖店为始,在全国范围内针对苹果外围经销商进行了工商行政投诉,这一招

可谓一石多鸟：一方面争取到了工商部门对于商标侵权的认定，增加了法院认定侵权成立的可能性，另一方面也让苹果的经销商收获了一份罚单，不但使得处罚数额有了明确的参考标准，同时也让许多经销商望"iPad"却步，不敢公然销售。这些措施最终产生的效果即是由经销商向苹果公司施加压力，迫使其回到谈判桌上来。在这一系列战术当中，又穿插着采取了和解谈判、召开新闻发布会、申请海关知识产权保护、申请禁售令等其他策略，十分多样化，但基本围绕一个核心，即逼迫苹果公司与深圳唯冠和解。

再来看苹果方：苹果公司先依据商标转让合同的法律适用及管辖约定在香港起诉，是选择了有利于苹果的法域，胜算极高。而后，因诉讼期间深圳唯冠的IPAD商标被民生银行等债权人查封，商标权利处于不稳定状态，再加上香港诉讼时间漫长，不利于iPad产品市场的拓展，于是苹果毅然在深圳起诉，随即向法院申请查封了IPAD商标，从而保证了IAPD商标不致在香港诉讼期间流失。随后，苹果聚集国内外数个律师事务所组成强大的律师团队，同时组织国内知名专家学者召开论证会，从专业角度向对手施压。而苹果CEO蒂姆·库克更是在此时访华，展现了苹果公司强大的影响力。在采取这些策略的同时，苹果当然也不会忽略媒体的力量，一直通过媒体发表声明。此外，在多种力量的作用下，深圳唯冠采取的工商投诉、上海侵权诉讼等策略也被迅速化解。可见，与深圳唯冠一样，苹果也采取了多样化的诉讼策略，只是围绕的核心不同，苹果是暂夺商标权。

双方各显其能，不仅仅采取了传统的诉讼对抗手段，更是运用了媒体舆论、外交等，如同进行了一场海陆空联合立体作战，观之十分精彩。虽然此案最终以和解告终，并没有一个明确的胜负结果，但双方诉讼团队所采取的策略、对一个案件整体系统性、全局性的把握、时机的判断，是值得其他律师借鉴的。从中可以看出，运作一个大型的诉讼案件，律师仅仅依靠法学专业知识已远远不足，还要具备更多的项目管理、公关、媒体等多方面的知识和实践能力，同时还要具备对时局、对形势变化的敏锐性。当然，随着诉讼案件越来越复杂，对律师知识面和综合能力的要求也越来越高，而单个律师不可能同时具备全部技能，律师应摒弃单打独斗，一个案件的成功更多要依靠整个团队的无间协作、明确分工，发挥每个成员的优势，协力完成。

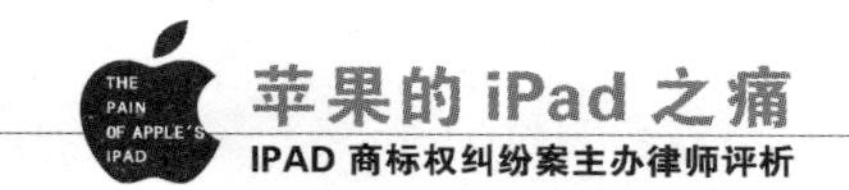

后记

一场持续了整整两年的商标纠纷终于落槌结案，这个号称“中国知识产权史上里程碑式”的案件总算画上了句号，虽然深圳唯冠与中介团队的律师费纠纷尚在进行，富邦保险申请深圳唯冠的破产程序也已启动，但对于苹果公司与深圳唯冠的 IPAD 商标之争，确实已经大幕落下。对于 6 000 万美元的数额，有的人认为太多，有的人认为太少，遑论多寡，这毕竟是双方在追索利益之路上艰苦博弈的平衡结果。对局外人来说，思考和探讨它给社会、企业、律师行业乃至知识产权实务界带来的经验、教训、借鉴和启示，才是本案的真正价值所在。笔者作为本案的主办律师，在办案过程中也有许多思考，现案件结束，终于可以将这些体会心得写下来以飨读者了。

一、本案创下多个史上之最，无愧里程碑式案件称号

第一，本案以 6 000 万美元调解结案，创下了中国知识产权司法审判史上的最高数额

与美国知识产权诉讼中动辄几亿甚至十几亿美元的赔偿不同，中国知识产权诉讼中的赔偿数额明显过低，据 2009 年的统计数据，中国 90% 的知识产权案件赔偿数额低于 10 万美元[参见诺恒(NERA)经济咨询公司调查报告:《中国知识产权保护:诉讼和经济赔偿趋势》，转引自 http://www.newiplaw.com/html/2009-03/2457.htm]，在最高人民法院公布的年度典型案例中，武汉晶源环境工程有限公司诉日本富士化水工业株式会社、华阳电业有限公司侵犯发明专利权纠纷上诉案的 805 万美元(5 061.24 万元人民币)赔偿已经是最高法院判决数额最高的一起知识产权案件[参见最高人民法院(2008)民三终字第 8 号民事判决书]，而在正泰集团股份有限公司诉施耐德电气低压(天津)有限公司、宁波保税区斯达电气设备有限公司乐清分公司侵犯实用新型专利权纠纷上诉案中，二审法院以 2 500 万

美元(1.575 亿元人民币)调解结案,创下了本案以前中国知识产权诉讼史上最高补偿金记录(参见浙江省高级人民法院(2007)浙民三终字第 276 号民事调解书)。

但本案 6 000 万美元的补偿金数额创下新高,对于当下知识产权赔偿越来越低的整体趋势而言,不啻具有标杆意义。虽然也有其他被冠以千亿、百亿之名而报道的知识产权案件,但真正以法院认定的数额为标准来衡量,本案至今仍是中国知识产权史上第一案。

第二,本案所引起的世界性关注,为中国知识产权司法审判史上罕见

苹果公司作为当今世界最具创新性的高科技企业,近年来推出的产品堪称"伟大",自 iPod 数码音乐播放器在全球市场大获成功后,iPhone 更是横扫全球移动通讯市场,将移动电话划时代地带入移动互联网行业,而苹果的"吊胃口"营销,更是让消费者对其每一次发布的新产品期待备至、万众瞩目,iPad 就是在这种情况下闪亮登场的。

作为全球市值最大的上市公司,苹果各种产品的用户数以亿计,在 iPad 全球发售不久,中国市场竟然出现商标之争,自然吸引人们关注,在案件诉讼过程中,苹果教父乔布斯去世,《史蒂夫·乔布斯传》全球出版,更使人们聚焦本案。而深圳中院一审判决,尤其是北京市工商局西城分局的拟处罚通知公布以后,深圳唯冠又向上海浦东法院申请诉前禁令,使案件迅速升温。

据不完全统计,在本案最受关注的那段时间里,境外有超过两千家媒体跟踪报道过本案,五大洲几乎所有的新闻类、科技类、财经类、法律类媒体均有报道,这件在中国发生的知识产权纠纷案件,因为美国的苹果公司、因为苹果公司的 iPad 产品而受到了空前瞩目,从这个角度上讲,这个案件堪称 2012 年的全球知识产权大案,在中国的知识产权审判乃至中国的民事审判历史上,都罕有这样一个引起国际媒体普遍关注的案件。

第三,本案引起企业和公众的热议,为我国知识产权制度施行以来所未见

知识产权制度实际是舶来品,随着改革开放实行市场经济,我国始建立包括商标、专利和著作权制度在内的一系列知识产权法律制度,各个知识产权法律主管部门几十年来也在不遗余力地宣传知识产权制度,提高公民企业的知识产权意

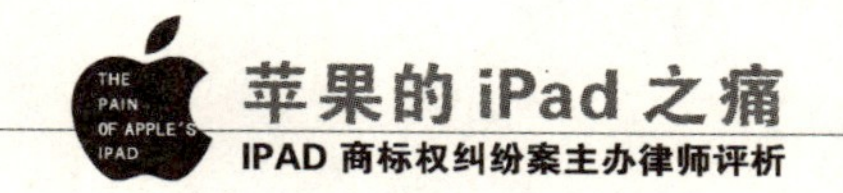

识，为此，我国还专门设立了“全国知识产权宣传周”。

相比于每年的知识产权宣传周，本案对于社会公众和企业的宣传作用毫不逊色。除了苹果公司、iPad产品和乔布斯的巨大影响力外，本案在诉讼过程中的跌宕起伏、不断出现的新闻热点，以及结果的曲折难料，都增加了公众的看点，自2012年2月到4月的一段时间里，本案恰如一幕大戏，吊足了观众的胃口。据不完全统计，全国各地共举行有关本案的研讨会几十场，仅3月10日这一天，北京中国人民大学、上海华东政法大学和深圳市律师协会就分别举行了有国内重量级知识产权专家、律师参加的三场研讨会，国内几乎所有的知识产权学者、知识产权知名律师均有发言，观点也不尽相同。借助互联网和微博的传播平台，大批非法律职业网友如IT行业人士、“果粉”以及普通消费者，甚至投资机构知名人士等，也纷纷加入论战，推波助澜，争论声甚至谩骂声此起彼伏，甚嚣尘上。

这样一场与知识产权法、合同法、物权法甚至破产法有关的案件，涉及商标抢注问题、商标转让问题、合同相对性原则、表见代理、隐名代理、物权变动区分原则、商标侵权的司法保护和行政保护、商标反向混淆、破产财产分配等专业知识，中间当事人的吐槽、媒体的热炒、法院以及行政机关的决定，无不引起公众的遐想和猜疑。而苹果公司一开始精心设计的通过英国IP公司购买IPAD商标的好棋，竟然因尽职调查不足而功亏一篑，本身就有极强的戏剧性，众多苹果产品爱好者、乔布斯崇拜者以及广大社会公众，无不从中增加了大量的知识产权法律常识，企业更是见微知著。相信热议过本案的企业在收购知识产权时，不会再出现未进行尽职调查的局面了。

应当说，自有知识产权法律制度以来，还没有一个知识产权诉讼案件如同这个案件一样，在社会上引起广泛的关注和热议，而这样一个本身复杂又引起社会广泛关注的案件，最后广东省高级人民法院在兼顾苹果公司、深圳唯冠以及债权人各方利益的情况下，以调解方式结案，确如业内人士评价，在知识产权审判史上具有里程碑意义。

二、本案双方律师团队斗智斗勇，体现了高超的专业性

本案对苹果公司的律师而言，有先天不足的地方，即当初与唯冠公司洽商交

易时，未查清中国商标与其他国家商标登记于不同的主体名下，而乔布斯在2010年1月27日发布iPad上市的日期，似乎也不能因商标纠纷而推迟，这实际上留给苹果律师的施展空间已经非常小了。

但苹果公司的律师们还是非常巧妙地安排了整个诉讼方案。

IP公司与唯冠电子在2009年12月23日签订商标转让合同之后，因与深圳唯冠协商转让IPAD商标未果，便于2010年2月9日向国家商标局提起"撤销三年不使用商标"的申请；之后，在得知深圳唯冠已经资不抵债、停产歇业后，为查封IPAD商标，迅速于4月19日在深圳市中院提起权属诉讼并申请诉讼保全措施；在已经查封涉案商标以后，苹果公司于5月20日又向香港高等法院提起合同违约之诉。经过这一系列的布局之后，9月17日，苹果公司开始在中国公开发售iPad产品。

在采取法律措施之前，苹果公司与深圳唯冠尚有接触，但这一系列布局和起诉之后，苹果公司便拒绝再谈，实际上一直到最后，苹果公司始终占得先机，牢牢把握着整个进程的主动权。

反观深圳唯冠方面，一开始完全处于被动应付之中，直至苹果公司开始公开大规模销售iPad产品，始终没有拿出有效的措施以压制对方，任由苹果公司对iPad产品进行宣传和销售。

期间，深圳唯冠律师团队中也有人提出尽快提起商标侵权之诉，通过法院判决制止苹果公司使用IPAD商标进行宣传和销售，但最终，深圳唯冠并没有贸然提起商标侵权之诉，而是另辟蹊径，采取了向工商行政管理部门投诉的方式。同时，为了取得投诉效果，深圳唯冠选取了苹果直营店为对象，并要求工商机关给予最高额处罚，由此导致日后北京市工商局西城分局根据苹果公司西单大悦城店的销售数量，作出了2.48亿元人民币的处罚决定。

此一措施，可以看作深圳唯冠在本案中的最为高明之处。

因为在我国商标制度施行30年以后，人民法院对于商标侵权的判定原则已经发生了很大变化，认定商标侵权的标准已经从单纯的在相同或者类似商品上的相同或者近似商标即构成侵权，逐步发展到兼顾混淆后果甚至完全以是否在市场上造成混淆为判断标准，笔者无意评判这种转变的对错得失，但从最高人民法院

近年来公布的判例中，已经可以明显看出端倪。

在最高人民法院提审的云南城投置业股份有限公司与山东泰和世纪投资有限公司、济南红河饮料制剂经营部侵犯商标权纠纷一案中[参见最高人民法院(2008)民提字第52号民事判决书]，最高人民法院认为，商标权人始终未能提交其持续使用“红河”商标生产销售商品的证据，及能够证明该商标信誉的证据，没有证据证明该商标因实际使用取得了较强的显著性。“红河红”商标经过云南红河公司较大规模的持续性使用，已经具有一定的市场知名度，已形成识别商品的显著含义，应当认为已与“红河”商标产生整体性区别。而且，由于商标权人的商标尚未实际发挥识别作用，消费者也不会将“红河红”啤酒与商标权人相联系。鉴此，综合考虑本案中“红河红”商标与“红河”注册商标的字形、读音、含义以及二者的显著性程度和知名度、商标实际使用情况等相关因素，本院认定二者不构成近似商标，云南红河公司使用“红河红”商标的行为未侵犯“红河”注册商标专用权。

在最新的指导性案例——山东齐鲁众合科技有限公司与齐鲁证券有限公司南京太平南路证券营业部侵犯注册商标专用权纠纷案中[参见最高人民法院(2011)民申字第222号民事裁定书]，最高人民法院强调：齐鲁证券是否构成对齐鲁众合的侵权，原则上要以是否存在造成公众混淆、误认的可能性为基础，而判断是否存在造成公众混淆、误认的可能性时，必须考虑涉案注册商标的显著性，特别是其知名度。由于齐鲁众合不具备从事特许证券业务的资格，也没有实际从事特许证券业务，故在该行业不存在知名度问题，进而也不能使公众对齐鲁合众与齐鲁证券经营主体及经营范围产生混淆、误认。

在这种以混淆为侵权判断标准的思路之下，深圳唯冠的IPAD产品(显示器和导航仪)是否能够与苹果公司的iPad平板电脑在市场上发生混淆，明眼人一看便知。

但是，我国《商标法》第52条第1款第(一)项的规定却是：未经商标注册人的许可，在同一种商品或者类似商品上使用与其注册商标相同或者近似的商标的构成商标侵权。此种情况下，深圳唯冠律师团队避开有可能不被认定侵权的法院系统，而直接投诉到严格按照字面执法的工商行政管理机关，抢得一步重要先机。然而，苹果公司的专家和律师团队再次成功应对，虽然北京市工商局西城分局的处罚决定已经下达，但在举行行政处罚听证会后，该处罚决定实际并未执行，而且被无限期延缓执行。

实际上，深圳唯冠在整个诉讼中的一切策略都是围绕着一个目标，即与苹果公司坐到谈判桌上重新协商 IPAD 的转让价格。但是，苹果公司不但无意再谈，而且先发制人提起一系列诉讼，并要求深圳唯冠赔偿 400 万元损失。

由于深圳唯冠资不抵债，甚至没有资金支撑诉讼，在对西单大悦城直营店的行政处罚决定暂缓执行期间，北京市工商局西城分局曾要求双方协商解决争议，但苹果公司不为所动，甚至当深圳唯冠直接给美国苹果公司董事会写信，也没有得到预料中的积极反应。此时，深圳唯冠中介团队（包括律师）也多次利用新闻媒体造势，形成舆论优势给苹果方面施加压力，试图迫使苹果公司回到谈判桌上来。尤其是，在深圳中院权属诉讼一审判决后，深圳唯冠律师团决定在惠州、深圳福田以及上海浦东提起商标侵权诉讼，但目的仍是给苹果公司施加压力，所以这些诉讼全部没有要求赔偿，诉讼对象全部是苹果产品经销商，而且通过申请诉前禁令来扩大影响。

苹果公司一方始终秉承着尊重法院审理的原则，在诉讼中极少发表言论，律师团队也无一例外地拒绝媒体采访，将全部精力集中在诉讼本身上，甚至在极为困难的情况下，难能可贵地寻找到一些对深圳唯冠不利的证据，并且在权属诉讼二审中提出了一些新的理由，支持其对涉案商标享有权利的观点。在整个诉讼过程中，苹果公司的公共关系策略也比较得当，在舆论一度明显有利于深圳唯冠的情况下，仍旧有相当多的媒体和专业人士力挺苹果公司，使苹果公司始终站在道德的制高点上。

在商标权属案件二审开庭之后，为进一步向苹果施加压力，深圳唯冠曾经向全国苹果经销商发出公开信，勒令停止销售侵权产品，随后又在媒体上宣称申请海关查扣侵权进出口商品。之后不久，深圳龙岗海关曾经查扣一批 iPad 数据线，但为显示和解诚意，深圳唯冠律师不但未向新闻媒体透露消息，而且建议公司通知海关给予放行，这一点上也体现了律师以客户利益为先的职业精神。

三、国际化企业需增强法律风险防范意识

本案的起因已毋庸多言，苹果公司通过精心设计的“白手套”公司，以 35 000 英

镑购得唯冠公司8个国家和地区(包括欧盟41个国家)的IPAD商标权,不可不谓打了一个“漂亮仗”。但或许是得之太易,反而忽视了充分的尽职调查和风险防范,最终酿成苦酒。

从案件审理中的证据看,IP公司以及苹果公司事先是知道涉案两件商标不在台湾唯冠名下而在深圳唯冠名下,但不知是疏忽还是误判,IP公司仍然与台湾唯冠就涉案商标与其他商标一起签署了转让协议,这似乎不全是未作尽职调查惹的祸。

虽然在国际买卖和并购中有集体交易的惯例,跨国公司之间的并购交易实际上也不可能逐一与每一个子公司分别签订合同,从经济学的效率优先角度讲,这种做法是可取的,从法理上讲,合同自治也具有优于法律规定的效力,但这种超越现行法律规定的做法,当事人应当慎之又慎,对于可能发生的风险,应当提前有所预判和防范,尤其是跨国收购,由于涉及不同的法域和法律传统,更应在合同中明确约定。

本案中,IP公司就在签约环节上出现了问题,它在并没有看到深圳唯冠有效授权的情况下,想当然地认为台湾唯冠的签约代表同时也可以代表深圳唯冠,便贸然签署了协议,结果在权属纠纷诉讼中,就商标转让合同对深圳唯冠是否有约束力的这一问题上大费周章,成了本案主要争议焦点之一。其实,如果IP公司能够严格按照中国法律,分别与台湾唯冠和深圳唯冠签署商标转让协议,便不会有后来的纠纷;如果按照苹果公司后来主张的集体交易观点,IP公司也应当与台湾唯冠或者(香港)唯冠国际有所约定,依据台湾唯冠提供的深圳唯冠的有效授权,代表深圳唯冠处分其名下涉案商标。然而,IP公司显然忽略了这里面潜在的法律风险,没有在这个问题上处理妥当。

尽职调查对于商业交易的重要性已毋庸赘述,知识产权交易尤其需要专业律师参与进行,跨国的知识产权收购更要注意其中的法律风险,随着中国企业走向海外,未来会遇到越来越多的知识产权收购,为避免重蹈覆辙,下面几个问题需要充分注意:

1. 跨国收购知识产权首先要了解并购活动所适用的法律,对于买卖行为所适用的法律,当事人可以通过合同予以约定,但对于所收购知识产权的确认、转让、使用等行为，应当适用该知识产权所在国法律。

2. 无论国内还是跨国收购知识产权，都需要调查收购对象的权利归属，对于专利或者商标等工业产权，注册机关通常设有权利登记簿（或者称为注册簿），以备公众核查该项权利真正的权利人。

3. 核查完知识产权的权利归属，还要核查收购对象的法律状态，对于专利而言，会有有效期限，商标也有注册期限，该知识产权是否被查封扣押、是否已经质押、是否曾经或者正在许可他人使用等，都是法律状态调查的工作内容。

4. 谨慎的尽职调查还要考虑该项知识产权是否存在或有事项存在潜在纠纷，譬如该项知识产权来源的合法性、公司实际控制人个人名下知识产权移转时的风险、公司名下知识产权是否有潜在的权属纠纷等。

5. 除了对所交易的知识产权进行充分的尽职调查外，跨国收购还需要充分注意交易的交割和过渡安排，在这一点上，IP 公司实际做得非常好，它除了与台湾唯冠签署一份主合同外，还分别就每一个国家的商标再签署一份单独转让协议，以便逐一到每个国家商标主管部门办理转让手续。

本案中，苹果公司在没有取得商标权的情况下就开始在市场上大量销售 iPad 产品，此行为从我国商标法的字面上看，已经侵犯深圳唯冠的注册商标专用权，当然，相信苹果公司这样做有其商业上的考虑，笔者揣测，可能有受 iPad 产品全球同步发售计划影响、中国消费者对 iPad 产品期待巨大，如果不及时推出 iPad 产品，可能会被竞争对手见缝插针等考虑。

但这样做毕竟存在巨大的法律风险，如果苹果公司出于商业考量，甘愿冒此风险，也应当周密安排，作出预案，将可能出现的风险提前化解。因为作为对涉案商标有争议的一方，不顾商标权属纠纷尚未终审结案，冒险使用涉嫌侵权的商标，似乎超出了正常的行为模式，极有可能招致侵权的处罚。

实践中，国内企业也有一些类似的知识产权权属纠纷，一般而言，如果一方与他人知识产权有权属争议，在胜诉获得该知识产权甚至是转让登记之前，该方是无权使用该知识产权的，通常的做法是避让，等待司法机关作出终审判决，以示对法院和法律的尊重，而极少有在判决结果未知的情况下悍然使用系争知识产权的。

虽然如前文所述，按照最高人民法院在判例中阐述的观点，本案苹果公司可

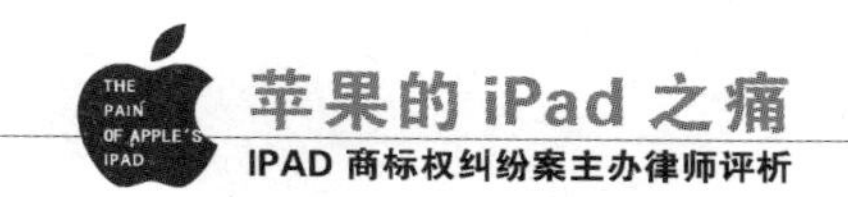

能未必构成侵权，且即使构成侵权也未必给深圳唯冠造成实际经济损失，但中国商标法规定的行政保护，却并不过于关注侵权判断的具体标准和是否给当事人造成损失，行政执法的目标是为了快速制止侵权行为和给予侵权人包括罚款在内的处罚。深圳唯冠没有直接到法院起诉苹果公司侵权，而是到工商行政机关投诉，最终引发全国60多家工商行政机关的大规模的调查行动，使苹果公司冒险使用涉嫌侵权商标的风险凸显，这其实是苹果公司一开始未曾预料到的。北京市工商局西城分局对苹果北京直营店西单大悦城店所作出的处罚决定虽未执行，但全国任何一个 iPad 产品经销商都不会坐视不顾，今天对苹果公司的直营店都可以下此重手，明天对自己的小店又焉知如何？面对纷纷将产品下架的各地经销商，以及各地工商机关采取的调查行动，苹果公司几乎没有任何应对措施，此时的舆论也已经悄悄转向，苹果公司似乎已经从最初被“无良商人”欺骗的“好孩子”，变成了无视法律、一意孤行的“坏小子”。

直到权属案件二审开庭之后，国家工商总局有关领导表态，深圳唯冠是 IPAD 商标的合法注册人；各地工商局将在法院终审判决后对此案依法处理（参见 http://industry.caijing.com.cn/2012-04-24/111825345.html）。此时，由于面临涉嫌侵权而被各地工商机关调查甚至最终处罚的风险，苹果公司已经不得不坐下来与深圳唯冠商谈再次转让两件 IPAD 商标了。

四、律师职业伦理再度引起争议

近年来，由于很多原因，尤其是“李庄事件”和中国青年报记者郑琳、庄庆鸿所写的《重庆打黑惊爆“律师造假门”》一文刊登后，更是引起社会对律师到底是好人还是坏人的疑问，甚至有人说律师是坏人的“帮凶”。

在本案中，台湾唯冠曾经与苹果公司签订包括中国大陆 IPAD 商标在内的商标转让协议，虽然中国大陆的 IPAD 商标并不在台湾唯冠名下，但由于台湾唯冠与深圳唯冠的法定代表人都是杨荣山一个人，因此，整个唯冠在诉讼过程中始终被认为是不诚信和无商业道德的。

但是，无论是国浩律师事务所还是广东广和律师事务所，接受的都是深圳唯冠而非台湾唯冠的委托，执业行为也是维护深圳唯冠的注册商标专用权，在这种情况之下，作为深圳唯冠的代理律师，却在办案过程中被不少网友指责，甚至在之后的律师追讨律师费纠纷中，也有不少人幸灾乐祸，里面也包括一些社会知名人士，这再次引发了对律师职业伦理的拷问。

我国《律师法》第2条规定，律师应当维护当事人的合法权益，维护法律的正确实施，维护社会的公平与正义。在律师职业的这三个使命中，维护当事人合法权益是律师的第一使命和最基本的职责（参见中华全国律师协会编：《律师职业道德与执业基本规范》，北京大学出版社2007年5月第1版，第2页）。

现代司法体系中的另外两类主体——法官和检察官也承担着维护法律正确实施的责任，但他们的职责和使命则与律师在基础上不同。

法官是站在公平对待当事人的立场上代表国家对纠纷进行审判的裁判者，而检察官作为公共利益的代表者，承担着追究犯罪、监督法律实施的责任。我国《法官法》、《检察官法》均要求他们“保障司法公正”，“忠实执行宪法和法律，全心全意为人民服务”。所以，作为具有特殊身份的国家司法公务人员，是法官、检察官，而非律师，对案件实现最终的正义，对当事人作出最终的评价。

但实践中，往往有人混淆了法官和律师的区别，把律师与法官一样当成了正义的化身，忘记了律师使命来源于当事人的委托，往往以道德代替法律评判案件，进而以自己的好恶评价律师的服务，甚至指责律师为坏人辩护（或者代理），殊不知，如果律师受人之托而不能忠人之事，律师制度就丧失了其存在的意义。

实际上，在任何国家，律师的职业伦理都是以律师和委托人的关系为基础的，各国律师协会几乎无一例外地对律师的职业道德水准提出了要求，其主要内容就是律师对委托人的诚信。在律师业发达的美国，许多州在申请律师执照时，都要考察律师对于职业道德的理解和掌握程度。美国学者一般认为，律师协会推出的法律职业行为规则背后蕴藏的观点，基本上是依循这样一个逻辑，即美国实现民主要靠法治，法治要运作，需要人民对之抱有信心，人民要对法治有信心，必须首先对法律人有信心，要让人民信赖法律人，法律人必须在实际和表面上都没有违反伦理之事。这就是法律伦理的重要性。如果逆推上述逻辑：假如法律人的行为导致人民对法律人丧失信心，则多米诺骨牌效应就会发生，民主也就成为水月镜花（参见许身健、刘晓兵：《电影中的律师职业伦理》前言，知识产权出版社2009

年9月版)。

由此可见,律师忠于当事人的委托,恰是律师最高的职业道德,哪怕这个当事人不诚信甚至犯了罪,因为对其不诚信或者犯罪的惩罚是法官的责任,律师的责任只能是在合法的范围内尽最大努力维护委托人的利益。遗憾的是,许多人并未真正理解律师制度,他们预设了一方当事人(或者犯罪嫌疑人)天生就是坏人,认为律师帮助了坏人,妨碍了正义的实现,却无视律师制度内在的伦理和逻辑,在本案办理过程中,我们再次看到了这样的论调。

实际上,本案作为商业纠纷并非正义之争,苹果和唯冠都是以追求自身利益为目标的商人,双方并无道德上的高下,只有利益上的纠葛,这样的一场诉讼无关道德乃至诚信,双方只应遵守法律这个最高游戏规则,对于已经进入司法程序的这样一个纠纷,法院是最掌握事实的审理者,也是最为中立的裁判者,在法院作出最终判决之前,对任何一方进行道德评价不是入戏太深就是别有目的,而尊重法院的判决、尊重律师的工作,也是法治理念的应有之义。

李昊林　马东晓

2012年11月16日